KOSMOS NaturReiseführer

Günter Semsek
Frank und Katrin Hecker

Schottland · England · Wales

Tiere und Pflanzen entdecken

Kosmos

Inhalt

Großbritannien

Eine Insel – drei Länder

Vielfältig ist die Countryside von Großbritannien: Im Süden Englands finden wir eine hügelige Landschaft, in Wales ziehen sich hohe Bergketten von Nord nach Süd. Im Osten Englands laden die Norfolk Broads, ein ausgedehntes Seen- und Flussgebiet, zu Fahrten mit dem Kabinenkreuzer ein. Im Norden schließlich zählen die schroffen Highlands von Schottland mit ihren dramatischen Bergkulissen zu den schönsten Landschaften Europas.

Geschichte

Aufstieg und Fall eines Weltreichs

Im Jahr 43 dringen die Römer nach Britannien vor und setzen sich für gut 400 Jahre im Land fest. Um vor den Angriffen der kriegerischen Pikten aus Schottland gewappnet zu sein, befiehlt Kaiser Hadrian den Bau einer Mauer, die quer durch Nordengland verläuft. Nach dem Abzug der Römer stoßen im Zuge der Völkerwanderung die Angeln und Sachsen auf die Insel vor. Die keltische Bevölkerung unter ihrem halblegendären König Artus wird immer weiter in die Randbereiche des Landes zurückgedrängt. Aufgrund der dürftigen Quellenlage nennt man die folgenden Jahrhunderte auch das Dark Age, das dunkle Zeitalter.

1066 landen die Normannen beim heutigen Hastings an der Südküste und besiegen das Heer König Harolds. Fortan sind sie die neuen Herren, die nicht nur England, sondern auch Wales unter Kontrolle bringen und in den folgenden Jahrhunderten auch immer wieder in Schottland einfallen. Mit Beginn des 12. Jh. avanciert London zur Hauptstadt des Landes. Ein königliches Dekret sichert den Bewohnern Stadtfreiheit und Selbstverwaltung zu. Ungefähr zur gleichen Zeit beginnen die Arbeiten an den großen Kathedralen von Winchester, Salisbury, Canterbury, Exeter, Wells, Ely und Lincoln. 1215 zwingt der englische Adel den verhassten König Johann Ohneland, die Magna Charta zu unterschreiben, in der zum ersten Mal Bürgerrechte festgeschrieben werden. 1320 verabschieden die Schotten die Declaration of Arbroath, in der sie sich gegen die ständigen Versuche der englischen Vorherrschaft aussprechen.

Während der Herrschaft Heinrichs VIII. kommt es im 16. Jh. zum Bruch mit Rom, Heinrich erklärt sich zum Oberhaupt der protestantisch-anglikanischen Staatskirche und lässt seinen Lordkanzler Thomas Morus hinrichten, weil dieser sich weigert, den Suprematseid auf den Herrscher abzulegen. Unter seiner Tochter, Elisabeth I., einer Mäzenin der Wissenschaften und Künste, gelangt William Shakespeare in London zu Ruhm und Ansehen.

In Schottland hat derweil Maria Stuart die Macht übernommen, regiert aber so unglücklich, dass sie der schottische Adel absetzt. Sie flieht zu ihrer Cousine nach England, die sie für 16 Jahre unter Hausarrest stellt und schließlich wegen Hochverrats hinrichten lässt.

1588 schickt der spanische König Philipp II., aufgebracht wegen wiederholter Piratenakte gegen seine Schatzschiffe, eine gewaltige Flotte – die „unüberwindliche Armada" gegen das Inselreich. Doch die vom Wetter begünstigte englische Flotte unter Sir Francis Drake kann die Armada zerschlagen.

Mitte des 17. Jh. bricht über einem Machtkampf zwischen Karl I. und dem Parlament der Bürgerkrieg aus. London und die meisten Städte unterstützen die von Oliver Cromwell geführte Parlamentspartei. Dieser lässt Karl hinrichten und übernimmt als Lord Protector die Macht. Nach seinem Tod wird die Monarchie wieder eingeführt.

1707 akzeptiert das schottische Parlament aufgrund der desolaten Wirtschaftsverhältnisse die Vereinigung mit England. Ein Versuch der schottischen Clans, die englische Herrschaft wieder abzuschütteln, endet 1746 mit der Schlacht von Culloden in einem Blutbad.

Die französischen Revolutions- und Napoleonischen Kriege sehen Großbritannien auf Seiten der antifranzösischen Koalitionen. Nach seinem glänzenden Seesieg bei Aboukir schlägt Admiral Nelson bei Trafalgar 1805 die französische Flotte so vernichtend, dass Großbritannien für ein Jahrhundert niemand mehr die Seeherrschaft streitig machen konnte.

Der britische Expansionsdrang wird durch diesen Umstand nachhaltig gefördert, und bis zur Mitte des 19. Jh. gehören weite Regionen Afrikas, des Fernen Ostens und der Karibik zum Kolonialreich des Empire. Großbritannien ist das reichste Land der Erde, doch unter den harten Arbeitsbedingungen in den aufstrebenden Großindustrien leben Millionen Menschen in Armut und Elend. Während der Regierungszeit von Königin Victoria staunen die Besucher der ersten Weltausstellung von London 1851 über die wirtschaftliche Leistungsfähigkeit und die technischen Errungenschaften der Briten. Ein halbes Jahrhundert später ergibt eine Volkszählung, dass sieben Millionen Menschen in der Metropole leben. Damit ist London die bevölkerungsreichste Stadt der Erde. Massive deutsche Flottenrüstungen treiben Großbritannien in die „Entente cordiale" mit Frankreich. Im Ersten Weltkrieg kommen durch deutsche Luftangriffe bereits rund 2000 Zivilisten ums Leben. Mit seinem Ende haben die Suffragetten das Wahlrecht für Frauen erkämpft. Zehn Jahre später gründen die Schotten die Scottish National Party (SNC), um auf politischem Weg die Unabhängigkeit von England zu erringen.

1936 dankt Edward VIII. ab, um die geschiedene Amerikanerin Wallis Simpson zu heiraten; die Monarchie steckt in einer tiefen Krise. 1939 scheitert die britische Appeasement-Politik gegenüber Hitler-Deutschland mit dessen Überfall auf Polen und der folgenden britisch-französischen Kriegserklärung. 1940, kurz nach der Katastrophe von Dünkirchen, wird Winston Churchill zum Premierminister ernannt. Er führt das Land erfolgreich durch die schweren Tage des Zweiten Weltkriegs.

Nach 1945 muss Großbritannien Zug um Zug alle seine Kolonien in die Unabhängigkeit entlassen. Elisabeth II. wird 1952 in Westminster Abbey zur Königin gekrönt. In den sechziger Jahren orientieren sich die jungen Leute an Swinging London, Mode und Musik der Metropole bewegen eine ganze Generation. Wirtschaftlich aber fällt Großbritannien im europäischen Vergleich zurück. Vor allem die Schwerindustrie in Schottland, Wales und im mittel- und nordenglischen Industriegürtel erleidet schwere Einbrüche. 1968 legt der große Streik von London das Wirtschaftsleben der Kapitale lahm. Erst als Margaret Thatcher 1979 das Amt der Premierministerin antritt und unpopuläre Strukturreformen einleitet, bessert sich die ökonomische Lage.

Die Victory, das Symbol britischer Seemacht

1982 okkupiert Argentinien die britischen Falkland-Inseln im Südatlantik, die Großbritannien unter schmerzlichen Verlusten zurückerobert. Nach parteiinternen Machtkämpfen tritt Margaret Thatcher als Premierministerin 1990 zurück, ihr Nachfolger wird der farblose und ungeschickte John Majors. Nach fast 20 Jahren in der Opposition gewinnt 1997 die Labour Party unter Tony Blair mit hoher Mehrheit die Unterhauswahlen. Noch im gleichen Jahr finden die von Labour versprochenen Referenden in Schottland und Wales über eine Teilautonomie statt. Vor allem die Schotten entscheiden sich mit überwältigender Mehrheit für ein eigenes Parlament. Auch die Waliser, wenngleich zurückhaltender, votieren für mehr Eigenständigkeit.

Bei der Einführung der europäischen Gemeinschaftswährung verweigern sich die traditionell euroskeptischen Briten der Teilnahme. Erst nach der nächsten Wahl, so die Vorgabe der Regierung, soll eine Volksbefragung den Beitrittswillen der Bevölkerung klären.

Geschichtliche Daten im Überblick

spätes 6. Jh.	Mit einer Anzahl getreuer Brüder landet der hl. Columban auf der schottischen Insel Iona, gründet ein Kloster und beginnt mit der Christianisierung des hohen Nordens.
ab 798	Fast für ein halbes Jahrtausend lang fallen die Wikinger immer wieder in Schottland, Wales und England ein und drangsalieren die Bevölkerung. Egbert vereint die angelsächsischen Stämme und gründet in Südengland das Königreich Wessex mit der Hauptstadt Winchester.
um 844	Kenneth MacAlpin vereint Schotten und Pikten unter seiner Herrschaft.
1170	Der Erzbischof von Canterbury, Thomas Becket, wird in seinem Dom erschlagen. Heinrich II. hatte unbedacht zur Tat aufgerufen; fortan pilgern die Gläubigen zum Schrein des Heiligen.
1176–1209	Die Old London Bridge, die erste Steinbrücke über die Themse, wird gebaut.
1277	Edward I. vereinigt gewaltsam Wales mit England und ernennt den Thronfolger zum Prince of Wales.
1297 und 1314	Unter William Wallace siegen die Schotten an der Stirling Bridge über die Engländer; wenige Jahre später bringt Robert Bruce den verhassten Nachbarn bei Bannockburn eine weitere Niederlage bei.
1337–1453	Hundertjähriger Krieg mit Frankreich, die Engländer verlieren immer mehr Besitztümer auf dem Kontinent.
1577–1580	Sir Francis Drake umsegelt auf seiner Golden Hinde die Erde.
1605	Guy Fawkes und seine katholischen Anhänger versuchen, das Parlament in die Luft zu sprengen; der Anschlag wird in letzter Minute vereitelt.
1620	Auf der Mayflower segeln die Pilgerväter in die Neue Welt.
1707	Realunion Schottlands mit England.
1. 1. 1801	Inkrafttreten der Unionsakte, die Irland mit England vereinigt. Irische Abgeordnete im britischen Parlament ...
ab 1802	Der Londoner Hafen wird ausgebaut, die Dockanlagen sind die größten der Welt.
1807	Verbot des Sklavenhandels.
1837 – 1901	Regierungszeit von Königin Victoria, Großbritannien ist die reichste Nation der Erde.
1847/48	Karl Marx und Friedrich Engels publizieren in London „Das kommunistische Manifest".
1912	Der Stolz der britischen Handelsflotte, der Luxusliner Titanic, sinkt auf der Jungfernfahrt.
1920	Gesetz zur Teilung Irlands in Nord- und Südirland.
nach 1945	Für drei Jahrzehnte herrscht wirtschaftliche Rezession im Land.
1994	Der Eurotunnel unter dem Ärmelkanal wird fertig gestellt.

British Countryside

Die zentrale Bergkette Englands sind die Pennines, die von den schottischen Cheviot Hills in südliche Richtung bis zum Tal des River Trent verlaufen und deren Ausläufer sich nach Osten und Westen ziehen. Der höchste Gipfel der Pennines und gleichzeitig Englands ist mit 978 m der Scafell Pike in den Cumbrian Mountains des Lake District.

Der Westen Mittelenglands, die Midlands, werden aufgrund der starken Industrialisierung auch das Black Country genannt. Im Osten erstreckt sich das weitgehend trockengelegte einstige Moorgebiet der Fens, in denen heute intensive Landwirtschaft betrieben wird. In Südwestengland steigt südlich des Bristolkanals eine weitgehend unfruchtbare Hochebene auf, die bis zu den Mooren von Cornwall und Devon führt, so beispielsweise dem Dartmoor, dessen höchste Erhebung mit 621 m in einer der unberührtesten Landschaften Englands aufragt. Von Devon erstrecken sich entlang der Südküste bis nach Dover Kreidefelsen und -klippen, und die Landschaft hier im Süden ist leicht hügelig. Zu den größten Flüssen zählen die Themse, der Severn im Südwesten, der Mersey im Westen und der Humber im Norden.

Wales ist mit Ausnahme der schmalen Küstenlinien vollständig von Gebirgen geprägt, deren Hauptkette, die Cumbrian Mountains, in Nord-Süd-Richtung verlaufen. Im Südosten prägen die Brecon Beacons das Land, im Nordwesten sind es die Snowdonia Mountains, aus denen mit 1085 m der höchste Gipfel von Wales aufragt.

Schottland wird grob in drei geografische Landschaften eingeteilt: die Lowlands, die Southern Uplands und die Highlands. Weit mehr als die Hälfte des Landes wird vom Hochland eingenommen, dessen Bergketten von Nord nach Süd verlaufen. In den dunklen Tälern liegen Aberhunderte Lochs (Seen), viele sprudelnde Bäche durchziehen die Highlands, weite Teile sind von Hochmooren bedeckt.

Von Inverness im Norden verläuft der Great Glen, eine während der letzten Eiszeit entstandene Bruchspalte, diagonal in Richtung Südwesten. Die hier aufragenden Berge sind die Grampian Mountains, das Hauptgebirge Schottlands, das mit dem 1343 m hohen Ben Nevis den höchsten Gipfel ganz Großbritanniens aufweist.

Südlich der Highlands schließen sich die Central Lowlands an, niedrige Hügelketten, die von den Strömen Tay, Forth und Clyde durchflossen werden. Die Southern Uplands mit einer durchschnittlichen Höhe von 700 m leiten in das flache Lowland an der Grenze zu England über, in dem intensiv Landwirtschaft betrieben wird.

Klima und beste Reisezeit

Das Klima Großbritanniens ist atlantisch geprägt mit milden Wintern und kühlen Sommern. Niederschläge gibt es das ganze Jahr über reichlich, im Winter fallen sie zumeist nur in Schottland als Schnee. Die durchschnittlichen Temperaturen schwanken zwischen 16,5 °C im Juli und 4,5 °C im Januar. Auf den vom Golfstrom umspülten Isles of Scilly vor der Südwestküste misst man im Januar und Februar höhere Temperaturen als an der Côte d'Azur. In Wales liegen die Sommertemperaturen durchschnittlich um ein Grad, an der schottischen Westküste sogar um drei Grad niedriger. In England fallen im Durchschnitt knappe 800 mm Regen, in den Snowdonia Mountains von Wales sind es 2500 mm/m^2 und in den westlichen Highlands von Schottland gegen 3800 mm/m^2 nieder.

Die Reisezeit reicht von Mai bis September, wobei der Mai der empfehlenswerteste Monat ist. Um diese Jahreszeit fällt am wenigsten Niederschlag, und die Temperaturen erreichen schon die 20-Grad-Marke. Es sind noch nicht viele Besucher unterwegs, aber alle touristischen Einrichtungen haben geöffnet, und der Reisende hat keine Probleme, ein Hotel, ein Bed & Breakfast oder einen Restauranttisch zu bekommen.

Zahllose Seen und Bäche kennzeichnen die karge Landschaft der schottischen Highlands.

Umweltschutz

Es gibt noch viel zu tun

Großbritannien ist in Sachen Umweltschutz nicht gerade ein Musterschüler der EU. Das Land hat einen hohen Schwefeldioxid-Ausstoß, der in den letzten Jahren aufgrund der europäischen Bestimmungen zum Glück heruntergefahren werden konnte. Die Wasserqualität der Flüsse Englands und die Gewässer entlang der Küste sind durch Abwassereinleitungen in ihrer Sauberkeit stark beeinträchtigt, neue Kläranlagen sollen in Zukunft für Abhilfe sorgen.

Über viele Jahre wurde radioaktiver Müll einfach im Meer versenkt. Über 30 Kernkraftwerke sind noch in Betrieb und decken zusammen mit Kohle- und Wasserkraftwerken den Strombedarf. In früheren Zeiten waren zwei Drittel der Fläche Großbritanniens mit Wäldern bedeckt, heute sind es gerade noch einmal 10 %. Aufgrund der intensiven Landwirtschaft zerstören Pestizide und Kunstdünger die Flora und Fauna vieler Flüsse; in den Norfolk Broads, einem ausgedehnten Fluss- und Seengebiet in East Anglia, waren einige Gewässerteile bereits biologisch tot, bevor die Behörden endlich zur Tat schritten. Größte Naturschutzorganisation im Lande ist der National Trust, dem viele Landstriche in Großbritannien gehören. In Wales ist die Region rund um Milford Haven, einen der größten Ölverladehäfen des Landes, unter Umweltschutzaspekten problematisch; vor einigen Jahren strandete aufgrund der Unfähigkeit der Behörden ein Tanker und verseuchte die Küste. Im hohen Norden, in Schottland, ist die Situation wesentlich besser. Viele Gewässer haben dort noch Trinkwasserqualität.

Das traditionelle England: Wachablösung vor dem Buckingham Palace

Land und Leute

Eine Insel – drei Länder, so lautet die Werbebotschaft Großbritanniens. Das Vereinigte Königreich besteht aus England, Schottland und Wales und umfasst 242 000 km². England ist dabei die größte und mit vier Fünfteln der Einwohner auch volkreichste Verwaltungseinheit. Wales zählt ca. 3 Mio. Einwohner, in Schottland lebt ungefähr ein Zehntel der Gesamtbevölkerung von 59 Mio. Menschen.

Die Amtssprache ist Englisch, obgleich in weiten Teilen von Wales noch walisisch gesprochen wird und vor allem an der schottischen Westküste und auf den Inseln das Gälische noch weit verbreitet ist. Davon zeugen die vielen ungewohnten Namen, denen der Besucher allerorten begegnet: Glen (Tal), Loch (See), Ben (Berg), Brig (Brücke), Kyle (Meerenge), Wee (klein), Dun (Befestigung, Burg), Firth (Fjord), Inch (kleine Insel), Brae (Hügelland). In Wales trifft man häufig auf Aber (Flussmündung), Bryn (Berg), Caer (Burg), Craig (Felsen), Fferm (Farm), Glyn (Tal), Llan (Kirche), Llyn (See), Porth (Hafen) und Rhydd (Furt).

Kontinentaleuropäer scheren die Briten gerne als Engländer alle über einen Kamm, so wie England zumeist als Synonym für das ganze Land verwendet wird. Dabei lassen sich weder Schotten noch Waliser gern als Engländer bezeichnen. In beiden Regionen Großbritanniens ist das Nationalbewusstsein weithin ungetrübt.

Seit sich Heinrich VIII. 1533 mit der katholischen Kirche überwarf, sind die Mehrheit der Briten Protestanten und gehören der anglikanischen Kirche an. In Schottland und Wales gibt es eine Reihe nonkonfor-

Das moderne England in Swinging London: Punks beim Straßenkonzert

Mehr noch als die Krone ist das Parlament Symbol und lebendiges Zentrum des britischen Staates. Der „Big Ben" genannte Turm ist überdies eines der Wahrzeichen Londons.

mistischer Glaubensgemeinschaften, so die Presbyterianer, Methodisten, Kongregalisten und Episkopalisten. Glasgow hat eine starke katholische Gemeinde, was Fußballfreunde wissen: die Rangers werden von den protestantischen, Celtic wird von den katholischen Fans unterstützt.

In Großbritannien gibt es keine schriftlich niedergelegte Verfassung, grundgesetzliche Bestimmungen beruhen auf dem Common Law, dem Gewohnheitsrecht, sowie auf Präzedenzfällen. Staatsoberhaupt ist Königin Elisabeth, die Regierungsgeschäfte werden vom Premierminister geführt. Das Parlament besteht aus zwei Kammern: Dem Unterhaus (House of Commons), dem deutschen Bundestag vergleichbar, obliegt die Gesetzgebung, 651 Mitglieder gehören ihm an. Im Oberhaus, dem House of Lords, das keine gewählte Körperschaft ist, sitzen 1200 adlige Mitglieder. Zwei Drittel von ihnen haben den Sitz geerbt, der Rest wurde auf Lebenszeit ernannt. Diese Parlamentarier können sich zwar gegen Gesetzentwürfe aussprechen, Initiativen der Regierung aber nur verzögern und nicht wirksam blockieren. Mit dem Sieg der Labour Party 1997 fanden die Unabhängigkeitsbestrebungen der Schotten und Waliser auch in London Gehör. So wurden sowohl in Schottland als auch in Wales Referenden über eine größere Eigenständigkeit dieser Landesteile abgehalten. Namentlich die Schotten votierten mit überwältigender Mehrheit für ein eigenes Parlament, aber auch die Waliser stimmten, wenn auch zurückhaltender, für ein Mehr an Selbstverwaltung.

Wirtschaft

Mutterland des Kapitalismus

Die industrielle Revolution begann im 19. Jh. in England und in jenen Tagen war das Land die reichste Nation der Erde. Entscheidend für diesen Erfolg waren bahnbrechende Erfindungen wie die Dampfmaschine und der mechanische Webstuhl, mit denen die Produktion von Gütern in industriellem Maßstab erst möglich wurde, sowie der stete Zustrom billiger Rohstoffe aus dem weltumspannenden Kolonialreich. Dessen Verlust, verbunden mit der zunehmenden Überalterung der Anlagen, ließ die Wirtschaftskraft im vergangenen Jahrhundert dahinschwinden. Vor allem nach dem Zweiten Weltkrieg taumelte Großbritannien für gut drei Jahrzehnte von einer Rezession in die andere. Erst mit dem Amtsantritt von Margaret Thatcher als Premierministerin 1979 wurden Strukturreformen eingeleitet. Verstaatlichte Wirtschaftsbereiche konnten privatisiert, die Macht der Gewerkschaften in harten Arbeitskämpfen beschnitten werden. Zwar verbesserte sich damit die Wettbewerbsfähigkeit der Wirtschaft, aber durch Stellenabbau stieg die Arbeitslosigkeit und damit die Unzufriedenheit.

Mit Beginn der 90er-Jahre begann ein bis heute anhaltendes Wirtschaftswachstum, dem andere europäische Länder nicht folgen konnten. Die Arbeitslosenzahlen sanken, die Währung blieb stabil.

Die traditionell europafeindlichen Briten haben sich bisher dem Euro als gemeinsamer Währung verweigert. Die City of London ist dennoch eines der bedeutendsten Finanzzentren der Welt. Alle großen Banken und Brokerhäuser unterhalten dort große Dependancen.

England stellt mit rund 80% den größten Anteil am Bruttoinlandsprodukt, den Rest erwirtschaften Wales und Schottland, die beide seit dem Zweiten Weltkrieg mit großen Strukturproblemen zu kämpfen hatten. In Wales sind mittlerweile sämtliche Kohlengruben aufgegeben worden, in Schottland wurden alle Stahlwerke und Werften geschlossen. Im hohen Norden haben sich viele Betriebe der Computerindustrie niedergelassen, und das Nordsee-Öl sorgt bei einer Reihe von Zulieferbetrieben für Jobs. Computerteile sind mittlerweile die Hauptausfuhrgüter und haben die Exportzahlen des Whisky längst überflügelt. Edinburgh wurde zum zweitwichtigsten Finanzzentrum nach London. Schottland hat das Recht, eigene Banknoten zu drucken, die zwar in England und Wales nicht als gesetzliche Zahlungsmittel anerkannt sind, von vielen Geschäften aber dennoch angenommen werden. Auch Wales hat in den letzten Jahren den Anschluss an die Leichtindustrie und den Dienstleistungssektor gefunden.

CITY CRUISES

London

A nation, not a city

Für etliche Jahrhunderte war London die größte Stadt der Welt und Zentrum eines erdumspannenden Kolonialreiches, in dem die Sonne nie unterging. „London, a nation, not a city“, so kennzeichnete Premierminister Benjamin Disraeli einst die Kapitale des Landes, und der Literat Samuel Johnson stellte im 18. Jh. fest: „Bist du Londons müde, dann bist du des Lebens müde, denn in London gibt es alles, was das Leben bieten kann.“

Zentrum des British Empire

Die City of London ist einer der wichtigsten Finanzplätze der Welt, im West End kommen in unzähligen Theatern allabendlich Musicals, Opern und Schauspiele auf die Bühnen, wer die Küchen der Welt probieren möchte, der ist in Soho am rechten Ort, und die Zahl der Sehenswürdigkeiten ist unüberschaubar – große und bedeutende Mu-

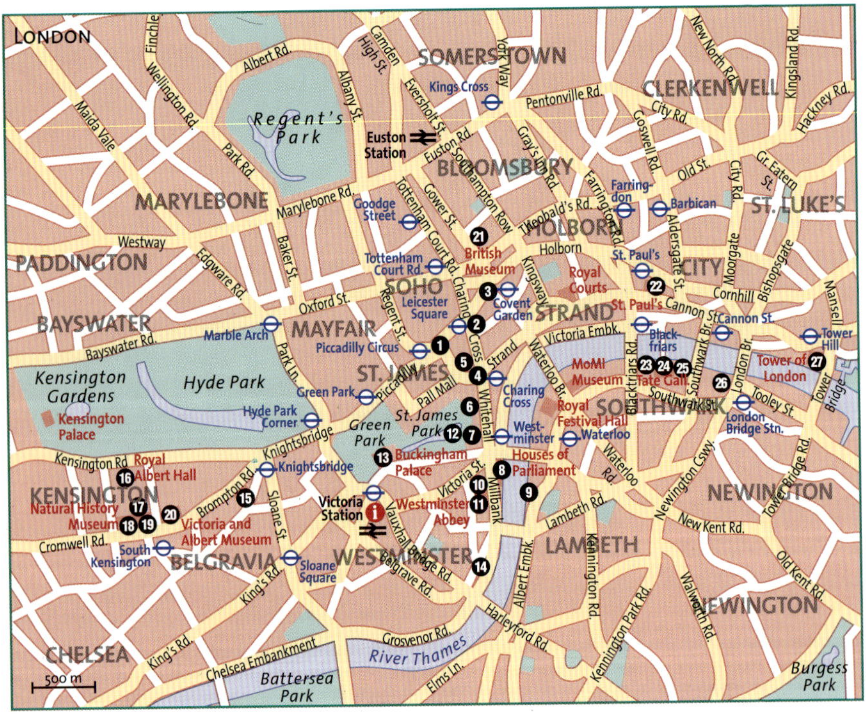

seen, historische Gebäude aus allen Jahrhunderten, prachtvolle Kirchen und Kathedralen, Brücken und Burgen. Ein Spaziergang durch London ist wie eine Zeitreise.

London – Produkt einer bewegten Vergangenheit

Im Jahr 43 eroberten die Römer mit vier Legionen Britannien und erbauten am Nordufer der Themse die Stadt Londinium. Knappe 400 Jahre hielten sich die Eroberer aus dem Süden in diesem Teil des Imperium Romanun, dann kamen die Angelsachsen und machten Lundenevic zu ihrer Kapitale. Kurz nach der Invasion der Normannen unter Wilhelm dem Eroberer entstand der Tower of London, die Schutzburg der neuen Herren. 1176 begannen die Arbeiten an der London Bridge, dem ersten steinernen Flussübergang – für viele Jahrhunderte der einzige Weg über die Themse. Wenige Jahre später wählten die Zünfte der Stadt ihren ersten Bürgermeister.

Gegen Ende des 16. Jh. tauchte in den Chroniken erstmals der Name William Shakespeare auf, der im Globe Theatre mit seinen Stücken große Erfolge feierte. Ein halbes Jahrhundert später, 1666, fiel die Stadt einem verheerenden Brand zum Opfer, Sir Christopher Wren errichtete nicht nur St. Paul's Cathedral neu, sondern viele weitere Kirchen in der City. 1759 wurde das Britische Museum eröffnet, heute eines der bedeutendsten Schatzhäuser der Welt. Während der Herrschaft von Queen Victoria fand in London die erste Weltausstellung statt und demonstrierte den staunenden Besuchern die überlegene industrielle Leistungsfähigkeit der britischen Kolonialmacht. Wenige Jahre später konnte die Tower Bridge, eines der Wahrzeichen der Metropole, durch die Königin eingeweiht werden. 1952 empfing die junge Elisabeth in Westminster Abbey die Krone und damit die Herrscherwürde.

Die „eiserne Lady", Premierministerin Margaret Thatcher, löste 1986 das Greater London Council, die Selbstverwaltung der Stadt auf. Erst im Jahr 2000 wurde ein neuer Oberbürgermeister gewählt; es war wieder Ken Livingston, den Thatcher 14 Jahre zuvor entlassen hatte.

Ein Spaziergang durch die Weltmetropole

Unser Rundgang beginnt am **Piccadilly Circus ❶** (U-Bahn Piccadilly Circus), einst die Radnabe des britischen Empire, heute nur noch Zentrum der Metropole. Den vom Großstadtverkehr umtosten Eros-Brunnen schuf 1893 Albert Gilbert und ehrte damit einen Wohltäter des 19. Jahrhunderts. Anthony Ashley Cooper, der 7. Earl of Shaftesbury, hatte sich um die zahllosen Armen der Stadt gekümmert und versucht, ihr Los ein wenig zu lindern.

Nur einen Steinwurf entfernt liegt inmitten des Londoner Theaterviertels – auch West End genannt – der verkehrsberuhigte **Leicester Square ❷** (U-Bahn Leicester Square). In der begrünten Platzmitte grüßen

Trafalgar Square mit St.-Martin-in-the-Fields

die Standbilder Charlie Chaplins, des Kupferstechers William Hogart, des Malers Joshua Reynolds und des Naturwissenschaftlers Isaac Newton. Nahebei befindet sich der Kartenkiosk, an dem man Theaterkarten für den gleichen Tag zu verbilligten Preisen bekommt.

Ein kurzer Fußweg bringt uns zu **Covent Garden** ❸ (U-Bahn Covent Garden), einem herausragenden innerstädtischen Freizeitgebiet. Über viele Jahrhunderte wurde auf dem Areal ein Obst- und Gemüsemarkt abgehalten. Die heutigen Markthallen baute 1830 der Architekt John Fowler. Seit Mitte der 60er-Jahre sorgt der Lieferverkehr mit seinen zahllosen Lkws regelmäßig für ein Verkehrschaos in der Londoner Innenstadt, und 1974 wurde der Markt in einen Außenbezirk verlegt. In die gusseisernen Hallenkonstruktionen zogen Cafés und Läden aller Art ein. Vor der Rückwand der Kirche St. Paul's treten Straßenkünstler auf, Feuerschlucker sprühen Flammenschleppen in die Luft, Gaukler sorgen für Lachsalven, Akrobaten zeigen wagemutige Kunststücke, und für die rechte Geräuschkulisse greifen Musikanten in die Saiten ihrer Gitarren.

1663 kam im neuerbauten **Royal Opera House** in Covent Garden zum ersten Mal ein Stück auf die Bühne. Nach dem großen Stadtbrand nahm sich Londons berühmtester Architekt, Sir Christopher Wren, der Sache an und ließ nach seinen Plänen ein neues Opernhaus errichten. Das heutige, 2000 Plätze zählende Covent Garden Opera House baute 1946 der Architekt E. M. Barry. Als letzte Attraktion von Covent Garden sei das **London Transport Museum** genannt, das über den öffentlichen Nahverkehr der Metropole im Laufe der Jahrhunderte informiert (tgl. 10 –18 Uhr).

Ein weiterer berühmter Platz der britischen Metropole ist **Trafalgar Square** ❹ (U-Bahn Charing Cross), in dessen Mitte auf einer 56 m hohen Säule Englands größter Seeheld, Admiral Horatio Nelson in Napoleonpose nach französischen Kriegsschiffen Ausschau hält. 1842 hob man die lebensgroße Figur auf die hohe Spitze. An der Basis der Säule dokumentieren vier Reliefs Nelsons siegreiche Seeschlachten. Die vier mächtigen, artig daliegenden Bronzelöwen gehen auf Entwürfe des Hofmalers Sir Edwin Landseer zurück, die beiden großen Brunnen mit ihren Fontänen schuf 1939 der Architekt Edwin Lutyans. Die auf dem Platz verteilten Statuen zeigen George IV., Admiral Napier und General Havelock. Traditionell feiern die Londoner auf dem Trafalgar Square den Silvesterabend, und dann schmückt ein großer Weihnachtsbaum den Platz. Der kommt Jahr für Jahr aus Norwegen – zum Dank für die britische Hilfe im Zweiten Weltkrieg.

Die Kirche **St.-Martin-in-the Fields** im Nordosten des Platzes wurde von James Gibb 1726 erbaut; heute bekommen hier die Obdachlosen der Stadt eine warme Mahlzeit. In der Krypta kann man sich in einem Café ein wenig stärken.

An der Nordseite von Trafalgar Square ragt die lang gestreckte, von William Wilkens erbaute und 1838 eingeweihte **National Gallery** ❺ auf, die italienische Malerei des 15. und 16. Jh. zeigt, weiterhin holländische, flämische und französische Kunst des 17. Jh. (Mo–Sa 10–18, Mi bis 20, So 12–18 Uhr). Nicht versäumen sollte man auch einen Besuch in der **National Portrait Gallery**, deren Eingang sich an der Ostseite der National Gallery befindet (St. Martin's Place). Hier findet man die Konterfeis aller großen Briten, egal ob Könige, Politiker, Wissenschaftler oder Playboys.

Die Straße **Whitehall** führt vom Trafalgar Square in Richtung Süden. Rechts und links reihen sich die Ministerien. Auf halber Strecke finden wir rechts die immer von fotografierenden Touristen umlagerten **Horse Guards** ❻ der Queen. Gegenüber steht seit rund 400 Jahren Banqueting House (Mo–Sa 10–18, So 14–18 Uhr). 1619 ließ es der Architekt Inigo Jones im palladianischen Stil errichten. Die großartigen Deckengemälde schuf kein Geringerer als Peter Paul Rubens. König Karl I. übrigens empfing vor Banqueting House am 30. 1. 1649 den Todesstreich des Henkers.

Weiter Whitehall abwärts passieren wir rechter Hand **Downing Street Number 10** ❼, die Dienstwohnung des britischen Premiers. Durch ein schmiedeeisernes Gitter kann man einen Blick auf das Zentrum der Macht werfen. Vorbei am Kenotaph in der Straßenmitte, der an die Gefallenen der Kriege erinnert, erreicht man Parliament Square mit den **Houses of Parliament** ❽ (U-Bahn Westminster). Im Herbst 1834 brannten die alten Parlamentsgebäude nieder, und der Architekt Charles Barry erhielt mit seinem neogotischen Entwurf den Auftrag für einen Neubau. 1840 begannen die Arbeiten, die sich über genau zwei Jahrzehnte hinzogen. Der Uhrturm Big Ben, benannt nach der größten Glocke, die hier die Zeit schlägt, ist eines der Wahrzeichen Londons. Zu besichtigen sind die Houses of Parliament nicht, doch darf man ab 14.30 Uhr von einer Tri-

Tipp

Schaltzentrale im Krieg

Nach Westminster Abbey sollte man einen Besuch in Churchills Cabinet War Rooms nicht versäumen (Mo–Sa 10–18, So 14–18 Uhr). Wegen der deutschen Luftangriffe im Zweiten Weltkrieg benötigten die Kabinettsmitglieder eine bombensichere Einsatzzentrale, und die wurde in die verstärkten Kellergewölbe des Finanzministeriums eingebaut. Von Downing Street Number 10 waren es nur wenige Schritte, und auch alle Minister konnten von ihren Büros die Cabinet War Rooms in wenigen Minuten erreichen. Sämtliche kriegsentscheidenden Informationen liefen in den unterirdischen Räumlichkeiten zusammen. Churchill wandte sich von hier aus in Radioansprachen an die Bürger und konnte auch abhörsicher mit dem amerikanischen Präsidenten Roosevelt telefonieren.

büne aus den Unterhaussitzungen folgen. Der Eingang dafür befindet sich im Victoria Tower.

Auf der gegenüberliegenden Seite der Themse, leicht erreichbar über Westminster Bridge, ist schon von weitem das **British Airways London Eye** ❾ sichtbar, ein mehr als 130 m hohes Riesenrad, von dem aus man unglaubliche Ausblicke über die Metropole hat (April–Okt. tgl. 9 Uhr bis Sonnenuntergang, Nov.–März tgl. 10–18 Uhr).

Der schneeweiße Bau von **St. Margaret's** ❿ gegenüber dem Victoria Tower des Parlamentsgebäudes ist die traditionelle Hochzeitskirche der begüterten Londoner Society. 1908 stand z. B Winston Churchill vor dem Altar. 1491 bestattete man hier Englands ersten Drucker William Caxton, und 1618 fand der hingerichtete Sir Walter Raleigh hier seine letzte Ruhestätte. Hinter St. Margaret's ragt eines der architektonisch bedeutendsten Bauwerke Londons auf – **Westminster Abbey** ⓫. An diesem Ort konzentriert sich wie nirgendwo sonst die Geschichte des Landes. Mehr als 400 Grabdenkmäler und über 3000 Gedenktafeln erinnern an Könige, Politiker, Wissenschaftler und Künstler. Bis 1760 wurden bis auf wenige Ausnahmen alle Herrscher hier begraben und seit Wilhelm dem Eroberer, der am Weihnachtstag 1066 hier die Krone empfing, fanden alle Krönungsfeierlichkeiten an dieser Stelle statt. Für den Besucher sicherlich besonders interessant ist Poet's Corner, der Dichterwinkel im südlichen Querschiff. Hier wird an die großen britischen Dichter und Romanciers erinnert, so etwa an Charles Dickens, Rudyard Kipling, W. H. Auden, Lord Tennyson, John Dryden, Dylan Thomas, die Brontë-Schwestern und viele mehr.

Durch den St. James's Park ⓬, eine der vielen grünen Lungen der Stadt, ist schnell **Buckingham Palace** ⓭ erreicht. Davor blickt Queen Victoria von der Höhe ihres 1910 eingeweihten schneeweißen Denkmals auf ihr Volk herab; Hochzeitstorte nennen die Londoner dieses Memorial. Täglich um 11.30 findet im Sommer vor dem Palast der Königin die Wachablösung, Changing of the Guard, statt, ein Spektakel, das immer von einigen Tausend Touristen fotografierend verfolgt wird.

Von den Houses of Parliament führt ein ca. 15-minütiger Spaziergang flussaufwärts zur **Tate Britain** ⓮ (einst Tate Gallery, Mo–Sa

10–17.50, So 14–17.50 Uhr), die britische Kunst vom 15. bis zum 19. Jahrhundert zeigt; in der angeschlossenen Clore Gallery hängt fast das gesamte Oeuvre des Licht- und Schattengenies William Turner. Von dem Museum gibt es einen Bus- und Boots-Shuttle zur Tate Modern (vgl. Seite 25).

Südlich der ineinander übergehenden Gartenareale Hyde Park und Kensington Garden, eines der größten Parkareale Londons, liegt der Stadtteil Kensington. Hier lockt das weltberühmte Kaufhaus **Harrod's** ⓯ die konsumfreudigen Besucher (U-Bahn Knightsbridge). In Kensington finden wir aber auch eine ganze Reihe weiterer Sehenswürdigkeiten. Da ist zuerst einmal die kreisrunde **Albert Hall** ⓰; die zwischen 1867 und 1871 erbaute „Suppenschüssel" fasst 8000 Personen und ist für ihre Akustik berühmt. Während der Sommermonate finden hier allabendlich Konzerte statt.

Durch Londons große Museen

Das **Naturwissenschaftliche Museum** ⓱ (Science Museum, Mo–Sa 10–18, So 11–18 Uhr), dem Deutschen Museum in München vergleichbar, macht den technischen und naturwissenschaftlichen Laien mittels ausgeklügelter Apparaturen und vieler weiterer Ausstellungstücke mit der Technikgeschichte und den Naturwissenschaften vertraut. Das **Geologische Museum** ⓲ (Geological Museum, Mo–Sa 10–18, So 14–18 Uhr) gibt dem Besucher einen Überblick über die Entstehung der Erde, und das **Museum für Naturgeschichte** ⓳ (Natural History Museum, Mo–Sa 10–18, So 13–18 Uhr) stellt botanische, entomologische, mineralogische und zoologische Exponate aus. Das **Victoria & Albert Museum** ⓴, kurz V & A genannt (Mo –Sa 10–18, So 14.20–18 Uhr), vermittelt einen Überblick über das Kunstschaffen vieler Nationen. Zentraler U-Bahnhof für alle diese Museen ist South Kensington.

Eines der größten Schatzhäuser der Welt ist zweifellos das **British Museum** ㉑ (U-Bahn Tottenham Court Road, Mo–Sa 10–17, So 14.30–18 Uhr) im Stadtteil Bloomsbury. Am 15. Januar 1759 öffnete das Ausstellungsgebäude seine Pforten und zeigte die Kollektion des Londoner Modearztes Sir Hans Sloane. Dieser war von einer unstillbaren Sammelleidenschaft beseelt und vermachte die vielen tausend Exponate dem Staat. Die Bestände wuchsen rasch an, und heute kann man hier altägyptische, griechische, japanische, römische, assyrische und phönizische Funde bestaunen. Hinter dem British Museum erstrecken sich entlang der Malet Street die Gebäude der London University.

Ruhestätte der Helden

Nach Westminster Abbey ist die **St. Paul's Cathedral** ㉒ (U-Bahn St. Paul's) das bedeutendste Gotteshaus der Metropole, die Kathedrale des Bischofs von London und die Kirche des Commonwealth. Zwei Vorgängerbauten fielen den Flammen

Der Buckingham Palace ist das Zentrum der britischen Monarchie.

zum Opfer, und ab 1675 erstand unter der Bauleitung des genialen Londoner Architekten Sir Christopher Wren die neue St. Paul's Cathedral. 35 Jahre lang inspizierte Wren jeden Samstag den Fortgang der Arbeiten, und an seinem 78. Geburtstag setzte sein Sohn den Schlussstein in die Kuppel ein. Ein Treppenaufgang führt dort hinauf und hinaus zur äußeren Steingalerie, von der aus man einen phantastischen Ausblick über die City von London hat.

Auch einen Besuch der Krypta sollte man nicht versäumen; neben der Schatzkammer mit ihren wertvollen liturgischen Gerätschaften befinden sich hier auch die Gräber des Herzogs von Wellington (1769–1852), der zusammen mit Blücher Napoleon bei Waterloo schlug, und des Admirals Horatio Nelson, der 1805 in der Seeschlacht von Trafalgar den Tod fand. Nahebei ehrt eine Büste Thomas Edward Lawrence, der unter dem Namen Lawrence von Arabien in die Geschichte einging.

Von Southwark zum Tower

Von St. Paul's führt eine Fußgängerbrücke – entworfen von Sir Norman Foster, der auch für die Umgestaltung des Berliner Reichstages verantwortlich zeichnete – an das südliche Themseufer zum Stadtteil Southwark. Erst seit wenigen Jahren locken hier einige wirklich bedeutende Sehenswürdigkeiten die Besucher an. Als Erstes sei hier das originalgetreu rekonstruierte **Globe Theatre** ㉓ genannt, an dem William Shakespeare Anteile hielt und auf dessen Bühne seine Stücke gespielt wurden. Von Mai bis September

Berühmt und berüchtigt – der Tower of London war für viele die letzte Station.

kann der Theaterfan in Matinees und Abendvorstellungen die Dramen und Komödien des großen Barden originalgetreu erleben (Mai–Sept. tgl. 9–12.30, ansonsten 10–17 Uhr). Neben dem Globe ist in der ehemaligen Bankside Power Station die **Tate Modern** untergebracht, die moderne Kunst des 20. Jahrhunderts zeigt (Mo–Do, So 10–18, Fr, Sa 10–22 Uhr).

Weinliebhaber werden sicher einen Besuch in **Vinopolis, City of Wine** ㉔ fest einplanen und dort vielleicht noch die ein oder andere Besonderheit über ihr Lieblingsgetränk erfahren (tgl. 10–17 Uhr). Für eine Rast empfiehlt sich das uralte Pub **Anchor Inn** ㉕, das seit fast einem halben Jahrtausend die Hungrigen und Durstigen stärkt. Shakespeare hat hier schon sein Ale getrunken, Samuel Pepys, der Londoner Diarist, hat uns von hier aus einen atemberaubenden Augenzeugenbericht über den Großen Brand von London 1666 hinterlassen, und Dr. Samuel Johnson – dessen Einfluss auf die englische Literatur mit dem Wirken Goethes in Deutschland vergleichbar ist – lebte im 18. Jahrhundert sogar für ein ganzes Jahr im Anchor. Zur Mittagszeit wird hier ein guter Lunch serviert; das wissen auch die Redakteure der Financial Times, die ihre Büros um die Ecke haben.

Im **Dock St. Marie Overrie**, an dem zu Shakespeares Zeiten die Bewohner von Southwark zollfrei ihre Waren umschlagen durften, liegt ein originalgetreuer Nachbau der Galeone **Golden Hind** im Wasser, auf der Sir Francis Drake die Welt umsegelte (tgl. 10–18 Uhr). Daneben ragt **Southwark Cathedral** ㉖ auf, im 13. Jahrhundert auf den Fundamenten eines früheren Gotteshauses im gotischen Stil errichtet. Im Innern finden wir ein Denkmal für William Shakespeare, der in Southwark lebte und wirkte.

Weiter flussabwärts passieren wir **Hay's Wharf**, ein renoviertes ehemaliges Speicherhaus mit Cafés, Pubs und Geschäften, und dann liegt da imposant vor der Tower Bridge die HMS Belfast in der Themse (März–Okt. tgl. 10–18, ansonsten 10–17 Uhr). Der Kreuzer wurde 1938 in Dienst gestellt, unterstützte 1944 die Landung der Alliierten in der Normandie und ist seit 1971 für die Öffentlichkeit zugänglich.

Butler's Wharf ist ebenfalls ein ausgedehntes renoviertes Speicher- und Magazinareal des ehemaligen Londoner Hafengebietes; neben Pubs, Restaurants, Cafés, Galerien und teuren Wohnungen befindet sich hier auch das Design Museum (Mo–Sa 11–18.30), das gut geformte Alltagsgegenstände präsentiert.

Am nördlichen Brückenturm der **Tower Bridge** – die 1894 eingeweiht wurde – gelangt man ins Innere dieses Londoner Wahrzeichens. Von den beiden in luftiger Höhe verlaufenden Verbindungsstegen zwischen den beiden Türmen hat man prachtvolle Ausblicke auf die Stadt (April–Okt. tgl. 10–18.30, ansonsten 9.30–18 Uhr).

Die Ursprünge des **Tower of London** ㉗ (U-Bahn Tower Hill) gehen auf William the Conquerer zurück, der 1066, noch im Jahr seiner erfolgreichen Invasion, ein erstes Holzfort errichten ließ. Dieses wurde nur wenige Jahre später durch den steinernen White Tower ersetzt. Richard Löwenherz und nach ihm Heinrich III. und Edward I. erweiterten im 12. und 13. Jahrhundert die Festung beträchtlich und gaben dem Tower im Wesentlichen seine heutige Erscheinung. Vor allem für die Damenwelt ist sicherlich der Jewel Tower von großem Interesse, denn hier werden die Kronjuwelen aufbewahrt (März–Okt. Mo–Sa 9–17, So 10–17, ansonsten Mo–Sa 10–16, So 9–16 Uhr).

St. Catherine's Dock schließt unmittelbar an die Tower Bridge an und war der erste Hafenbereich, der nach der Stilllegung des Londoner Hafens renoviert wurde. Als sich der finanzielle Erfolg einstellte, begann man damit, die verlassenen Docklands zu sanieren. Heute bestimmen der Canary Wharf Tower und viele postmoderne Gebäude inmitten der alten Speicherhäuser und an den Hafendocks die Kulisse dieses Stadtteils. Von der U-Bahn-Station Tower Hill sowie von der U-Bahn-Station Bank in der City of London aus verkehrt die **Dockland Light Railway** (DLR) durch das einstige Hafengebiet. Es empfiehlt sich, mit der DLR unter der Themse hindurch bis zur Station Maritime Greenwich zu fahren. Das Licht des Tages erblickt man dann wieder im Stadtteil Greenwich. Hier liegt die **Cutty Sark** in einem Trockendock (tgl. 10–17 Uhr). Der 1869 in Dienst gestellte

In St. Paul's Cathedral ruhen die größten Helden der Nation: Nelson und Wellington.

Klipper gehörte einmal zu den schnellsten Segelschiffen der Welt. Daneben kann der segelbegeisterte Besucher einen Blick auf die Gipsy Moth werfen, mit der 1966/67 der damals 60-jährige Francis Chichester allein die Welt umsegelte. Bei seiner Rückkehr wurde er in Greenwich an gleicher Stelle geadelt wie rund 400 Jahre zuvor der Weltumsegler Sir Francis Drake.

Wer sich umfassend über die britische Seefahrtsgeschichte informieren möchte, darf einen ausführlichen Besuch im **Maritime Museum** von Greenwich nicht versäumen (Mo–Sa 10–18, So 12–18 Uhr). Darüber liegt auf einem kleinen Hügel das königliche Observatorium, das 1675 von Christopher Wren für den Astronomen John Flamstead errichtet wurde (tgl. 10–17 Uhr). Durch den Hof verläuft ein schmaler Metallstreifen, der den Nullmeridian markiert.

Vom Pier in Greenwich sollte man nun mit einem Boot ins Stadtzentrum zurückfahren. Man kann dabei die Skyline der Metropole vom Fluss aus bestaunen. Am Westminster Pier endet die Themse-Fahrt.

Tourist Information: Victoria Station

Der Süden

Vom Golfstrom verwöhnt

Von jeher war der Süden die reichste Region Britanniens. In der Nähe Londons ließen sich die Adligen ihre Herrenhäuser errichten. Viele Stately Homes mit kostbarem Interieur konzentrieren sich hier im Süden. Entspannung suchten Adel und Bürgertum ab dem 19. Jh. am Meer, und aus ehemals verschlafenen Fischernestern wurden mondäne Seebäder. Auch die Kirche setzte Zeichen, und die Türme der großen gotischen Kathedralen überragen die Häuser von Winchester, Salisbury, Exeter und Wells.

Kent und South Downs

Das Tor nach England

Wer mit dem eigenen Wagen nach Großbritannien reist und die kürzeste Fährverbindung nimmt, wird in **Dover** 1 (100 000 Einwohner) englischen Boden betreten. Der Kanalhafen war von jeher das Einfallstor in das Inselreich und daher von strategischer Bedeutung. Davon kündet die mächtige Burganlage (Ostern bis Sept. tgl. 10–18, sonst bis 16 Uhr), deren Bergfried 1168, gut hundert Jahre nach der normannischen Eroberung, errichtet wurde. In den folgenden Jahrhunderten bauten die neuen Herren die Festung stetig weiter aus. Während der napoleonischen Kriege kamen die endlosen Tunnelanlagen hinzu, die zu Beginn des Zweiten Weltkrieges weiter in den Fels getrieben wurden. Von hier aus organisierte der britische Generalstab die Evakuierung der englischen und französischen Truppen aus Dünkirchen. Weitere rund 5,5 km lange Tunnels und unterirdische Kammern kamen dann nach dem Zweiten Weltkrieg als atombombensichere Schutzräume für die Elite der Grafschaft Kent hinzu. Hellfire Corner, so der Spitzname der unterirdischen Anlage im Zweiten Weltkrieg, während dem Dover monatelang unter deutschem Dauerbombardement stand, können Besucher auf einer einstündigen geführten Tour kennen lernen.

Tourist Information: Townwall Street.

Nicht nur Tales in Canterbury

Wer von Dover in Richtung London unterwegs ist, erreicht nach kurzer Fahrt auf der A 3 **Canterbury** 2 (130 000 Einwohner), eine der schönsten Städte Englands. Mit seinen römischen Funden, der grandiosen Kathedrale, den vielen alten Fachwerkhäusern und der mittelalterlichen Stadtmauer offenbart sich dem Besucher hier die Geschichte von 2000 Jahren. Schon die Römer unterhielten hier eine Garnison unter dem Namen Durovernum, mit dem Einzug der Sachsen wurde die Stadt in Cantwarabyrig umbenannt. 597 empfing der sächsische König Ethelbert hier den vom Papst nach England gesandten Mönch Augustinus, der das Inselreich zum Christentum bekehren sollte. Bis zu seinem Tod im Jahre 604 hatte der Kirchenvater zwei Benediktinerklöster gegründet. Die Abteikirche des einen wurde an der Stelle der römischen Basilika erbaut und war die erste Kathedrale Großbritanniens. 1170 ermordeten zwei Gefolgsleute Heinrichs II. auf dessen klammheimlichen Wunsch den widerspenstigen Erzbischof Thomas Becket in der Kathedrale. Fortan pilgerten die frommen Wallfahrer zu seinem Schrein. Wie eine solche Pilgerfahrt im 14. Jh. aussah, hat Geoffrey Chaucer in seinen „Canterbury Tales" beschrieben.

Während des Zweiten Weltkrieges hatte Canterbury stark unter den Bombenangriffen der deutschen Luftwaffe zu leiden; Hitler hatte die im Englischen so genannten „Baedecker Raids" befohlen, die Zerstörung der bedeutendsten Sehenswürdigkeiten Südenglands, jener eben, die im deutschen Baedecker erwähnt wurden.

Man betritt die Domfreiheit vom Buttermarket, das mittelalterliche Zentrum der Stadt, durch das reich verzierte, aus dem 16. Jh. stammende Christ Church Gate. 1070 ordnete der erste normannische Erzbischof Lanfranc den Bau der heutigen **Kathedrale** an, vom gotischen Early-English-Stil ging es in den folgenden Jahrhunderten über den Perpendicular bis hin zum Decorated Style. Alle gotischen Stilrichtungen sind an diesem Gotteshaus erkennbar. 1505 wurde der Bell Harry Tower fertig gestellt. In der Trinity Chapel hinter dem Hauptaltar fanden illustre Persönlichkeiten ihre letzte Ruhe, so König Heinrich IV.

und seine Frau Johanna von Navarra sowie der Schwarze Prinz, Sohn Edwards III. und ein unermüdlicher Kämpfer im Hundertjährigen Krieg gegen Frankreich. Im nordwestlichen Querschiff befindet sich der Schrein Thomas Beckets – dort trafen ihn die tödlichen Schwerthiebe der Mörder. Von hier aus führt eine Treppe in die Krypta mit ihren Gewölben aus römischer Zeit.

Zwischen Burgate und High Street liegt das **Römische Museum** (Juni–Okt. Mo–Sa 10.30–17, So 13.30 –17 Uhr, ansonsten So geschl.) mit seinen prachtvollen Mosaiken. Museumspädagogisch vorbildlich ist die um die Ecke in der Stour Street befindliche interaktive Ausstellung **Canterbury Heritage**, die über die Geschichte der Stadt von römischer Zeit bis heute unterrichtet (Mo–Sa 10.30–17, Juni–Okt. auch So 13.30–17 Uhr).

Folgt der Besucher der verkehrsberuhigten High Street, so stößt er an dem Brückchen über den River Stour rechter Hand auf die **Weaver Houses**; darin lebten einst französische Hugenotten, die im nachreformatorischen England Asyl vor den Verfolgungen in ihrer Heimat gefunden hatten und hier eine schwunghafte Textilproduktion betrieben. Gegenüber steht das **Eastbridge Hospital**, das im 12. Jh. erbaut wurde, um armen Pilgern Unterkunft und medizinische Betreuung zu bieten (Mo–Sa 10–13 und 14–17, So 11–13 und 14–17 Uhr). High Street geht in St. Peter Street über, und hier ragt das **West Gate** auf, das einzig erhaltene von einst sieben Stadttoren. Im Innern befindet sich ein kleines Museum und zeigt mittelalterliche Waffen der Stadtgarde.

Tourist Information: 34 St. Margaret's Street

Prominente Herrensitze

Rund 12 km östlich der Stadt Royal Tunbridge Wells liegt das Dorf Sissinghurst. Nach Durchfahren der Ortschaft stößt man auf Hinweisschilder nach Sissinghurst Castle. **Sissinghurst** **3** gehört zum Pflichtprogramm eines jeden Gartenliebhabers. In den 30er-Jahren des 20. Jh. kauften die Schriftstellerin Vita Sackville-West und ihr Mann, der Sachbuchautor Harold Nicolson, das Gelände, auf dem sich ein elisabethanischer Turm, lang gestreckte Stallungen und zwei kleine Cottages befinden. Während die beiden die Gebäude renovierten und bewohnbar machten, legten sie gleichzeitig den schönsten Garten Englands an. In die eine Hälfte der Stallungen kamen die Schlafzimmer und die Bäder, in der anderen Hälfte richtete das Paar sich eine Bibliothek ein, die heute zu besichtigen ist. Nur durch ein Gitter darf man einen Blick in Vitas Arbeitszimmer im zweiten Stock des Turmes werfen; sie wollte nicht, dass Fremde es betreten. In dem einen der kleinen Cottages schrieb Harold seine Bücher, in dem anderen befanden sich die Küche und die Schlafzimmer der beiden Söhne Ben und Nigel. Vor dem Haupteingang des Areals stehen einige Oast Houses,

Knole ist einer der bedeutendsten Adelssitze aus elisabethanischer Zeit.

ehemalige Darrehäuser, in denen Hopfen getrocknet wurde. Heute befindet sich hier eine Ausstellung zur Entstehungsgeschichte des Gartens sowie die erste Druckerpresse von Leonard und Virginia Woolfs Verlag Hogarth Press. Vita Sackville-West und Virginia Woolf waren über viele Jahre eng befreundet (April–Okt. Di–Fr 13–18.30, Sa/So 10–17.30 Uhr).

Einer der größten elisabethanischen Adelssitze des gesamten Inselreiches ist **Knole** 4 – weniger ein Haus, fast schon ein kleines Dorf. Folgt man von Sissinghurst aus der A 21 Richtung London, erreicht man Knole, wenn man vom Ortszentrum des Landstädtchens Sevenoaks den Wegweisern folgt.

Es heißt, Knole habe 365 Zimmer, eines für jeden Tag des Jahres, sieben Innenhöfe für die Tage der Woche und 52 Treppen, welche die Wochen des Jahres symbolisieren. 1456 kaufte Thomas Bourchier, damals Erzbischof von Canterbury, ein kleines Anwesen und ließ es dann umfangreich umbauen. Auch seine Nachfolger vergrößerten und modifizierten den Bau in den folgenden Jahrzehnten weiter. 1566 schenkte Königin Elisabeth I. das Herrenhaus ihrem Cousin Thomas Sackville, und diese Familie besaß das hochherrschaftliche Anwesen bis 1946. Seitdem gehört es dem National Trust. Am 9. März 1892 wurde dort Vita Sackville-West geboren. Später hat sie in ihrem Roman „Schloss Chevron" ihr Geburtshaus und das Alltagsleben darin genau geschildert. Auch Virginia Woolfs „Orlando" befasst sich mit diesem Haus – Orlando ist niemand anderes als Vita, mit der Virginia für kurze Zeit eine Liebesbeziehung hatte. Vita erhielt das handgeschriebene Manuskript als Geschenk, und es kann heute in Knole besichtigt werden (1. April–1. Nov. Mi, Do, Fr, Sa 12–16 Uhr, So 11–17 Uhr).

Die Gegend um Sevenoaks scheint Prominenz anzuziehen.

Hitlers größter Widersacher

Winston Churchill wurde am 30.11.1874 in Blenheim Palace (vgl. S. 78) geboren. Nach einer unglücklichen Jugend-und Schulzeit trat er in die Militärakademie Sandhurst ein. Als Kavallerieoffizier diente er in Kuba und Indien, wo er nebenbei für Zeitungen über die Kämpfe gegen die Afghanen berichtete. In Südafrika geriet er als Kriegsberichterstatter im Burenkrieg in burische Gefangenschaft. Seine dramatische Flucht machte ihn in England zu einem bekannten Mann, und wenig später errang er einen Parlamentssitz. Churchill machte schnell Karrierre, wurde Handels-, Innen-, Marine-, Finanz-, Kolonial- sowie Kriegs- und Luftfahrtminister. Nachdem die Deutschen die französischen und britischen Truppen 1940 bei Dünkirchen eingeschlossen hatten, ernannte Georg VI. den 66-Jährigen zum Premierminister. Churchill wurde fortan zum Motor des britischen Widerstandswillens gegen Nazi-Deutschland. Geschickt stärkte er die Kampfmoral des Volkes („Blut, Schweiß und Tränen") in den Monaten, in denen Großbritannien allein die Last des Krieges gegen Deutschland zu tragen hatte, und schmiedete erfolgreich die Allianz mit den Vereinigten Staaten.
Nach dem Krieg hatte er noch einmal das Amt des Premiers inne, gab dann aber 81-jährig den Regierungssitz aus Altersgründen auf. Winston Churchill starb am 24.1.1965 90-jährig in London. Begraben ist er auf dem Friedhof von Bladon, nahe Blenheim Palace.

1924 kaufte der bereits damals ebenso populäre wie umstrittene Politiker Winston Churchill sein Haus **Chartwell** **5** und lebte hier mit seiner Frau Clementine (Clemmie) bis zu seinem Tod 1965. Sämtliche Räume des Hauses sind mit dem originalen Mobiliar, den Bildern, Büchern und Kunstwerken zu besichtigen, ebenso der große Garten mit den beiden Seen, dem Maleratelier des Hausherrn und dem kleinen Steinhäuschen, das Winston für seine jüngste Tochter Mary mauerte.

Winston Churchills Landsitz „Chartwell"

Chartwell liegt 10 km westlich von Sevenoaks beim Dörfchen Westerham (ausgeschildert) (April–Okt. Di–Do 12–17.30, Sa/So 11–17.30; Nov.–März Mi, Sa, So 11–16.30 Uhr).

Wehrhaftes Kent

Rye **6** (7000 Einwohner) ist eine zauberhafte, typisch englische Kleinstadt der Countryside mit kopfsteingepflasterten Gassen, alten, gut erhaltenen Fachwerkgemäuern, blumengeschmückten Hausfassaden und viel Atmosphäre. Bei der Gründung lag der Ort noch direkt an der Küste, während der Regierungszeit von Heinrich VIII. versandete der River Rother, und heute liegt Rye gut 4 km landeinwärts. Der **Ypres Tower** (April–Okt. tgl. 9–17.30 Uhr) am Church Square, etwas abseits vom Zentrum, informiert mit einer Ausstellung über die rund 1000-jährige

Tipp

Das Schlachtfeld

Interessanter als Hasting ist Battle, das wenige Kilometer nördlich von Hastings liegt und seinen Namen der Schlacht zwischen Normannen und Sachsen verdankt. Denn in Hastings ging William the Conqueror an Land, beim heutigen Battle kam es am 14. 10. 1066 zur Schlacht zwischen den beiden Heeren. Sollte er siegreich sein, so hatte William geschworen, würde er auf dem Schlachtfeld ein Kloster errichten; 1094 wurde die Abteikirche geweiht. Wo heute der Altar steht, sank der englische König Harold, von Schwertstreichen tödlich getroffen, in den Staub. Im Zuge der Reformation Heinrichs VIII. verfiel die mächtige Anlage. Heute können wir nur noch gewaltige Ruinen bestaunen.
Tourist Information: 88 High Street

Geschichte des Städtchens. Rye gehörte seit 1191 zum Hafenverbund der so genannten Cinque Ports, die wichtige Aufgaben für die Landesverteidigung innehatten. Dieser Hafenverbund musste für den Fall eines Angriffs ständig Kriegsschiffe seeklar halten. Zum Ausgleich für diese finanzielle Belastung erhielten die Städte zahlreiche Privilegien. Der Ypres Tower am höchsten Punkt des Ortes diente als Ausguck, um französische Invasoren rechtzeitig ausmachen zu können. Und die kamen oft. 1377 etwa stahlen sie die Glocken der St. Mary's Church, die gegenüber vom Ypres Tower ihren Turm in den Himmel reckt. Das Gotteshaus weist die älteste Kirchenuhr des gesamten Inselreiches auf, und im nördlichen Seitenschiff befindet sich ein von dem Designer William Morris und dem präraffaelitischen Maler Edward Buner-Jones gestaltetes Kirchenfenster. Die hügelwärts ansteigende, gepflasterte Mermaid Street ist die Prachtstraße des Ortes. Hier lohnt das Pub **Mermaid Inn** einen Besuch. Die Kneipe datiert aus dem Jahr 1420. Am Ende der romantischen Gasse dürfen Literaturfreunde **Lamb House** nicht auslassen; hier lebte für viele Jahre Henry James und schrieb bei schönem Wetter im Garten seine Romane (April–Okt. Mi, Sa 14–18 Uhr).

Tourist Information: The Heritage Centre, Strand Quay

Wenige Kilometer südlich von Rye lohnt der Ort **Winchelsea** einen Besuch. 1287 wurde die damals mächtige Hafenstadt von einem Jahrtausendsturm vollständig zerstört. Edward I. ließ die Stadt, die

Idylle aus den Sissinghurst Gardens

Die Cinque Ports

König Edward der Bekenner, der von 1042 – 1066 regierte, förderte als Erster den Zusammenschluss der Städte Sandwich, Dover, Hastings Romney und Rye zu den so genannten Cinque Ports, später kamen noch Hythe und Winchelsea hinzu. Die Hafenstädte mussten insgesamt 57 Kriegsschiffe ständig verfügbar halten, damit man einem etwaigen französischen Angriff unmittelbar gegenübertreten konnte. England besaß damit zwei unabhängig voneinander operierende Flotten, eine für den Angriff zur See und eine für die Verteidigung. Für den Kraftakt, eine ständig seeklare Flotte aufrechtzuhalten genossen die Orte bedeutende Privilegien, zahlten wenig Steuern und konnten Abgeordnete in das Parlament schicken. Außerdem hielten sich die Könige gerne in ihren Marinestädten auf und beschenkten die Bewohner reichlich bei solchen Anlässen. Oberbefehlshaber der Cinque Ports war der Lord Warden, der auf Walmer Castle residierte und auch Constable der Festung von Dover war. Im Hundertjährigen Krieg gegen die Franzosen, von 1338 bis 1453, hatten die Cinque Ports naturgemäß ihren größten Einfluss, in den folgenden Jahrhunderten ging ihre Bedeutung mehr und mehr zurück und 1835 wurde der Status offiziell abgeschafft. Nicht jedoch das Amt des Lord Warden, das immer noch ehrenhalber vergeben wird. Winston Churchill hatte es einmal inne, heute steht die Queen Mum den „Cinque Ports" vor.

ebenfalls zu den Cinque Ports gehörte, auf einem schachbrettartigen Grundriss neu aufbauen. Im Laufe der Jahrhunderte verfiel das einst so reiche Winchelsea zu einem völlig bedeutungslosen Ort, nichtsdestoweniger ist ein Spaziergang durch Großbritanniens kleinste Stadt ein Muss für den geschichtsbewussten Besucher.

Hastings 7 (80 000 Einwohner) ist nicht gerade das Paradestück eines englischen Badeortes. Bingo Halls, Amusement Pavilion und Minigolf-Anlagen verschandeln das Strandbild. Im alten Teil der Stadt liegen noch immer die Fischerboote auf dem Kieselstrand, und hier finden sich auch die schmalen, hohen und schwarz geteerten Net Lofts, in denen einst wie heute die Fischer ihre Geräte aufbewahren. Das **Fishermen's Museum**, das **Shipwreck Heritage Centre** und das **Sea Life Centre** (alle tgl. 10.30–17 Uhr) informieren über die Schifffahrt, den Alltag der Fischer sowie über die Meeresflora und -fauna. Eine Kabinenbahn aus viktorianischer Zeit führt auf den West Hill, wo die Reste einer Burg zu besichtigen sind, die Wilhelm der Eroberer nach seiner erfolgreichen Invasion bauen ließ. The 1066 Story (Ostern – Sept. tgl. 10–17 Uhr) informiert hier über die Invasion der Normannen.

Tourist Information: 4 Robertson Terrace

Rund 25 km nördlich von Hastings liegt beim Dörfchen Northian mit **Bodiam Castle** 8 eine der eindrucksvollsten Burganlagen Südenglands. 1385 wurde die Festung auf Befehl Richards II. errichtet, um das Hinterland von Rye, Hastings und Winchelsea gegen Angriffe der Franzosen zu sichern. Es entstand eine mächtige quadratische Anlage, die an allen vier Ecken mit Türmen gesichert und zusätzlich von einem breiten Wassergraben umgeben ist. In den Bürgerkriegen des 17. Jh. ließ Cromwell die Burg zerstören. Lord Curzon, einst Vizekönig von Indien, ließ die eindrucksvolle Ruine Anfang des letzten Jahrhunderts durch Baumaßnahmen sichern, so dass ein Besuch sich unbedingt lohnt. Von den Türmen hat man einen weiten Ausblick in die Region (April–Okt. tgl. 10–18, ansonsten Di–So 10 Uhr bis Sonnenuntergang).

Rund 20 km nordwestlich von Hastings, nahe beim Dörfchen Burwash (ausgeschildert), liegt **Bateman's House** 9 inmitten der sanft gewellten Landschaft der South Downs. Man nimmt die A 21 in Richtung Norden auf Tunbridge Wells zu und biegt nach etlichen Kilometern beim Weiler Hurst Green in die nach Westen führende A 265 ein.

1902, im Alter von 36 Jahren, kaufte Rudyard Kipling das aus dem Jahr 1634 datierende Haus. Dort lebte und arbeitete er bis zu seinem Tod 1936. Bateman's zeigt noch das originale Mobiliar des Autors, der sein Heim und die Umgebung in vielen seiner Werke beschrieben hat (April–Okt. tgl. außer Do und Fr 11–17.30 Uhr).

Im Gegensatz zu Hastings ist **Eastbourne** 10 (90 000 Einwohner) ein sehr sympathisches und gepflegtes englisches Seebad. Am nördlichen Teil der rund 5 km langen Seepromenade befindet sich die kreisrunde Festung **Redoubt Fortress**, die den Ort seit 1810 vor feindlichen Invasionen schützt. Heute befindet sich hinter den Mauern ein kleines Militärmuseum (tgl. 9.30–17.30 Uhr), und im Sommer finden im Innenhof Musikveranstaltungen statt. Am südlichen Ende der Promenade ragt der **Wish Tower** auf, der größte je in England gebaute Martello-Turm.

Tourist Information: Cornfield Road

Von Eastborne aus sind es nur wenige Kilometer zum **Kap Beachy Head**. Von der Höhe seiner eindrucksvollen Kreideklippen, die 170 m steil ins Meer abfallen, blickt man weit über die See und sieht in der Ferne Eastbourne an der Küste liegen. Zu den Füßen des Besuchers steht mitten im Wasser ein wellenumtoster, knapp 50 m hoher, rotweiß geringelter Leuchtturm.

Von Beachy Head aus zieht sich bis zum kleinen Seeort Seaford eine hohe Kreideklippenformation, die **The Seven Sisters** genannt wird. Von Seaford hat man den besten Blick auf die weißen Felsen.

Von Eastbourne nach Brighton

Alfriston 11 ist ein bezaubernder Puppenstubenort, wie ihn nur die englische Countryside hervorbringen kann. Uralte Gemäuer mit blumengeschmückten Fassaden, Pubs und Gasthöfe aus dem 14. und 15. Jahrhundert, eine 700 Jahre alte Dorfkirche, ein verwittertes Marktkreuz und das **Clergy House**, eines der ältesten noch erhaltenen Wohnhäuser Englands, machen einen Spaziergang zum Vergnügen. Clergy House war das erste Objekt, das der National Trust erstand – 1896.

Wer Alfriston besucht, darf nicht versäumen, einen Blick auf den **Long Man of Wilmington** zu werfen. Von der Flanke eines Hügels grüßt

In Charleston Farmhouse traf sich einst die Crème der englischen Geisteswelt.

eine 70 m hohe Figur, die wahrscheinlich während der Eisenzeit in den Kreidefelsen geritzt wurde.

Auf der Fahrt nach Brighton wird ein rund 50 km weiter Umweg mit einer kulturhistorischen Kostbarkeit belohnt. In dem unscheinbaren **Charleston Farmhouse** 12 ist ein bedeutendes Stück englischer Kulturgeschichte des 20. Jh. geschrieben worden. Hier trafen sich die Mitglieder der Bloomsbury Group, des bedeutendsten intellektuellen Zirkels im Inselreich. Maler und Literaten zählten zu dem Kreis, darunter Leonard und Virginia Woolf, die Malerin Vanessa Bell, Virginias Schwester, die hier mit ihrem Mann, Clive Bell, und ihrem Lebensgefährten Duncan Grant die Sommer verbrachte, der Ökonom John Maynard Keynes, der in Charleston eines seiner vielen wirtschaftswissenschaftlichen Bücher schrieb. Die Dichter T. S. Eliot und E. M. Forster, dazu der Biograf Lytton Strachey waren regelmäßig zu Besuch, in späteren Jahren gesellten sich der Komponist Benjamin Britten, der Schriftsteller Aldous Huxley und viele andere Geistesgrößen jener Tage hinzu. In Charleston traf sich die geistige Elite Englands. Was das unscheinbare Häuschen aber jenseits dieser geschichtlichen Reminiszenzen für den Besucher interessant macht, ist seine Innenausstattung. Vanessa Bell und Duncan Grant bemalten Türzargen, Türen, Schrankflächen, Tische, Stühle, Stuhlbeine, Fensterrahmen, die Vorder- und Rückseiten von Betten, Kohlenkästen, alles, was sich bemalen ließ, mit Farben und Mustern, wie man sie heute noch auf Stoffen von Laura Ashley findet. Das Haus ist ein einzigartiges Gesamtkunstwerk, und wer sich für moderne englische Literatur und Kunst interessiert, darf an Charleston Farmhouse nicht achtlos vorbeifahren.

Virginia-Woolf-Verehrer finden wenige Kilometer entfernt noch eine weitere Wallfahrtsstätte (s. Tipp rechts) (April–Oktober, Mi–So von 14–18 Uhr, im Juli und August von 11.30–18 Uhr).

Brighton 13 (140 000 Einwohner) ist sicher das bekannteste unter den englischen Seebädern. Seine Hauptsehenswürdigkeit ist eigentlich eher eine Kuriosität. Den **Royal Pavilion** (tgl. 10–17 Uhr) ließ ab dem Jahr 1802 der englische Thronfolger von dem Architekten John Nash erbauen. Der dicke, genusssüchtige und deshalb abschätzig „Prince of Whales“ genannte Prinz wünschte einen orientalischen Palast, und so stellte ihm sein Architekt einen solchen ins Seebad. Zwiebelkuppeln, Bleistiftminarette und Arkadengänge simulieren einen indisch-muslimischen Stil, wie ihn auch ein Maharadscha nicht hätte besser ersinnen können. Während außen der orientalische Einfluss dominiert, ist die Inneneinrichtung im fernöstlichen Ambiente gehalten. Im überladenen Bankettsaal zeigen riesige Wandteppiche chinesische Alltagsszenen, unter der Milchglaskuppel schwebt ein silberner Drache, und von der Decke spendet ein 9 m hoher Kristallleuchter Licht. Auch alle weiteren Räumlichkeiten sind mit derartiger Pracht ausgestattet, dass es den meisten damaligen Besuchern die Sprache verschlagen haben mag.

500 000 £ kostete diese Geschmacklosigkeit – Anfang des 19. Jh. eine schier unermessliche Summe. Die Öffentlichkeit zeigte sich erwartungsgemäß angewidert von der Prunksucht ihres Thronfolgers, die Presse überschüttete den fetten Prinzen mit Häme, und die Karikaturisten hatten für Monate Stoff für ihre ätzenden Zeichnungen. Der Prinz war derart beleidigt, dass er Brighton fluchtartig verließ und nie wieder zurückkehrte. Jahre später verkaufte Queen Victoria den Palast der Stadt Brighton für 50 000 £.

Tipp

Monk’s House

Im unscheinbaren Weiler Rodmell, nur wenige Kilometer von Charleston Farmhouse entfernt, hatten Leonard und Virginia Woolf ihr ländliches Refugium – nahe genug, damit sich Virginia regelmäßig mit ihrer Schwester Vanessa Bell treffen konnte. Im Juli 1919 ersteigerten die damals 37-jährige Virginia und ihr zwei Jahre älterer Mann Leonard das kleine Häuschen, renovierten über die Jahre, bauten um und an. Hinten im Garten steht noch immer das kleine Gärtnerhäuschen, Virginias Schreibklause. Am 28. März 1941 schrieb sie hier ihre Abschiedsbriefe an ihren Mann und ihre Schwester, die beiden wichtigsten Personen in ihrem Leben. In ihrem Brief an Leonard heißt es: „Liebster, ich spüre genau, dass ich wieder wahnsinnig werde. Ich glaube, dass wir eine solch schreckliche Zeit nicht noch einmal durchmachen können. Und diesmal werde ich nicht wieder gesund werden. Ich höre Stimmen, und ich kann mich nicht konzentrieren. Darum tue ich, was mir in dieser Situation das Beste scheint. Du hast mir das größtmögliche Glück geschenkt. Du bist mir alles gewesen, was einem einer sein kann. Ich glaube nicht, dass zwei Menschen miteinander glücklicher sein können …“ Dann ertränkte sie sich im nahen River Ouse. Leonard blieb nach ihrem Tod in Monk’s House, wo er 1969, 89-jährig starb.
Anfahrt: Monk’s House liegt im Weiler Rodmell, ca. 15 km nordöstlich von Brighton und 6 km südlich von Lewes; von hier führt eine unklassifizierte Straße nach Rodmell.
Im Ort ist Monk’s House ausgeschildert (1. April–31. Oktober Mi und Sa 14–17.30 Uhr).

Der Royal Pavilion in Brighton

Gegenüber dem Royal Pavilion steht **The Dome**, der einmal die Stallungen des Prinzen beherbergte; heute wird die kuppelüberkrönte Halle für Musikveranstaltungen genutzt.

An den Pavilion schließen sich **The Lanes** an, das einstige Fischerviertel von Brighton. In den labyrinthischen Gassen finden sich viele gute Restaurants und gemütliche Pubs. Rund 7 km lang ist die Strandpromenade, die vom 1899 erbauten, 50 m weit ins Meer reichenden Palace Pier in zwei Hälften geteilt wird. Einen Steinwurf weiter verschandelt der vor sich hin rottende West Pier die gepflegte Seefront.

Tourist Information: Batholomew Square

Folgt man von Brighton der gut ausgebauten A 27 in Richtung Westen, so sieht man schon von weitem im Dörfchen **Arundel** 14 eine mächtige mittelalterliche Burg mit trutzigen Wehrtürmen und zinnenbewehrten Mauern aufragen. Die Festung ist freilich noch nicht einmal hundert Jahre alt. Von 1890 bis 1903 ließ sich die Familie Fitzalan-Howard die Burganlage als neue Residenz erbauen. Alljährlich findet dort Ende August ein zehntägiges Kulturfestival mit Theater, Musik und Feuerwerk statt (März–Okt. So–Fr 13–17 Uhr).

15 km nördlich von Arundel liegt inmitten des Örtchens Petworth eines der bedeutendsten Herrenhäuser Englands – **Petworth House** 15. Ende des 17. Jh. ließ Charles Seymour, genannt the Proud Duke, der stolze Herzog von Somerset, das geräumige Anwesen errichten. Rund 50 Jahre später legte der damals hoch geachtete Landschaftsgärtner Capability Brown den prachtvollen Park an. Doch erst der 3. Earl of Egremont, George Wyndham war es, der die meisten der schier unermesslichen Schätze des Hauses zusammengetragen hat. Den Malern Turner und Reynolds stellte der Earl großzügig Ateliers, Kost und Logis in seinem Ssitz zur Verfügung, und so finden sich heute 20 Gemälde von Turner und 14 von Joshua Reynolds in Petworth. Insgesamt hat das Schloss mehr als 400 Gemälde und rund 100 Skulpturen aufzuweisen (April–Okt. tgl. 13–17.30 Uhr).

Ins Zentrum der britischen Seemacht

Wer sich an der maritimen Größe Britanniens berauschen will, für den ist Portsmouth der Nabel der Welt. Bevor man es, von Osten kommend, erreicht, ist ein Besuch in **Chichester**

16 angesagt. Zentrum der rund 30 000 Einwohner zählenden Stadt ist das prachtvolle, im 16. Jh. errichtete Marktkreuz, das den Bewohnern als beliebter Treffpunkt dient. Von hier gehen sternförmig die North, East, South und West Street ab, die in Teilbereichen verkehrsberuhigt und von Geschäften, Cafés, Restaurants und Pubs gesäumt sind. Hauptsehenswürdigkeit ist natürlich die Kathedrale, mit deren Bau 1091 zunächst im romanischen Stil begonnen wurde. Knappe hundert Jahre später stand das hölzerne Dach des Langhauses in Flammen, doch blieb das Mauerwerk nahezu unbeschädigt, so dass die Baumeister nur wenige Restaurierungen im gotischen Early English vornahmen. Der Vierungsturm wurde im 13. Jh. hochgezogen, 200 Jahre später erhielt er seinen hohen, weithin sichtbaren spitzen Helm.

Bekannt in der Region ist das **Chichester Festival Theatre** im Oakland Park. Zwischen Mai und September ist Festspielsaison, und theaterbegeisterte Briten kommen von weither angereist, um die hochkarätigen Inszenierungen zu sehen.

Tourist Information: South Street, Tel. 01243-775888

Gegen Ende des 15. Jh. wurden in der geschützten Bucht von **Portsmouth** 17 (180 000 Einwohner) Hafen- und Werftanlagen gebaut, und seit den Tagen Heinrichs VIII. gilt der Hafen als der wichtigste Marinestützpunkt Englands. Für den Besucher ist der **Historic Dockyard** (tgl. 10 –17.30 Uhr) von herausragender Bedeutung, denn hier kann er drei Schiffe besichtigen, die Geschichte gemacht haben. Da liegt gleich hinter dem Eingangstor die Fregatte **HMS Warrior** vor Anker, das erste gepanzerte britische Kriegsschiff. 1860 lief es vom Stapel und lehrte die Franzosen das Fürchten. Imposanter aber präsentiert sich **HMS Victory**, das Flaggschiff des größten britischen Seehelden Admiral Horatio Nelson. Am 14. September 1805 lief Nelson mit seinem Verband von Portsmouth aus, fünf Wochen später, am frühen Morgen des 21. Oktober, sichteten die Briten die vereinigte französisch-spanische Flotte vor dem südspanischen Kap Trafalgar. Um 7 Uhr gab Nelson den Befehl „Klar zum Gefecht“, um 12.40 feuerte die Victory die erste Breitseite auf das französische Flaggschiff Bucentaure, die mehr als 200 Matrosen das Leben kostete. 45 Minuten später, um 13.25, wurde Nelson von der Gewehrkugel eines feindlichen Scharfschützen getroffen, kurze Zeit später war er tot. Franzosen und Spanier hatten 15 Linienschiffe verloren, die Briten ihre Seeherrschaft für mehr als ein Jahrhundert gesichert. Die sterblichen Überreste des Admirals wurden in einem Fass Rum konserviert und nach London gebracht. In der Krypta von St. Paul's fand Nelson seine letzte Ruhestätte.

Seit ihrer Ausmusterung wird die Victory im Dock von Portsmouth seetüchtig gehalten. Sie könnte jederzeit die Segel setzen.

In einer klimatisierten Halle sind die Reste der **Mary Rose** zu besichti-

Die „Seven Sisters“

gen, einst der Stolz Heinrichs VIII. 1545 lief das Schiff unter den Augen des Königs zur Jungfernfahrt aus – trotz starken Winds wie zur Parade, unter vollen Segeln und mit ausgefahrenen Geschützen. Als sie in den Solent einlief, krängte die Mary Rose unter dem Druck des Windes stark, Wasser drang durch die Stückpforten ein, und das Schiff sank in Minutenschnelle wie ein Stein. 1982 wurde die Mary Rose gehoben. Ihre Reste lagern bei 5 Grad Celsius unter einem feinen, kontinuierlichen Seewassersprühregen. In einem kleinen Museum kann man die Funde bestaunen, die die Archäologen mit der Mary Rose geborgen haben.

Von Bedeutung für den maritim interessierten Besucher ist weiterhin das **Royal Naval Museum**, das seine Exponate zur Geschichte der britischen Marine in einer Reihe von Speicherhäusern präsentiert.

Gen Osten zieht sich **Southsea** die Küste entlang. Das mit Portsmouth zusammengewachsene Seebad lockt Vergnügungswillige mit einer Dauerkirmes. Das **D-Day Museum** an der Clarence Esplanade informiert über die Invasion der Alliierten gegen Ende des Zweiten Weltkriegs in der Normandie (tgl. 10.30–17.30 Uhr). Wer mehr der Literatur zugetan ist, kann im Zentrum von Portsmouth, in der Commercial Road 393, das Geburtshaus von Charles Dickens mit einer Reihe von Ausstellungsstücken besichtigen (März–Okt. tgl. 10.30–17.30 Uhr).

Tourist Information: The Hard, am Historic Dockyard

Englands Sonneninsel

Von Portsmouth setzen Autofähren auf die **Isle of Wight** 18 über und legen dort im Örtchen Fishbourne an. Für Fußgänger verkehrt ein Hovercraft von Portsmouth nach Ryde, mit 30 000 Einwohnern größter Ort der sonnenverwöhnten Insel und „The Gateway to the Garden Isle“ genannt. Einzige Sehenswürdigkeit ist ein rund 1 km langer Pier, der 1815 erbaut wurde und nicht, wie in anderen Seebädern, mit Amusement Pavilions bestanden ist, sondern bei Ebbe als Anlegestelle für die Personenfähren dient. Ein ausrangierter Zug der Londoner U-Bahn nimmt die Fährpassagiere auf und bringt sie zu ihren Stationen rund um Ryde.

Ventnor ist der regenärmste Ort in Großbritannien. Deshalb war es im vergangenen Jahrhundert ein beliebtes Heilbad für Tuberkulosepatienten. Etwas außerhalb des Zentrums gibt es einen 9 ha großen Botanischen Garten.

Das Herz des alten Britannien

Meisterwerke der Baukunst
Die gemütlich wirkende Kathedralstadt **Winchester** **1** (30 000 Einwohner) ist von Portsmouth schnell über die Autobahnen M 27 und M 3 zu erreichen. Im 7. Jh. machten die Angelsachsen Wintaceaster zur Hauptstadt ihres Königreiches Wessex, zwei Jahrhunderte später wurde Winchester Kapitale von ganz England. Im 12. Jh. begann der politische Niedergang der Stadt. Vom 9. Jh. an wurde für rund 200 Jahre an einem prachtvollen Gotteshaus gebaut, 1080, kurz nach der normannischen Invasion, übernahm Bischof Walkely die Bauaufsicht und stellte eine romanische Kathedrale fertig. 1107 stürzte der Vierungsturm ein, gegen Ende des Jahrhunderts begann der Umbau im gotischen Early English und später dann im Perpendicular. Im nördlichen Seitenschiff hat die Schriftstellerin Jane Austen ihre letzte Ruhestätte gefunden, 1817 starb sie 42-jährig in dem Haus Nr. 8 an der College Street (siehe Tipp S. 44). An The Broadway, der Verlängerung der High Street, wacht eine gewaltige Statue von König Alfred dem Großen in kriegerischer Pose über die Sicherheit der Stadt.

Tourist Information: The Broadway, Tel. 01962-840500, Chawton House, Salisbury

Die Keimzelle von **Salisbury** **2** (110 000 Einwohner) liegt 3 km nördlich der heutigen Stadt. Dort befindet sich das eisenzeitliche, 1,5 km große Ringfort Old Sarum. Als die Römer nach Britannien kamen, siedelten auch sie an diesem Ort und nannten die Garnison Sorvio-

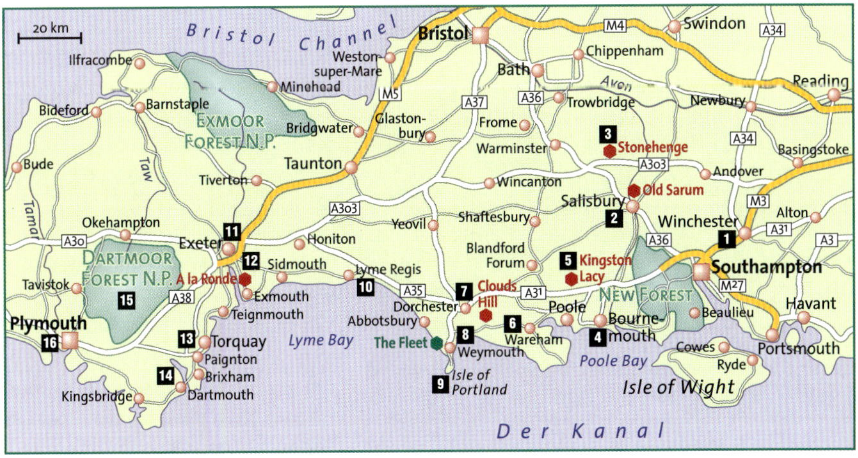

Salisbury Cathedral in reinem Early English Style

dunum. Nach den Römern kamen die Angelsachsen, denen die Normannen folgten, und diese bauten außerhalb des Ringwalls eine Kathedrale. Da es der Gegend an Wasser mangelte, zogen die Bewohner einige Kilometer weiter südlich an eine Schleife des River Avon. 1220 begannen hier die Arbeiten an einem neuen, prachtvollen Gotteshaus, das schon 1265 weitgehend fertig gestellt war und dank der kurzen Bauzeit im reinen Early-English-Stil errichtet wurde. 1270 dann war der Kreuzgang fertig, 1284 das achteckige Kapitelhaus und 1315 schließlich der hohe, weithin sichtbare Turm. Und dieser Turm hat bis heute den Baumeistern und Architekten keine Ruhe gelassen. Fast in jedem Jahrhundert suchte man die Statik zu verbessern, denn ein so hoher und damit schwerer Turm war ursprünglich nicht geplant, und die tragenden Säulen erwiesen sich als zu schwach. Ende des 20. Jh. wurden wieder einmal 7 Mio. £ in die Restaurierung und statische Sicherung von Großbritanniens höchstem und Europas zweithöchstem Kirchturm investiert.

Nach der Besichtigung des Gotteshauses sollte man sich einfach ein wenig durch die Straßen der Stadt treiben lassen. Denn Salisbury gehört zu den schönsten und atmosphärereichsten Städten Südenglands.

Tourist Information: Fish Row, Tel. 01722-334956

15 km nördlich von Salisbury liegt Englands bedeutendstes megalithisches Monument – **Stonehenge** **3**. Der gigantische Steinkreis mit seinen 25–50 Tonnen schweren Monolithen entstand zwischen 2800 und 1100 v. Chr. und diente vor allem der Sonnen- und Mondbestimmung,

Tipp

Wo Jane Austen schrieb

Von 1808 bis zu ihrem frühen Tod 1817 lebte Jane Austen mit ihrer Mutter und der geliebten Schwester Cassandra in Chawton House 21; hier stellte sie alle ihre unvergessenen Romane fertig. Das Haus zeigt die weitgehend originale Einrichtung der drei Austen-Damen. Jane fühlte sich hier so wohl, dass sie ihrem Bruder nach dem Einzug die folgenden Zeilen schrieb:
„Our Chawton Home, how much we find
Already in it to our mind;
And how convinced that when complete
It will all other houses beat."
Anfahrt: Von Winchester über die A 31 in nordöstlicher Richtung auf das kleine Landstädtchen Alton zu; von dort ist der etwa 2 km entfernte Weiler Chawton ausgeschildert (April–Oktober täglich, November, Dezember und März mittwochs bis sonntags, Januar, Februar nur an Wochenenden geöffnet).

New Forest

Zwischen Southampton und Bournemouth erstreckt sich das 260 km² große Naturreservat New Forest, ein ausgedehntes Waldgebiet mit Heideland und Sumpfflächen. Herden von wilden Ponys durchstreifen die Region, Rotwild äst auf den Waldlichtungen, Dachse, Marder und Füchse stellen Kleingetier nach, und dank des Insektenreichtums tummeln sich alle Arten von Vögeln in der Luft. Schon kurz nach der Invasion von 1066 ließ sich Wilhelm der Eroberer das ausgedehnte Waldgebiet exklusiv für die Jagd reservieren. Niemandem sonst war es erlaubt, hier den Tieren nachzustellen, wer es tat und dabei erwischt wurde, dem drohte der Strang. So genannte Verderers, königliche Jagdaufseher, überwachten den Wald. Allerdings durften die Bauern ihr Vieh in den Forst treiben und dort grasen lassen. Während das englische Wort Forest heute ganz allgemein mit Wald übersetzt wird, bezeichnete es in früheren Tagen explizit den königlichen Forst, in dem ein gewöhnlicher Sterblicher mit Pfeil, Bogen und Jagdmesser nichts zu suchen hatte.

Viele Wanderwege führen durch das Naturschutzgebiet. Im geografischen Zentrum liegt das Landstädtchen Lyndhurst, und hier macht ein Informationszentrum mit der Flora und Fauna des New Forest bekannt. Im Süden der Region bietet das Örtchen Beaulieu das National Motor Museum, in dem man weit über 300 Oldtimer bestaunen kann. Nahebei liegt Buckler's Hard. Hier wurden vom 17. bis zum 19. Jahrhundert jene Schiffe gebaut, mit denen die Briten gegen die Franzosen segelten. Buckler's Hard war einmal die größte Werftanlage im gesamten Land. Der Rohstoff für die Segelschiffe, das Holz, konnte praktisch vor der Helling geschlagen werden. Ein kleines Maritime Museum macht mit der Geschichte des Schiffsbaues vertraut. Auf dem Kirchhof von Minstead, einem Weiler im Nordwesten des New Forest, liegt Sir Arthur Conan Doyle begraben. Wenige Jahre vor seinem Tod hatte er sich in dem kleinen Nest ein Häuschen gekauft. Nördlich von Minstead erinnert der Rufus Stone an einen folgenschweren Jagdunfall. Am 2. August des Jahres 1100 wurde König William II. Rufus von einem verirrten Jagdpfeil getroffen. Adel, Klerus und Bevölkerung waren hoch erfreut, den unfähigen und homosexuellen König losgeworden zu sein.

aber auch wohl zu Kultfesten (April –Sept. tgl. 10–18, ansonsten bis 16 Uhr).

Feine Strände – und viel Prominenz

Neben Eastbourne und Brighton ist **Bournemouth** **4** (160 000 Einwohner) ein weiteres gepflegtes Seebad an der südenglischen Kanalküste. Dank des BIC, des Bournemouth International Centre, finden viele Tagungs- und Konferenzteilnehmer aus aller Welt ihren Weg in die Stadt. Der breite Sandstrand ist rund 10 km lang und am Bournemouth Pier steigen die Klippen steil in die Höhe, so dass man viele Treppenstufen bis zum Gestade hinabsteigen muss. Wem das zu mühsam ist, der findet zwei Aufzüge, den einen am West Cliff, den anderen am östlichen Undercliff Drive. In der weiten Bucht von Bournemouth liegt die dem National Trust gehörende Brownsea Island, eine Vogelschutzinsel, während des Sommers können Hobby-Ornithologen mit einem kleinen Fährschiffchen vom Poole Pier hinüberschippern.

Tourist Information: Westover Road, Tel. 01202-789789

Nordwestlich von Bournemouth, an der B 3082, liegt ein weiterer Adelssitz, den der Besucher nicht auslassen darf – **Kingston Lacy** **5**. 1786 wurde hier William John Bankes geboren, der nach seinem Studium auf die damals bei jungen Adeligen übliche Grand Tour durch Europa und den Orient zog. In den Karlistenkriegen setzte er sich auf die Spuren Wellingtons und raffte auf der Iberischen Halbinsel sämtliche Kunstgegenstände zusammen, deren er habhaft werden konnte. Danach reiste er durch Ägypten, Syrien, den Libanon, Jordanien und Italien, und auch in diesen Ländern blieb kein Objekt vor seiner Sammelleidenschaft verschont. Nach der Rückkehr ließ er Kingston Lacy großzügig umbauen, um seine mittlerweile unermesslich wertvolle Kunstsammlung angemessen zu präsentieren. Doch dann wurde publik, dass Bankes homosexuell war. Er floh nach Italien und sah sein Haus niemals wieder. 1981 fiel die Residenz an den National Trust. Es war die größte Schenkung, die bis dahin an die Organisation gegangen war. Doch das Haus, die Möbel, Gemälde und Skulpturen waren in einem desolaten Zustand. Fünf Jahre dauerten die Restaurationsarbeiten. Der Trust beschäftigte ein Heer von Konservatoren und Restauratoren. Hunderttausende von Pfund verschlangen die Arbeiten. Dass es sich gelohnt hat, davon sollte sich jeder Besucherselbst überzeugen (April–Okt. tgl. außer Do, Fr 12–17.30 Uhr).

Weniger reich, aber dafür ein echter Nationalheld war der Offizier Thomas Edward Lawrence, genannt Lawrence von Arabien. Er war der vielleicht letzte große Abenteurer des 20. Jh. und hat in diesem Küstenstreifen Südenglands einige Spuren hinterlassen. Ein erster Stopp lohnt sich im Örtchen **Wareham** **6**, das westlich von Bourne-

Kingston Lacy enthält die Kollektion des manischen Sammlers William John Bankes.

Die sieben Säulen der Weisheit

Thomas Edward Lawrence wurde am 15. 8. 1888 in Tremadoc, einem kleinen walisischen Nest geboren und studierte Geschichte und Archäologie in Cambridge. Für seine Abschlussarbeit wanderte er im Sommer 1909 durch Palästina, um die mittelalterlichen Kreuzfahrerburgen zu vermessen. Nebenbei spionierte er für den britischen Geheimdienst den Fortgang der Arbeiten an der von den Türken gebauten Bagdad-Bahn aus. Ein Jahr später ging er mit seinem Mentor, dem Archäologen David Hogarth, an den mittleren Euphrat, wo die Ruinenstätte Karkemisch ausgegraben wurde. Wenige Monate vor Ausbruch des Ersten Weltkrieges avancierte Lawrence zum Mitarbeiter des britischen Geheimdienstes in Kairo und wurde dann auf die Arabische Halbinsel geschickt. Hier einte er die verfeindeten Stämme und zog mit ihnen gegen die Türken. Eine militärische Glanzleistung war die Einnahme der jordanischen Hafenstadt Akaba. Rund 1000 km ritten Lawrence und seine Beduinenkrieger durch glutheiße Wüste und griffen die Stadt von der Landseite an – womit die Türken nicht gerechnet hatten. Nach Ende des Krieges verschwand Lawrence von der Bildfläche und trat unter falschem Namen als einfacher Soldat in die Armee ein. Nebenbei verfasste er seinen Bericht über den Aufstand der Araber unter dem Titel „Die sieben Säulen der Weisheit“. Im Februar 1935 wurde er aus der Armee entlassen, drei Monate später kam er nahe seinem Haus Cloud's Hill bei einem Motorradunfall ums Leben.

mouth liegt. In St. Martin, einer uralten Kirche am Nordrand der Stadt, befindet sich die Grabfigur des Helden, die der Bildhauer Eric Kennington anfertigte. Lawrence liegt in arabischer Tracht auf dem Rücken und hat die Faust der rechten Hand um den Dolch im Gewande geschlossen. Von Wareham geht es entlang der A 352 in westliche Richtung und nach ca. 8 km in eine unklassifizierte Straße gen Norden (Beschilderung Tank Museum). Man fährt dann an der Bovington-Kaserne mit dem Panzer-Museum vorbei und erreicht kurze Zeit später eine T-Kreuzung. Hier liegt rechts hinter hohen Bäumen uneinsehbar **Clouds Hill**, das winzige Häuschen, das Lawrence 1923 mietete und zwei Jahre später kaufte. Bis zu seinem Tod 1935 lebte er hier (5. April–1. November, Mi, Do, Fr und So 12–17 Uhr). Begraben ist er auf dem Kirchhof der St. Nicolas Church im Weiler **Moreton**, wenige Kilometer südwestlich von Clouds Hill. Sein Grab ist leicht zu finden.

15 000 Einwohner zählt **Dorchester** **7** die Verwaltungshauptstadt der Grafschaft Dorset. Sie ist darüber hinaus ein wichtiger Marktflecken im weitgehend agrarisch geprägten Umland. Der Schriftsteller Thomas Hardy hat hier viele Jahre seines Lebens verbracht, und die von Eric Kennington geschaffene Statue an der Ecke High Street West/The Grove erinnert an den großen Literaten

Im **Dorset County Museum**, das sich ebenfalls in der High Street befindet, ist das originalgetreue Arbeitszimmer Hardys zu besichtigen. Viele weitere Exponate machen mit der Geschichte der Stadt und der Grafschaft bekannt (Mo–Sa 10–17 Uhr). Gegenüber ragt das Fachwerkhaus **Judge Jeffrey Lodge** auf, in dem sich heute ein gutes Restaurant befindet. Seine Geschichte ist weniger erfreulich. Denn hier residierte der

Die Schwäne des Königs in Abbotsbury

gleichnamige Richter, der 1685 in den Bloody Assizes, den Blutgerichten, viele Anhänger des Duke of Monmouth zum Tode verurteilte. Der Herzog, ein illegitimer Sohn Karls II., hatte eine Rebellion gegen König Jakob II. angezettelt.

Tourist Information: Acland Road, Tel. 01305-267992

Glücklicherweise ist der 3 km lange, feine Sandstrand des kleinen Seebades **Weymouth** **8** (20 000 Einwohner) kein Schauplatz historischer Tragödien, sondern sommertags ein beliebtes Ausflugsziel. Am alten Hafen sind die ehemaligen Magazinspeicher zu Ferienwohnungen, Pubs und Cafés umgebaut worden. Hier sorgt auch die Ausstellung **Deep Sea Adventure** mit einer Sonderschau über die Titanic vor allem bei Kindern für Spannung (tgl. 10–17.30 Uhr).

Tourist Information: The Esplanade

Südlich von Weymouth hängt die **Isle of Portland** **9** wie an einem dünnen Faden am Festland. Vom höchsten Punkt der Portland Heights hat man einen guten Ausblick über die Küste und auf den Chesil Beach, der sich weit in Richtung Westen zieht. Dies ist ein 18 km langer, natürlicher, der Küste vorgelagerter Kieselsteindamm. Zwischen dieser Barriere und dem Festland befindet sich eine unter Naturschutz stehende Lagune, die **The Fleet** genannt wird und vielen Vögeln Lebensraum bietet.

In das kleine, unspektakuläre Seebad **Lyme Regis** **10** kommen nicht nur die Sonnenanbeter, sondern auch die Fossiliensammler; denn in dem Lias-Gestein von Lyme finden sich reichlich Versteinerungen. 1811 wurde hier das komplette Skelett eines 17 m langen Fischsauriers gefunden, 17 Jahre später entdeckten die Forscher einen Flugsaurier mit einer Flügelspannweite von 8 m. Das Ausstellungshaus **Dinosaurland** (März–Okt. tgl. 10–17 Uhr) bietet geführte Touren in die Umgebung an, und im **Lyme Regis Museum of History and Geology** (Mo – Sa 10.30–13, 14.30–17 Uhr) kann man viele weitere historische und geologische Exponate betrachten. Der Hobby-Geologe hat keine Schwierigkeiten, sich in den Läden des Städtchens mit Fossilienhammer und -meißel auszurüsten.

Die Mole **The Cobb** am Hafen stammt noch aus dem Mittelalter und findet Erwähnung in Jane Austens Roman „Überredung“, und auch John Fowles, der heute wieder in Lyme lebt, hat den Anlegedamm in seinem Roman „Die Geliebte des französischen Leutnants“ beschrieben.

Tourist Information: Church Street

Die Stadt der Devon Sea Captains

Unter dem Namen Isca Dumnoniorum gründeten die Römer um 80 n. Chr. das heutige **Exeter** 11 (110 000 Einwohner), die Angelsachsen erbauten hier ein Kloster, und kurz vor der normannischen Invasion avancierte die Stadt zum Bischofssitz. 1270 begann man, die alte normannische **Abteikirche** im gotischen Decorated Style umzugestalten, ein Werk, das schon 90 Jahre später abgeschlossen war. Eine besondere Attraktion ist die Westfassade, die mit einer dreireihigen Skulpturengalerie besetzt ist. An der Ostseite des Cathedral Close, der Domfreiheit, ragt über vier Stockwerke **Mol's House** auf, ein kunstvoller Fachwerkbau aus elisabethanischer Zeit. In dem einstigen Tee- und Kaffeehaus verkehrten angeblich die vier so genannten Devon Sea Captains – Sir Francis Drake, Sir Martin Frobisher, Sir John Hawkins und Sir Walter Raleigh. Alle vier waren bedeutende Seefahrer und Entdecker, und mit Ausnahme Raleighs hatten sie alle wesentlichen Anteil am Sieg über die spanische Armada.

Südlich vom Stadtzentrum ist der alte Hafen zu einem Naherholungsgebiet umgestaltet worden, in dem Pubs, Cafés und Restaurants sowie ein kleines Maritime Museum vor allem an schönen Sommerwochenenden viele Besucher anlocken.

Tourist Information: Paris Street, Tel. 01392-265700

Am Nordrand der Stadt Exmouth, wenige Kilometer südlich von Exeter gelegen, kann der Besucher eine typisch englische Kuriosität besichtigen: **A la Ronde** 12 ist ein kreisrundes Häuschen mit Zimmern wie Tortenstücke. Zwei begüterte junge Damen bauten sich dieses Heim nach ihrer Rückkehr von der üblichen Kavalierstour durch Europa und stellten es mit ihrem gesammelten Krimskrams und Nippes voll. Der Kuppelraum des Tortenhäuschens, die Shell Gallery, ist vollständig mit Muscheln verkleidet (April–Okt. tgl. außer Fr/So 11–17.30 Uhr).

Die englische Riviera

Torquay 13 ist mit **Paignton** und Paignton ist mit **Brixham** zusammengewachsen und bildet eine lang gezogene Ballungszone mit rund 200 000 Einwohnern. Lang

Tipp

Die Schwäne des Königs

20 km westlich von Weymouth gibt es im Örtchen Abbotsbury, das etwa auf halbem Weg zwischen Weymouth und Lyme Regis liegt, eine weltweit einmalige Besonderheit. Die Swannery, ein Schwanenschutzgebiet, kümmert sich seit 1393 um das Wohl der Vögel. Die „Schwanerei“ ist kein Zoo oder Tierpark. Alle Tiere sind „freiwillig“ hier, sie haben offensichtlich gelernt, dass sie während der Brutzeit und im Winter hier in guten Händen sind. Seit den Zeiten König Heinrichs II. Kurzmantel, der im 12. Jh. regierte, gehört jeder frei geborene Schwan dem König – und das ist heute noch Gesetz!

sind die Sandstrände der drei Orte und die müssen im Sommer einen Massenansturm der Sonnenanbeter verkraften. Dank der Wärme des Golfstroms hat die Region auch den Beinamen Englische Riviera bekommen, und in der Tat wachsen allerorts Palmen am Straßenrand. Zu sehen gibt es hier wenig. Nur in Brixham liegt am Hafen ein originalgetreuer Nachbau der Galeone „Golden Hind", mit der Sir Francis Drake die Erde umsegelte.

Tourist Information: Vaughan Parade, Tel. 01803-297428 •

Wer sich nicht für die Geschichte der Seefahrt interessiert, durchfährt dieses Gebiet und hält erst in **Dartmouth** 14 (20 000 Einwohner) wieder an. Dazu folgt man der A 379 bis zum Weiler Kingswear. Von dort verkehrt eine Autofähre über den River Dart nach Dartmouth. Fußgänger können von Paignton aus die historische Schmalspurbahn nach Kingswear nehmen und werden dann kostenlos übergesetzt.

Dartmouth ist ein wirklich zauberhaftes Städtchen mit vielen uralten Fachwerkhäusern, blumengeschmückten Fassaden, viel Atmosphäre und einigen exzellenten, weit über die Grenzen der Stadt hinaus bekannten Restaurants. Den Mündungstrichter des Dart sicherten einst zwei kleine Artilleriebastionen – Dartmouth Castle und Bayard's Cove. Ihre Überreste sind zu besichtigen. In den Royal Avenue Gardens steht die erste Dampfmaschine, die kommerziell einsetzbar war und die Anfang des 18. Jh. von Thomas Newcomen of Dartmouth entwickelt worden ist. Außerhalb der Stadt liegt auf einem Hügel das traditionsreiche **Royal Naval College**, in dem u. a. Prinz Philipp, Ehemann von Königin Elisabeth, seine

„A la Ronde" bei Exmouth – die kuriose Wohnidee zweier Upper-Class-Ladies

Die spanische Armada

1588 schickte der spanische König die größte Flotte, die bis dahin je gebaut worden war, gegen England, um der ständigen Bedrohung der spanischen Verbindungswege in die überseeischen Kolonien durch englische Kaperschiffe ein Ende zu bereiten. So ein Großunternehmen konnte nicht lange geheim bleiben, und die Engländer hatten Zeit für ihre Vorbereitungen. Das Kommando über die englische Flotte lag bei Lord Howard, Sir Francis Drake war sein Vizeadmiral. Weder die Spanier noch die Engländer hatten Erfahrung im Einsatz größerer Verbände, aber beide Flotten verfolgten unterschiedliche Gefechtstaktiken. Die Spanier waren darauf bedacht, möglichst schnell zum Enterkampf Mann gegen Mann zu kommen und setzten dabei auf die Überlegenheit ihrer Infanterie, die zu jener Zeit als beste der Welt galt. Dagegen bestand die englische Taktik darin, den Gegner durch wirksames Breitseitenfeuer manövrierunfähig zu schießen und dazu zu zwingen, die Flagge zu streichen. Dementsprechend setzten die Spanier auf mächtige, festungsartige Segelschiffe und auf die im Mittelmeer üblichen geruderten Galeeren und Galeassen. Die Engländer hingegen bevorzugten leichtere, flach gebaute Galeonen, die den spanischen Schiffen an Segeleigenschaften und Wendigkeit überlegen waren. Die Armada fuhr in einer halbmondförmigen geschlossenen Formation, und die Engländer versuchten, sie durch ständige Angriffe zu beunruhigen. Es gelang ihnen aber nicht, die Formation zu sprengen. Als die Armada in der Nähe von Calais vor Anker ging, setzten die Engländer Brander ein, kleine Segler, die mit Pulver beladen und kurz vor dem Ziel in Brand gesetzt und von der Mannschaft verlassen wurden. Die ersten konnten von den Spaniern noch abgefangen werden, doch dann brach Panik aus. Die Armada lichtete die Anker, jeder Kapitän dachte nur an sein eigenes Schiff, die einheitliche Formation löste sich im Chaos auf. Ein verheerender Sturm trieb die Spanier noch weiter auseinander, was den Engländern Gelegenheit bot, viele Schiffe in Einzelgefechten zu vernichten. Die Reste der Armada zogen sich um die britischen Inseln und Irland zurück. Mehrere Schiffe scheiterten an der irischen Westküste, nur wenige kehrten zurück.

seemännische Ausbildung erhielt. Dartmouth eignet sich sehr gut als Standquartier für Wanderungen im Dartmoor.

Tourist Information: Duke Street

Das Moor der Gefangenen

Das **Dartmoor** 15 ist ein 954 km^2 großes Wald-, Heide und Moorland auf Granitgrund und gehört zum South Devon Nationalpark. 14 kleine Flüsschen entwässern die Hochmoore, und alle bis auf einen münden sie in den englischen Kanal. Willkommene Landmarken für Wanderer sind die Tors, unvermittelt aus der erikavioletten Ebene aufragende Steinauftürmungen. Wilde, zottelige Ponys durchstreifen das Moor, in der Luft tummeln sich Kolkraben, Mäusebussarde, Rabenkrähen, Brachvögel und Feldlerchen, Wiesenpieper und Schwarzkehlchen, Goldregenpfeifer, Alpenstrandläufer und sogar schottische Moorschneehühner. Die Pflanzendecke besteht zumeist nur aus Torfmoos, Wollgras und Binsen. Mehr als 2000 prähistorische Dolmen, Druidensteine, Hügelgräber, Steinringe und Hügelwehren sind registriert, die ältesten datieren aus der Zeit von 3000 v. Chr.

Im kleinen Ort Princetown gibt ein Information Centre dem Besucher Antworten auf alle Fragen. Dort, im geografischen Zentrum des Dartmoor, liegt das berühmt-berüchtigte Dartmoor Prison, das ab 1850 für den Strafvollzug genutzt wurde.

Weymouth ist ein kleines, gemütliches Seebad mit typisch englischem Flair.

Plymouth

Ein Spaziergang durch **Plymouth** 16 (230 000 Einwohner) sollte am Hügel The Hoe beginnen, von dem aus man einen schönen weiten Blick über den Plymouth Sound hat. Hier spielte Sir Francis Drake Boule, als man ihm die Annäherung der spanischen Armada meldete. Eine Statue ehrt den Seehelden. Weitere Denkmäler erinnern an die in den Kriegen gefallenen Matrosen, an die Armada und an die Flaksoldaten, die Plymouth während des „Blitz“, des deutschen Bombenkrieges, verteidigten.

Einer der ersten Leuchttürme, die in England gebaut wurden, ragt hier rot-weiß geringelt in die Wolken. 1759 von dem Ingenieur John Smeaton erbaut, wies er lange den Schiffen den sicheren Weg in den Plymouth Sound. Von seiner luftigen Höhe herab ist der Ausblick noch besser. Am Fuße von The Hoe informiert der **Plymouth Dome** mit einer audiovisuellen Show über die Geschichte von Plymouth als Seefahrerstadt (tgl. 9 – 18 Uhr).

Das alte Hafenviertel **Barbican** ist nach einem kurzen Spaziergang in östliche Richtung erreicht. Hier befinden sich die Mayflower Steps, an denen die Pilgerväter mit ihrem Auswandererschiff festmachten. In der nahe gelegenen, kopfsteingepflasterten New Street datiert das **Elizabethan House** aus der Ära Elisabeths I. und zeigt dem interessierten Besucher, wie ein englischer Schiffskapitän im 16. Jh. lebte (Ostern–Sept. Di–Sa 10–13, 14– 17.30 Uhr). Im **National Marine Aquarium** schließlich bleiben kaum Fragen zur Unterwasserwelt unbeantwortet (tgl. 10– 18 Uhr).

Tourist Information: The Barbican, Tel. 01752-223806

Cornwall
Auf König Artus' Spuren

Von der keltischen Sagenwelt bis Land's End – in Cornwall wird alles gut vermarktet, was Touristen anzieht und unterhält.

Ans westliche Ende Englands

Polperro **1** ist ein uraltes cornisches Fischernest, das es geschafft hat, von den Segnungen des Massentourismus auskömmlich zu leben. Ordner lotsen die motorisierten Besucher des „Historic Fishing Village" schon weit vor dem Ortszentrum auf große Parkplätze. Per pedes oder mit dem Pferdewagen geht es dann abwärts, dem Meer und dem Hafen entgegen. Hier dümpeln noch einige Fischerboote vor sich hin oder liegen platt im Schlick, wenn Ebbe ist. Die Pubs des Örtchens, The Three Pilchards und Blue Peter, sind beide ein halbes Jahrtausend alt und lassen beim durstigen Besucher etwas wie Schmuggler- und Fischerromantik aufkommen.

Auf dem Weg nach Land's End sollte man sich **Pendennis Castle** nicht entgehen lassen, das, hoch über der Stadt **Falmouth** **2** und ihrem Naturhafen gelegen, seit 1546 die Einfahrt in die Garrick Road schützt (Ostern–Sept. tgl. 10–18 Uhr, ansonsten Di–So 10–16 Uhr).

Unten am Hafen, am Custom House Quay, findet sich eine kleine Kuriosität, ein hoher Kamin, „The King´s Pipe" genannt. Hier verbrannten in früheren Tagen die Zöllner Schmuggelware, hauptsächlich Tabak. Ein kleines **Marinemuseum** im Bell's Court an der Market Street macht mit der Geschichte des Ha-

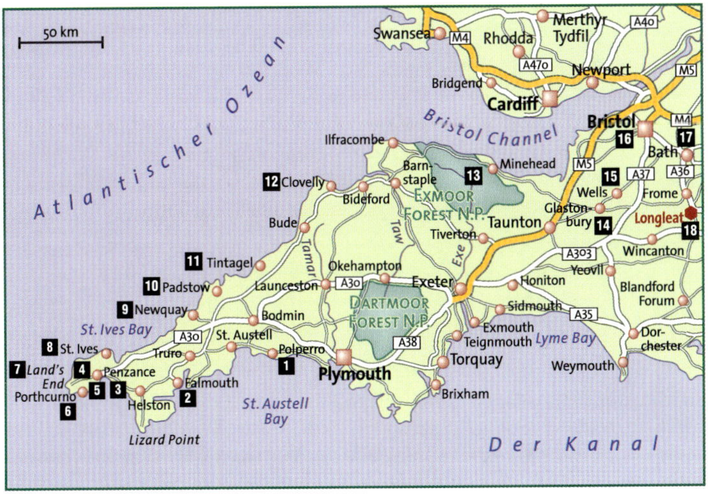

Mousehole ist ein typisches cornisches Fischerdorf, das leider längst von Touristen überschwemmt wird.

fens von Falmouth bekannt (April–Okt. tgl. 10–17 Uhr).

Tourist Information: 28 Killigrew Street, Tel. 01326-312300

Kenner der französischen Bretagne werden sich verwundert die Augen reiben, wenn sie beim Weiler Marazion den Mont St. Michel im Meer liegen zu sehen glauben. Dies ist jedoch keine Fata Morgana. Vielmehr ist die Felseninsel **St. Michael's Mount** 3 das genaue Pendant zum bretonischen Mont St. Michel. Nach der Invasion von 1066 überließ Wilhelm der Eroberer französischen Benediktinern vom Mont St. Michel das felsige Eiland, und ab 1135 begannen umfangreiche Baumaßnahmen. Schnell wurde St. Michael's Mount eine wichtige Station auf dem irisch-schottisch-englischen Pilgerweg nach Santiago de Compostela.

Im Zuge der Reformation löste Heinrich VIII. das Kloster auf und verwandelte die Abtei in eine Burg zur Sicherung der Küste. In der Mitte des 17. Jh. übernahm die Familie St. Aubyn den Felsen und baute sich darauf einen prachtvollen Landsitz, der seit 1954 im Besitz des National Trust ist. Bei Flut sorgen Boote für die Überfahrt, bei Ebbe spaziert man auf einem befestigten Damm zum Eiland hinüber (April–Okt. Mo–Fr 10.30–17.30 Uhr).

Penzance und Umgebung

Hauptverkehrspunkt des südlichen Cornwall ist **Penzance** 4 (20 000 Einwohner). Hier ist man schon fast an Land's End, hier endet die IC-Linie der Eisenbahn, vom Hafen verkehren die Fähren zu den Isles of Scilly, und der Heliport bietet einen regelmäßigen Hubschraubershuttle zu dem kleinen Archipel. Ansehen sollte man sich das **Ägyptische Haus** in der Chapel Street, das im Zuge der Orientbegeisterung 1835 nach klassisch-ägyptischen Vorbildern erbaut wurde – mit Papyrusbündelsäulen, Mumienfiguren, Uräusschlange und vielen weiteren einschlägigen Stilelementen. Im Erdgeschoss unterhält der National Trust einen Laden. Einen Besuch lohnt auch **Trinity House**, das Leuchtturmmuseum dieser Behörde am Hafen (tgl. 11–17 Uhr).

Tourist Information: Station Road

Das Örtchen **Mousehole** 5 (gesprochen „Mousel") preist sich selbst als typisch cornisches Fischerdorf an, Besuchergruppen durchstreifen die engen Gassen und das Hafenbecken und legen dann eine Rast in dem 500 Jahre alten Pub „The Ship Inn" ein.

Eine kulturelle Attraktion ganz besonderer Art hat der Weiler **Porthcurno** 6 mit seinem **Minnack Theatre** zu bieten. Dies ist ein in die Felsen geschlagenes Freilufttheater oberhalb des Meeres. 1932 fand hier die erste Aufführung statt, und seitdem werden hier in jedem Sommer einige Schauspiele gezeigt. Ein Besuch im Minnack Theatre ist ein ganz besonderes Bühnenvergnügen. Unten schlagen die Wellen der See an die Felsen, die Möwen krächzen, im Westen versinkt die Sonne glutrot im Meer, Frachter laufen in den englischen Kanal ein, und auf der Bühne kommt Shakespeares Sommernachtstraum zur Aufführung oder eines der Königsdramen. Wetterfeste Kleidung, aber auch ein Sonnenschutzmittel sind unverzichtbare Ausrüstungsgegenstände für einen Besuch.

Tipp

Von Penzance sollte man einen Tagesausflug zu den Isles of Scilly machen. Am schnellsten geht das mit dem Helikopter. Wem der Hubschrauberflug zu teuer ist, der kann mit der Fähre zur Hauptinsel St. Mary's hinüberfahren. Von dort wird der Besucher in einem kleineren Boot zuerst nach Tresco übergesetzt, wo er in Ruhe im Botanischen Garten mit seinen vielen subtropischen Pflanzen spazieren kann. Einen Blick wird man sicher auch ins nahe gelegene King Charles Castle werfen. Dann geht es zurück nach St. Mary's, in dessen Hauptstadt Hughtown 1593 das Star Castle erbaut wurde, das heute das beste Hotel der Insel beherbergt. Ein Teil der Anlage ist dennoch zu besichtigen. Ein kleines Museum in der Church Street informiert über die Geschichte des kleinen Archipels und vor allem über die vielen Schiffskatastrophen rund um die Inseln. Am späten Nachmittag geht es per Fähre zurück nach Penzance.

Land's End 7 ist der südwestlichste Punkt des englischen Festlandes, leider in Privatbesitz und daher kommerziell sowohl ausgebeutet als auch verschandelt. Der Eintrittspreis ist hoch und eine vierköpfige Familie muss ihr Budget schon arg strapazieren. Aber man kommt auch völlig legal und kostenlos auf das Gelände von Land's End, wenn man einen kurzen Spaziergang in landschaftlich schöner Umgebung nicht scheut.

Einen Steinwurf nördlich von Land's End liegt Sennen Cove; man fährt am Sandstrand vorbei bis zum Ende der Bucht, bis Sennen Harbour, parkt dort den Wagen, steigt die Stufen hoch und spaziert an der Steilküste entlang gen Süden. Da einen die Natur und die weiten Ausblicke übers Meer in Atem halten, ist Land's End schneller als erwartet erreicht.

Die Westküste Cornwalls
Unter touristischen und kulturellen Gesichtspunkten ist **St. Ives** 8 (10 000 Einwohner) allererster Anlaufpunkt in Cornwall. Schon seit mehr als einem Jahrhundert gilt das Fischerörtchen als Malerkolonie. Die Künstler rühmen das garadezu mediterrane Licht an Englands Südwestspitze. Seit 1993 gibt es am Portmeor Beach eine Dependance der Londoner Tate Gallery, und das architektonisch ansprechende Ausstellungsgebäude zeigt Arbeiten der heimischen Künstler (Juni–Aug. Mo, Mi, Fr 11–19, Di, Do 11–21, So 13–19 Uhr, ansonsten Di 11–21, Mi–Sa 11–17, So 13–17 Uhr). Ein kurzer Fußweg bringt den Besucher von der Tate zum Atelier der Bildhauerin Barbara Hepworth, die 1975 im Alter von 72 Jahren in ihrem Studio bei einem Brand ums Leben kam. Das Atelier ist wie zu ihren Lebzeiten originalgetreu erhalten, halbbearbeitete Werkstücke stehen auf den Tischen, und überall liegen Werkzeuge herum. In dem kleinen Garten stehen über 20 Skulpturen der international renommierten Künstlerin.

Am Hafen von St. Ives sollte man ein Bier im **Sloop Inn** trinken. Das Pub ist eine der ältesten Kneipen von Cornwall und datiert aus dem Jahr 1312.

Tourist Information: Guildhall, Street-an-Poo

Ein Besuch von **Newquay** 9 lohnt sich eigentlich nur für Surfer, die an den zehn Stränden, vor allem am Fistral Beach, genau die richtige Wellenhöhe für ihren Sport finden. Stetig rollen hier hohe Atlantikwogen heran.

Padstow 10 allerdings sollte man nicht auslassen, denn das einstige Fischernest ist ein äußerst sympathischer Weiler. Das Hafenbecken, in dem heute Yachten vor Anker liegen, wird durch ein Tidal Gate geschützt, so dass die Boote bei Ebbe nicht platt auf dem Schlick liegen. Rund um die Kai-Anlagen finden sich viele Restaurants, Cafés und Pubs. Und dann gibt es noch Rick Steins Seafood Restaurant, ein Lokal, das dem Gourmet seit über 15 Jahren Grande Cuisine bietet. Das Restaurant zählt zu den besten von ganz Südengland.

In zweifacher Hinsicht mythisch wird es in **Tintagel** 11. Denn in dem eigentlich unscheinbaren Örtchen wird zum einen der Mythos vom edlen Keltenherrscher Artus vermarktet. Den zweiten Mythos pflegt man mit der Behauptung, die Ruine auf einer hohen Klippe über dem Meer sei dessen Burg gewesen. Denn die Historiker sagen uns, dass die Festung 700 Jahre nach Artus gebaut wurde und davor an dieser unzugänglichen Stelle ein Kloster keltischen Mönchen Schutz vor Angriffen bot. Am Fuß der Burgklippe liegt Merlin's Cave. Hier soll Artus' großer Zauberer gewirkt haben – zumindest bei Ebbe; denn bei Flut steht die Höhle weitgehend unter Wasser.

In **Clovelly** 12 ist die cornische Westküste schon fast zu Ende. Ordner lotsen den motorisierten Besucher auf einen Parkplatz. In einem gigantischen Souvenirladen löst man ein Ticket, schaut sich in einem Kinosaal, der einer mittleren Kleinstadt zur Ehre gereichen würde, einen Film über das Dörflein an und wandert dann mit einigen hundert anderen Gästen 800 m auf kopfsteingepflasterter Straße, vorbei an kleinen, pittoresken Häuschen, bewältigt dabei einen Höhenunterschied von 120 m, steht schließlich unten am Meer an der alten Mole mit dem Pub The Red Lion – und kann sich des Eindrucks nicht erwehren, in eine Touristenfalle geraten zu sein.

Gegen Ende des 19. Jh. erbte eine gewisse Christine Hemlin den Weiler, ließ die Gebäude restaurieren, sorgte für Wasserversorgung und Kanalisation, pflanzte Bäume, legte Küstenwege an und verbot moderne Bungalows, Bed & Breakfast-Unterkünfte, Eiscreme-Kioske und vieles mehr, um die authentische Atmosphäre des Ortes zu erhalten. Die rund 100 Einwohner leben dank ihrer Weitsicht gut vom Tourismus.

Exmoor National Park

Das **Exmoor** **13** ist ein 686 km² großes Weide-, Wald und Moorland. Einen weiten Blick über den pflanzlichen Flickenteppich hat man vom 520 m hohen Duncery Beacon. Viele einsame Wanderwege durchziehen den Nationalpark. Als Standquartier empfiehlt sich der Weiler **Exford** im geografischen Zentrum der Region. Zottelige Ponys durchstreifen das Heideland, schnell huschen Ringelnattern, Kreuzottern und Mauereidechsen durch die Gräser. Wanderfalken durchmessen die Lüfte, der seltene Merlin schwebt am Himmel, und Mäusebussarde stehen flatternd in der Luft, wenn sie ein Opfer ausgemacht haben. In den Wäldern lebt Englands größte Population an Rotwild: Rund 1000 Tiere äsen im Exmoor. An den kleinen Flüssen und Bächen können Hobby-Ornithologen Wasseramsel, Gebirgsstelze, Eisvogel, Graureiher und Stockente beobachten. An deren Ufern wachsen Hahnenfuß, Knotenblütiger Sellerie, Vergissmeinnicht und die Wasserminze.

In den hohen Klippen des Exmoor, die vielerorts steil ins Meer abfallen, haben Seevögel ihre Nistplätze, so die Trottellumme, Tordalke, Kormorane, Eissturmvögel, Basstölpel und die ihren englischen Namen Kittywake rufende Dreizehenmöwe.

Südlich von Exford, etwas abseits der B 3223, sollte man sich die **Clapper Bridge Tarr Steps** anschauen, eine aus Steinplatten errichtete, mehrere tausend Jahre alte Brücke über das Flüsschen Barle.

Die jahrtausendealte Clapper Bridge

Glastonbury und Wells

Die Angelsachsen gründeten um 700 im heutigen **Glastonbury** 14 (8000 Einwohner) eine Abtei, die nach der Invasion von den Normannen übernommen und vergrößert wurde. 1184 brannte die Anlage nieder und wurde alsbald größer und prächtiger wieder aufgebaut. Die Klosterkirche übertraf mit einer Länge von 180 m alle anderen Gotteshäuser des Inselreiches um ein Vielfaches. Heinrich VIII. löste im Zuge der Reformation die Abtei auf, fanatische Bilderstürmer zerstörten Kirche und Gebäude, und den Rest besorgten über die Jahrhunderte Wind und Wetter. Doch sind auch die Ruinen heute auf dem rasenbewachsenen Gelände immer noch sehr eindrucksvoll.

Esoteriker verbinden gleich noch einen Mythos mit der Örtlichkeit, denn die Reste von Glastonbury Abbey sollen das Avalon von König Artus sein. 1191 hatten die Mönche auf dem Klosterareal ein Grab entdeckt, in dem ein Paar bestattet war. Flugs erklärten sie, die sterblichen Überreste von König Artus und seiner Gemahlin Guinevere gefunden zu haben. Ein knappes Jahrhundert später war der neue Schrein für das Herrscherpaar fertig, so dass ab 1278 Heerscharen von Wallfahrern zu der neuen heiligen Stätte pilgerten. Die Stelle, an der sich die letzte Ruhestätte des sagenumwobenen Königspaares einmal befunden hat, ist inmitten der Ruinen markiert.

Tourist Information: The Tribunal, 9 High Street, Tel. 01458-832954

Die Angelsachsen waren es auch, die um das Jahr 705 wenige Kilometer nordöstlich von Glastonbury eine Kirche nahe den sprudelnden Quellen errichten ließen, die **Wells** 15 (8000 Einwohner) ihren Namen gegeben haben. Ein gutes Jahrhundert nach der Invasion beauftragte der normannische Bischof Reginald de Bohun 1180 seine Baumeister mit der Errichtung einer Kathedrale, die 1239 – in halbfertigem Zustand – geweiht werden konnte. Die Arbeiten gingen unermüdlich weiter, und 1386 sowie 1424 konnten die beiden Kirchtürme fertig gestellt werden. Schon zuvor hatte man die eigentliche Besonderheit der Kathedrale von Wells eingezogen, jene eleganten Vierungsbogen, die das Gewicht des zentralen Turmes aufnehmen. Denn der war mit seinem bleigedeckten Dach zu schwer geraten, und die Vierungspfeiler benötigten dringend Entlastung. Also setzten die Baumeister in die Vierung Scherenbogen, die so genannten Inverted Arches. Dabei handelt es sich um einen Spitzbogen, dem ein zweiter auf der Spitze stehender Spitzbogen aufgesetzt wurde – eine geniale Lösung, denn die Stützkraft war gewaltig, und unter ästhetischen Gesichtspunkten hochele-

Die Bibliothek von Longleat House ist eine der kostbarsten Privatbibliotheken Englands.

gant. Bis heute wissen wir nicht, wer dieses Wunderwerk der Statik erfand.

Nördlich der Kathedrale, unter dem Chain Gate hindurch, kommen wir zum **Vicar's Close**, der ersten Reihenhaussiedlung der Welt. Bischof Ralph von Shrewsbury ließ die Straße mit ihren 42 Häusern um 1348 anlegen. Bis heute wohnen hier die Lehrer der 909 gegründeten Domschule. Südlich vom Gotteshaus liegt hinter einem schützenden Wassergraben und einer hohen Mauer der Bischofspalast, dessen ältester Teil, die Great Hall, um 1230 errichtet wurde. Im Garten entspringen die Quellen, deren Wasser durch die Rinnsteine der Stadt fließt.

Tourist Information: Town Hall, Market Place

Wo Robinson Crusoe geboren ist

Schon in angelsächsischer Zeit gab es in **Bristol** 16 (370 000 Einwohner) einen geschäftigen Hafen, der bis in unser Jahrhundert hinein einen prosperierenden Handel mit der Neuen Welt betrieb. Heute ist der so genannte **Floating Harbour**, der sich entlang dem River Avon dahinzieht, ein innerstädtisches Naherholungsziel für die Bevölkerung und die Besucher. Ein **Maritime Heritage Centre** (tgl. 10–18 Uhr) informiert über die Geschichte der Seefahrt in Bristol, und davor liegt am Kai die legendäre „Great Britain", das erste vollständig aus Stahl gebaute und von einer Schiffsschraube angetriebene Dampfschiff der Welt. 1843 lief es vom Stapel. Konstruiert hatte es der geniale Ingenieur Isambard Kingdom Brunel. Ebenfalls im Hafenareal informiert das **Bristol Industrial Museum** über technische Entwicklungen (tgl. außer Do/Fr 10–13, 14–17 Uhr).

In der King's Street steht eines der berühmtesten Schauspielhäuser Großbritanniens, das **Theatre Royal**, eröffnet 1766 und das älteste durchgängig bespielte Theater des Inselreiches. Wenige Schritte weiter in Richtung auf den River Avon zu, passieren wir rechter Hand ein mächtiges dreigiebeliges Fachwerkhaus. Hier lockt das **Pub Llandower Trow** die Durstigen – und das seit 1669. Die Kneipe ist die bekannteste Taverne ganz Englands, denn hier erzählte der schottische Matrose Alexander Selkirk einem gewissen Daniel Defoe die Geschichte von seinem Schiffbruch – und damit war Robinson Crusoe geboren. Unter dem Namen „The Spyglass Inn" verewigte Robert Louis Stevenson die Taverne in seinem Roman „Die Schatzinsel".

Im Vorort Clifden überspannt ein weiteres technisches Meisterwerk des schon erwähnten Ingenieurs Brunel in Schwindel erregender Höhe den River Avon. 1830 schon plante dieser die **Clifden Suspension Bridge**, aber erst 34 Jahre später hatte die Stadt die erforderlichen Mittel, um sie fertig zu stellen.

Tourist Information: Harbour Side, Tel. 0117-9223755

Bath

Bath **17** (80 000 Einwohner) ist eine der schönsten und atmosphärischsten Städte ganz Großbritanniens und für den Besucher ein Muss. Die Römer waren es, die im Jahr 43 die heißen schwefelhaltigen Quellen entdeckten und darangingen, ein Bad zu errichten. „Aqua Sulis" nannten sie die rasch aufblühende Stadt. Über die Jahrtausende zog es Patienten auf der Suche nach Linderung ihrer Leiden nach Bath. Neben Bath Abbey liegt das von den Archäologen freigelegte römische Bad, und dies ist die allererste Attraktion des sympathischen Ortes. Täglich fließen rund eine Million Liter Wasser mit einer konstanten Temperatur von 45,5 Grad Celsius aus dem Boden.

Bath Abbey wurde 1499 von Bischof Oliver King in Auftrag gegeben – ein Traum soll den Anstoß für dieses Vorhaben gegeben haben. Zur Erinnerung an diese denkwürdige Begebenheit steigen an der Westfassade Engel die Himmelsleiter auf und ab, so wie es nach der Bibel einst auch Josef träumte. Das prachtvolle Fächergewölbe im Hauptschiff ließ George Gilbert Scott, einer der profiliertesten Architekten Großbritanniens, im 19. Jh. einziehen. Von ihm stammt beispielsweise der Entwurf der Hamburger Nikolai-Kirche und des Albert Memorial in London.

Weithin berühmt im Inselreich ist Bath für seine georgianischen Stadthäuser. Zwei Meisterwerke sind die kreisförmige Bebauung **The Circus** und der halbkreisförmige **Royal Crescent**, die von den beiden Architekten Wood geschaffen wurden. Eine Kuriosität ist die **Pulteney**

Bridge über den River Avon, die beidseitig von Geschäften gesäumt ist und auf den schottischen Architekten Robert Adam zurückgeht. Die im 18. Jh. erbaute Flussüberspannung orientiert sich an italienischen Vorbildern.

Tourist Information: Abbey Chambers, Church Yard

Landsitz für die Öffentlichkeit

Südlich von Bath liegt zwischen den beiden Landstädten Frome und Warminster ein weiteres bedeutendes Stately Home, das prachtvolle **Longleat** 18 (tgl. 10–16 Uhr, Ostern–Sept. tgl. 10–18 Uhr). Ab 1567 errichtete der Baumeister Robert Smythe in enger Zusammenarbeit mit dem Auftraggeber John Thynne den dreistöckigen Prachtbau. Mobiliar von Chippendale, Gemälde bedeutender alter Meister und Gobelins schmücken die Räume. Die Bibliothek ist mit ihren 50 000 Bänden eine der kostbarsten privaten Buchsammlungen der Welt. Hier befindet sich u. a. die erste Folioausgabe der Werke von Shakespeare. 1949 machte Henry Thynne, 6. Marquess of Bath, Longleat als erstes Herrenhaus Englands für die Öffentlichkeit zugänglich.

Der Adel im gesamten Inselreich schnaubte verächtlich ob dieses Sakrilegs. Doch die horrenden Erbschaftssteuern und Unterhaltskosten haben inzwischen viele Schlossherrren gezwungen, seinem Beispiel zu folgen.

Anfang der 60er-Jahre hatte der Marquess von Bath eine weitere grandiose Idee und eröffnete 1966 den ersten Safari-Park Europas. Heute kann sich eine Familie den ganzen Tag über auf dem Areal aufhalten, ohne dass Langeweile aufkommt. Nach der Besichtigung des Herrenhauses fährt man durch den Safari-Park, verirrt sich dann im weltgrößten Heckenlabyrinth, die Kleinen toben auf dem Abenteuerspielplatz oder drehen mit der Mini-Eisenbahn ihre Runden.

Die römischen Bäder von Bath

Artenreiches Felswatt

Das Zusammenwirken der Schwerkräfte von Erde, Sonne und Mond lässt in allen Meeren der Welt die Gezeiten – Ebbe und Flut – entstehen. Zweimal täglich fällt der küsten- und inselnahe Meeresboden trocken, die so genannten Wattflächen. Weite Strecken der Küste Großbritanniens sind felsig, und so taucht bei Ebbe ein abwechslungsreicher Lebensraum aus wild zerklüfteten Felsblöcken und Brandungshöhlen aus dem Meer. Anders als das weiche Sand- oder Schlickwatt flacher Küsten bietet dieses Felswatt Naturbeobachtern ohne viel Aufwand die Gelegenheit, bizarre und ungewöhnliche Tiere zu entdecken, da sich diese hier auf dem Fels nicht einfach eingraben können.

Mit dem Auftreten von Ebbe und Flut ändert sich permanent die gesamte belebte und unbelebte Umwelt der hier siedelnden Organismen. Hier kann nur überleben, wer sich durch spezielle Anpassungen vor der immer wiederkehrenden Gefahr schützt, in der oft berstenden Brandung einfach fortgespült zu werden. Ein für Tiere und Pflanzen unwirtlicher Lebensraum ist das Felswatt auch deshalb, weil Temperatur und Salzgehalt extremen Schwankungen unterliegen und somit für die hier lebenden Organismen ständig das Risiko des Austrocknens besteht.

Viele Tiere des Felswatts begegnen der Gefahr, fortgespült zu werden, indem sie an ihrem Untergrund festwachsen. Was sie zum Leben brauchen, trägt das Meer ihnen zu. Diese sog. sessile Lebensweise, die wir ansonsten eher aus dem Pflanzenreich kennen, wird von Lebewesen der unterschiedlichsten Arten praktiziert: Schwämme, Nesseltiere, Moostierchen, Muscheln, Würmer, Krebse und Seescheiden wachsen regelrecht am Fels an und verlieren so die Möglichkeit, sich je wieder fortzubewegen. Aber auch viele frei bewegliche Tierarten des Felswatts verfügen über Mechanismen, sich extrem fest am Untergrund festzuheften: Seesterne fixieren sich mit Hunderten von Saugnäpfen, während sich die allgegenwärtigen Strand- und Napfschnecken sowie die Käferschnecken mit ihrem muskulösen Fuß festhalten. Verschiedene Krebs- und Schneckenarten verkriechen sich bei einsetzender Ebbe unter Steinen, in kleinsten Felsspalten oder zwischen den großen Algen. Wer bei Niedrigwasser außerhalb des Meerwassers liegt, muss sich gut vor dem Austrocknen schützen. Die Zeit des Trockenfallens überdauern viele Lebewesen in einem fest verschlossenen Gehäuse, in das sie sich mit einem gewissen Wasservorrat zurückziehen.

Auffällig ist die deutliche Zonierung vieler Pflanzen- und Tierarten in horizontalen Bändern an den bei Niedrigwasser freigelegten Felsen. Für jeden dieser Besiedlungsgürtel lassen sich typische Arten angeben: In der so genannten Spritzwasserzone wachsen als letzte Vorposten der Landflora einige Flechtenarten sowie erste Braunalgen. Tierische Bewohner dieser Zone sind bestimmte Strandschnecken-Arten. Wenige Zentimeter darunter, in einem Bereich, der nur für einige Stunden bei Hochwasser überspült wird, herrschen Seepocken, Strand- und Napfschnecken sowie der Blasentang vor. Ein Stückchen tiefer beginnt eine Zone, die nur bei Ebbe ein paar Stunden aus dem Wasser taucht. Als typische Braunalge wächst hier der Sägetang. Noch weiter unten folgt ein Bereich, der nur bei sehr niedrigen Ebben auftaucht und nie völlig austrocknet, hier wachsen Tange wie der Finger- und der Zuckertang.

1 Blasentang / Bladder Wrack / *Fucus vesiculosus*
2 Sägetang / Toothed Wrack / *Fucus serratus*
3 Fingertang / Oarweed / *Laminaria digitata*
4 Dickhörnige Seerose / Dahlia Anemone / *Urticina felina*
5 Zottige Seerinde / Hairy Sea-mat / *Electra pilosa*
6 Rändel-Käferschnecke / Cinereous Chiton / *Lepidochitona cinerea*
7 Gemeine Napfschnecke / Common Limpet / *Patella vulgata*
8 Gemeine Strandschnecke / Common Periwinkle / *Littorina littorea*
9 Eßbare Miesmuschel / Common Mussel / *Mytilus edulis*
10 Posthörnchenwurm / Spiral Tubeworm / *Spirorbis spirorbis*
11 Dreikantröhrenwurm /Keelworm / *Pomatoceros triqueter*
12 Gemeine Seepocke / Common Barnacle / *Semibalanus balanoides*
13 Meeres-Klippenassel /Sea Slater / *Ligia oceanica*
14 Gemeiner Einsiedlerkrebs /Common Hermit Crab / *Pagurus bernhardus*
15 Taschenkrebs / European Edible Crab / *Cancer pagurus*
16 Strandkrabbe /Greenshore Crab / *Carcinus maenas*
17 Essbarer Seeigel / Edible Sea Urchin / *Echinus esculentus*
18 Gemeiner Seestern / Common Starfish / Asterias rubens
19 Stern-Ascidie /Star Ascidian / *Botryllus schlosseri*
20 Schlauch-Ascidie / Sea Vase / *Ciona intestinalis*

1
2
4
3
7
6
9
10
5
12
8
18
13
20
11
16
14
19
17
15

East Anglia

Eine Reise in den Osten

Kleine verschlafene Nordseebäder, winzige Dörfer mit großer Vergangenheit, in denen die Zeit stehen geblieben scheint, eine der berühmtesten Universitätsstädte der Welt, das Zentrum des britischen Pferderennsports, die Norfolk Broads, ein ausgedehntes Seen- und Flussgebiet, das man mit dem Kabinenkreuzer befahren kann, die Kathedralstädte Ely und Lincoln – East Anglia, der Osten des Inselreiches, ist eine unspektakuläre Region, deren Erkundung Ruhe und Muße bringt.

Durch Suffolk und Norfolk

Zentrum der Gelehrsamkeit

Cambridge **1** (100 000 Einwohner), weit übersichtlicher als die Schwesterstadt Oxford, wurde um 1220 von Flüchtlingen aus ebendieser gegründet, nachdem ein Student vom Stadtpöbel gelyncht worden war. Erst 51 Jahre später konnte das erste vollständige College eingeweiht werden. Im 16. Jh. avancierte Cambridge zu einem Zentrum der Reformation, und im Bürgerkrieg stand die Stadt auf der Seite der Royalisten. Mit Beginn des 19. Jh. stiegen die Studentenzahlen steil an, da viele neue Fächer, vor allem aus den Naturwissenschaften, in den Kanon kamen. 1870 wurden die ersten beiden Frauen-Colleges gegründet, doch andere Colleges verweigerten noch bis in die 80er-Jahre des 20. Jh. Frauen einen Studienplatz. Die meisten Colleges erstrecken sich entlang des River Cam, und das weite Rasenareal am Fluss heißt The Back, denn wer hier entlangspaziert, hat einen Blick in die Hinterhöfe der Lehranstalten.

1441 rief Heinrich VI. **King's College** ins Leben. In den folgenden Jahrhunderten kamen viele weitere Anbauten hinzu. Aus der Gründungszeit datiert noch der Great Court. Die meisten Gebäude allerdings zeigen den neogotischen Stil des frühen 19. Jh. An der Nordseite des Großen Hofes befindet sich **King's College Chapel**, gemalt von Turner und Canaletto und in drei Sonetten von William Wordsworth besungen. Bekannt ist das Gotteshaus heute besonders für seinen Knabenchor. Neben der Innenausstattung ist vor allem das Rubens-Gemälde hinter dem Altar ein Blickfang; 1962 wurde es dem College von einem anonymen Spender vermacht.

Traditionell besuchen die Schüler des Eton-Internates King's College. Bekannte Absolventen waren der Schriftsteller E. M. Forster, der Regisseur Derek Jarman und der Ökonom John Maynard Keynes (Juni–Okt. Mo–Fr. 9.30–16.30 Uhr).

Trinity College ist die größte Lehranstalt von Cambridge, besitzt umfangreiche Ländereien und kann den größten Great Court sein Eigen nennen. Die Liste berühmter Absolventen ist lang: die Schriftsteller Dryden, Byron, Tennyson und Wladimir Nabokov, die Cambridge-Spione Blunt, Burgess und Philby, die Premierminister Balfour und Baldwin, weiter Isaac Newton, Lord Rutherford, Nehru, Edward VII., George VI., Bertrand Russel, Ludwig Wittgenstein und Prinz Charles. Eine Statue Heinrichs VIII., der das College gründete, thront über Trinity's Great Gate, und dieses lässt den Besucher in den **Great Court**, der von Tudor-Fassaden umstanden ist. Der Uhrtum ist das älteste Gebäude und datiert aus dem 15. Jh. In dem Brunnen, so heißt es, hat Lord Byron einmal nackt gebadet, und zwar zusammen mit seinem Haustier, einem kleinen Bären. Neben King's College Chapel ist die Wren Library eines der berühmtesten Gebäude der Stadt (Mo–Fr 9–17, Sa 9–13 Uhr). Unzählige alte Folianten werden in der prachtvoll dekorierten Bibliothek aufbewahrt. Auch die Bücherschränke und -regale gehen auf einen Entwurf von Sir Christopher zurück.

Ins **St. John's College** gelangt man durch ein Tudor Gatehouse (Juni–September tgl. 10–17 Uhr). St. John wurde 35 Jahre vor Trinity von Lady Margaret Beaufort, der Mutter Heinrichs VII., gegründet. Ein Arkadengang führt vom dritten Hof zur Bridge of Sighs aus dem Jahr 1831, die der Seufzerbrücke in Venedig nachempfunden ist.

An der Bridge Street/Ecke St. John Street steht die **Round Church**, die im 12. Jh erbaut und der Grabeskirche in Jerusalem nachempfunden wurde. Der Turm kam erst im 19. Jh. hinzu. Am Beginn der Bridge Street liegt das Magdalen College (gesprochen: Maudlin), wo Frauen erst seit 1988 studieren können. Im zweiten Hof, der im 16. Jh. angelegt wurde, darf man das Pepys Building nicht auslassen (Ostern–Aug. tgl. 11.30–12.30, 14.30–15.30, ansonsten Mo–Sa 14.30–15.30 Uhr). Samuel Pepys, der an Magdalen studierte, war ein hoher Beamter in der Admiralität und mit den Vorgängen bei Hofe und in der Regierung bestens vertraut. Sein Tagebuch ist eine der wichtigsten Quellen über das 17. Jahrhundert. Das Tagebuch und seine umfangreiche Bibliothek hat er seinem College vermacht.

An der Trumpington Street hat das **Fitzwilliam Museum** seinen Sitz (Di–Sa Lower Gallery 10–14, Upper Gallery 14–17, So beide 14.15–17 Uhr).

Die Lower Gallery zeigt archäologische Funde und Kunst der Pharaonenzeit, weiterhin Exponate aus Griechenland, Spanien, Italien und China. In der Upper Gallery befinden sich Gemälde und Skulpturen vom 17. Jh. bis zur Moderne.

Tourist Information: Wheeler Street, hinter der Townhall

12 km südlich von Cambridge liegen an der M 11 die riesigen Hangars des **Duxford Airfield**, einer Außenstelle des Londoner Imperial War Museum. Während der Battle of Britain war der Flughafen ein wichtiger Stützpunkt der Royal Air Force. Heute finden sich hier Aberhunderte von historischen Flugzeugen, vom einmotorigen Doppeldecker aus dem Ersten Weltkrieg, über die Spitfires bis hin zu einem achtstrahligen Bomber B 52 und einer Concorde. Viele der Maschinen sind noch flugfähig und so gibt es im Sommer eine Reihe von Flugvorführungen (April–Sept. tgl. 10–18, ansonsten 10–16 Uhr).

St. John's College in Cambridge

Fährt man von Cambridge in Richtung Kanal, erreicht man **Colchester** **2** (145 000 Einwohner), das sich gerne mit dem Ruhm schmückt, die älteste Stadt Großbritanniens zu sein. Schon für das 5. Jh. v. Chr. ist hier eine Ansiedlung dokumentiert, und 500 Jahre später war Colchester die Hauptstadt von König Cunobeli, den Shakespeare unter dem Namen Cymbeline bekannt machte. Als die Römer 43 n. Chr. in England einfielen, machten sie Camulodunum zur Provinzhauptstadt und hatten hier starke Kräfte konzentriert. In Stadt und Umland ließen sich viele Legionäre nach ihrem Abschied nieder.

Die Geschichte des Ortes ist untrennbar verbunden mit **Boadicea**, der Witwe des Prasutagus, Häuptling des Iceni-Stammes. Von den Römern gedemütigt, organisierte Boadicea einen Aufstand und besiegte die verhassten Besatzer erst in Camulodunum und dann in vielen weiteren Garnisonen. 70 000 Legionäre sollen ihren Scharen zum Opfer gefallen sein. Erst der römische Gouverneur Suetonius Paulinus konnte die Iceni besiegen, Boadicea beging Selbstmord.

Im Ortszentrum liegt die nicht mehr sehr wehrhaft aussehende Festung, mit deren Bau schon kurz

Heinrich VIII.

Heinrich VIII. ist in erster Linie durch seine Neigung, Eheprobleme radikal und blutig zu lösen, zu traurigem Ruhm gelangt, und er war es auch, der die anglikanische Kirche in England begründet hat. Das Unglück nahm seinen Lauf, als die sechs Jahre ältere Katharina von Aragon nur ein Mädchen gebar, das später unter dem Beinamen Bloody Mary für kurze Zeit die Geschicke des Landes lenkte. Heinrich wollte jedoch einen männlichen Nachfolger. Er ließ sich gegen den Willen des Papstes von Katharina scheiden, brach mit Rom, rief die protestantisch-anglikanische Kirche aus und machte sich selbst zu deren Oberhaupt. Da sein Lordkanzler, der Humanist Thomas Morus, den Suprematseid auf den Herrscher verweigerte, ließ Heinrich ihn hinrichten. Der König heiratete nun Anne Boleyn, die aber ebenfalls ein Mädchen gebar, die spätere Elisabeth I. Nach einer weiteren Totgeburt hoffte Heinrich nicht mehr auf einen männlichen Nachfolger. Er machte seiner Frau den Prozess wegen Hochverrat und ließ sie exekutieren. Noch am Tag der Hinrichtung ging er mit Jane Seymour die Ehe ein, die ihm endlich den ersehnten Sohn schenkte, den ewig kränkelnden und früh gestorbenen Edward, aber bei der Geburt starb. Ohne sie gesehen zu haben, ehelichte Heinrich nun Anna von Kleve. Als er ihr von Angesicht zu Angesicht gegenüberstand, rief er entsetzt aus: „Was für eine flandrische Stute!“ Gegen eine hohe Geldsumme willigte Anna in die Annullierung der Hochzeit ein. Catherine Howard war die nächste im Ehereigen, doch nach zwei Jahren machte Heinrich ihr ebenfalls den Prozess, und auch sie starb auf dem Schafott. Ab 1543 dann umsorgte Catherine Parr den alternden König, den sie glücklich überlebte. Ein beliebter Kinderreim in England erinnert an die Schicksale der sechs Frauen Heinrichs VIII.: Divorced, beheaded, died, divorced, beheaded, survived.

nach der Invasion der Normannen begonnen wurde. Heute befindet sich hinter den dicken Mauern ein interessantes Museum, das viele archäologische Funde aus der Römerzeit und Exponate zur Stadtgeschichte zeigt (Mo–Sa 10–17, So 14–17 Uhr, Nov.–März geschl.). Spaziert man von der Burg die Verlängerung der High Street, East Hill entlang, so ist am River Colne schnell das aus dem 15. Jh. datierende **Old Siege House** erreicht (in dem sich heute ein Pub befindet). Während des Bürgerkrieges, 1684, wurde Colchester elf Wochen lang von den Parlamentstruppen belagert. Nach dem Fall der Stadt wurden alle Royalisten umgebracht. Im Old Siege House sind noch 17 Einschusslöcher aus jenen Tagen zu erkennen; damals diente es als Hauptquartier von Lord Fairfax, der die Parlamentstruppen befehligte. Nahebei steht ein weiteres aus dem gleichen Jahrhundert stammendes schönes Fachwerkhaus, das Pub **Rose and Crown**. Am westlichen Ende der High Street ließ zu Zeiten der Römer das **Balkerne Gate** Bewohner wie Besatzer in die Garnison ein. Ein Teil der römischen Stadtmauer ist ebenfalls noch erhalten.

Tourist Information: Queen Street/Ecke High Street

An der Kanalküste

Es ist eine geruhsame Fahrt, die von Colchester aus in weitem Bogen nach Norden führt. Das kleine Seebad **Aldeburgh** **3** mit seinen bonbonbunten Pensionen ist weithin bekannt für sein jährlich im Juni stattfindendes Musikfestival.

Weiter geht es über das 1910 erbaute Ferienzentrum **Thorpeness**

Tipp

Bury St. Edmunds

Von Ipswich auf der A 14 schnell zu erreichen, ist der 945 als Benediktiner-Abtei gegründete Ort einen Abstecher wert. Der Ortsname bezeichnet die Grablege des von den Wikingern ermordeten Königs Edmund. 1214 trafen hier 25 hohe Adlige zusammen und verabredeten, König John Ohneland zur Unterschrift unter die Magna Charta zu zwingen.
Die Abteiruinen sind dank der Initiative der lokalen Verwaltung von einem großen, wunderschönen Garten umgeben. An das Parkareal schließt sich die weitgehend schmucklose Kathedrale von Bury an. Ein Stückchen weiter die Crown Street hinunter finden wir St. Mary's Church, in der sich der Sarkophag der Bloody Mary genannten Mary Tudor befindet. Die Tochter Heinrichs VIII. regierte England von 1553–58.
Tourist Information: 6 Angel Hill

nach **Dunwich** **4**. Kaum zu glauben, dass die winzige Siedlung einmal die Residenz der Könige von East Anglia, ein Bischofssitz und ein betriebsamer Fischerhafen war. In den vergangenen 800 Jahren freilich hat sich die See rund 1,5 km Land geholt, und das alte Dunwich mit seinen zwölf Kirchen liegt komplett auf dem Grund des Meeres. Das letzte Gotteshaus stürzte 1919 über die Klippe. Durchschnittlich knabbert die See 1 m Land pro Jahr. In einem der Häuschen von Dunwich ist ein Museum untergebracht, das neben vielen weiteren Exponaten ein Modell des versunkenen Ortes zeigt (Ostern–Sept. tgl. 11.30–16.30 Uhr).

Behagliche Pensionen in Aldeburgh

Ähnlich verschlafen wie Dunwich zeigt sich **Southwold** **5**, wenige Kilometer nördlich gelegen und einst wichtigster Konkurrent. Dagegen ist **Lowestoft** **6** ein wichtiger Versorgungspunkt für die Ölplattformen in der südlichen Nordsee und auch als Fischerhafen hat der Ort noch Bedeutung.

Ein lohnendes Ziel findet sich allerdings erst wieder in **Norwich** **7** (125 000 Einwohner). Einst zählte es zu den fünf bedeutendsten Städten England und war weithin bekannt für seine hochwertigen Tuche. Hugenottische Einwanderer steigerten die Produktion während der Tudor-Ära, doch im Zuge der industriellen Revolution verlor die Stadt den Anschluss an die technische Entwicklung und führte fortan ein Schattendasein. Seit den 80er-Jahren des 20. Jh. haben sich allerdings viele Hightech-Betriebe in Norwich angesiedelt.

Nicht zu übersehen ist die **Kathedrale** (Baubeginn 1096) mit ihrem fast 100 m hohen Kirchturm – nach Salisbury der zweithöchste des Inselreiches.

Der zentrale, 900 Jahre alte **Marktplatz** ist umgeben von der im 15. Jh. errichteten Guildhall, in der

Britische Nationalsymbole

Bei einem Land mit einer so langen monarchischen Tradition wundert es nicht, wenn die Krone das allererste Nationalsymbol ist, das König und Staat symbolisiert und die Regierung verkörpert, die im Namen der Krone handelt. Der Löwe ist das Symbol der Kraft und Stärke und steht für die Macht des Herrschers. Neben dem Löwen findet sich oft das Einhorn als Zeichen der Reinheit.
Viele Pub-Namen weisen auf die beiden Wappentiere hin: Red Lion oder Lion and Unicorn. Der mal als dummer August, mal als kluger Brite dargestellte John Bull kam erstmals Anfang des 18. Jh. in einer Satire zu Wort. Heute trägt er eine Weste im Union-Jack-Muster und hat eine Bulldogge zu seinen Füßen. Diese Bulldogge, oft auch einzeln dargestellt, symbolisiert die militärische Stärke des Landes. Die Britannia wird als sitzende Frau mit Helm auf dem Kopf und dem Dreizack in der Hand dargestellt. Sie symbolisiert die Seeherrschaft, was in dem Satz kulminiert „Britannia rules the Waves". Die Landesflagge, der Union Jack, zeigt das rote Kreuz des hl. Georg, des englischen Schutzpatrons, das weiße Andreaskreuz auf blauem Grund, das für den hl. Andreas, den Schutzpatron Schottlands steht, und das rote Kreuz St. Patricks, des irischen Schutzpatrons. Lauch und Narzisse stehen als Pflanzen für Wales, die Distel für Schottland und die Rose für England.

sich das Tourist Office befindet, von der City Hall und von St. Peter Mancroft, Norwichs Diözesankirche mit einem Glockenturm aus dem 15. Jh. Der Pub Sir Garnett Wolseley ist das einzige von einst 44 Ale Houses, die sich einst um den Marktplatz drängten, das überlebt hat.

In der Stadtmitte steht hoch auf einem künstlichen Hügel die aus dem 12. Jh. stammende Burg von Norwich (Mo–Sa 10–17, So 14–17 Uhr). Eine geführte Tour lässt in den Kasematten und den Verliesen die Qualen der Gefangenen erahnen, die in den 600 Jahren, in denen Norwich Castle als County-Gefängnis diente, hier schmachteten. Die Art Gallery der Burg zeigt Bilder von Künstlern der so genannten Norwich School, eine Stilrichtung, die Anfang des 19. Jh. die Landschaftsmalerei beeinflusste und deren Hauptvertreter John Sell Cotman und John Crome waren.

Tourist Information: Guildhall, Market Place

Norfolks Nordküste

Great Yarmouth 8 ist ein bedeutender Fischerhafen in Ostengland und ebenfalls Versorgungszentrum für die Bohrinseln in der Nordsee, aber auch ein Seebad mit langem Strand und – wie man im Englischen sagt – „Rainy-day attractions". Trotz der schweren Zerstörungen während des Zweiten Weltkriegs sind weite Teile der mittelalterlichen Stadtmauer noch erhalten. Im Sommer flanieren die Besucher entlang der Seefront auf der Marine Parade, die von Häusern aus viktorianischer Zeit gesäumt ist.

Die **Marina** (tgl. 10–22 Uhr) ist ein großer Wassersportkomplex, komplett mit Wellenmaschine und Aquaslide, und im **Kingdom of the Sea** kann man Haie und andere Meerestiere besichtigen (tgl. 10 Uhr – Sonnenuntergang). Wer sich im Maritime Museum über den intensiven Heringsfang im letzten Jahrhundert informiert hat (Sommer Mo–Fr und So 10–17 Uhr), wird einen Blick auf

Die Norfolk Broads

Zwischen Norwich und Great Yarmouth erstreckt sich ein Erholungsgebiet, das aus 52 Seen besteht, die durch die Flüsse Ant, Bure, Thurne, Waverney und Yare miteinander verbunden sind. Mit Kabinenkreuzern, die an vielen Orten zu mieten sind, kann man über 200 km an Wasserwegen befahren.
Die Seenplatte entstand im 14. Jh., als sich aufgrund intensiven Torfabbaus die Landschaft absenkte und überflutet wurde. So entstand ein Feuchtgebiet, in dem viele Pflanzen, Insekten, Vögel, Fische und Tiere einen idealen Lebensraum fanden. Doch der Tourismus, die Überdüngung der Felder in der Landwirtschaft, die Luft- und Wasserverschmutzung haben den Broads schwer zugesetzt. Starkes Algenwachstum sorgte für immer mehr tote Gewässer, in denen kein Lebewesen mehr existieren konnte. Mittlerweile sind endlich Schutzmaßnahmen ergriffen worden, ein großer Teil der Broads steht unter Naturschutz, und es geht langsam bergauf mit der Natur.
25 Arten an Süßwasserfischen finden sich wieder in den Flüssen, darunter Hechte und Zander, die man aus Mitteleuropa eingeführt hat. Auch die Vögel nisten wieder in den Broads, es gibt mehrere Schutzgebiete, die von der RSPB (Royal Society for the Protection of Birds) eingerichtet wurden.

die im Town Quay vor Anker liegende Lydia Eva werfen, das letzte von einst 3000 dampfbetriebenen Schleppnetzfischerbooten (Drifter), die von Great Yarmouth aus operierten (Juli–Okt. tgl. 10–16.30 Uhr).

Tourist Information: Marine Parade

Der Weg entlang der Küste ist nicht besonders anregend, und so lohnt ein Halt erst wieder in **King's Lynn** (30 000 Einwohner) **9**. Die Bürger der Stadt sind durch jahrhundertelangen Handel mit Fisch aus Skandinavien, Holz aus dem Baltikum und Wein aus Frankreich gegen Wolle, Salz und Getreide reich geworden. Der **Saturday Market Place** wird von der St. Margaret's Church überragt, an seiner Nordseite steht das schönste Gebäude der Stadt, die Trinity Guildhall aus dem Jahr 1421. Nahebei steht das **Old Goalhouse**, in dem sich nicht nur die Tourist Information befindet, sondern auch ein kleines Museum, das über die Geschichte der Kriminalität und des Strafvollzuges über die Jahrhunderte informiert (Ostern–Okt. tgl. 10–17 Uhr).

Am Hafen hat das mittelalterliche **Hanseatic Warehouse** die Zeiten überdauert, der Fachwerkmagazinspeicher wurde um 1475 erbaut. Am größeren Tuesday Market Place lohnt **St. George's Guildhall** von 1420 einen Blick, das älteste Zunftgebäude Englands. Ebenfalls am Marktplatz sollte man sich im Duke's Head Hotel aus dem Jahr 1689 ein Bier gönnen.

Tourist Information: Old Goalhouse

Im 13. und 14. Jh. war **Boston** **10** (20 000 Einwohner) einmal der zweitgrößte Hafen Englands und trieb einen prosperierenden Handel vor allem mit Flandern. Die reichen Kaufleute waren es dann, die Gelder für den Bau der **St. Botolph Church** spendeten, die im frühen 16. Jh. fertig gestellt war. Doch dann verließ das Glück die Stadt. Denn die Hauptwarenströme wandten sich nun nicht mehr dem Kontinent zu, sondern der Neuen Welt.

Die weitaus meisten Arbeiten an der Kirche wurden im 14. Jh. vorgenommen, der fast 90 m hohe Turm war erst 200 Jahre später fertig gestellt. Weil er keine Spitze hat, wird er auch „Boston Stump" genannt. Bei klarem Wetter konnte man ihn bis zu 35 km weit sehen, und so diente der Glockenturm als Landmarkierung sowohl den Kapitänen, die durch die Nordsee segelten, als auch den Reisenden, die durch die Fens zogen, ein ausgedehntes Heide- und Moorgebiet. Umgekehrt bietet sich von der Spitze des Stump ein weiter Blick über die Region.

Die **Cotton Chapel** im Innern erinnert an John Cotton, der um 1612 Vikar an St. Botolph war und später, nach dem Auszug der Pilgerväter nach Amerika, eine Führungsrolle unter den Puritanern in Boston/Massachusetts innehatte. Denn von Boston in England begann die Auswanderungswelle der frommen Männer in die Neue Welt.

Tourist Information: Spain Lane

Lincoln

Schon von weitem ist die Kathedrale auf einem steil ansteigenden Hügel über **Lincoln** **11** (90 000 Einwohner) zu sehen. Hoch ragen ihre drei Kirchtürme in den oft wolkenverhangenen Himmel. Sechs Jahre nach der normannischen Invasion, 1071, wurde Lincoln Bischofssitz, und sofort begann man mit der Errichtung einer Kathedrale. 114 Jahre später zerstörte ein Erdbeben das Gotteshaus, und Bischof Hugh of Avalon ordnete sofort den Neubau an. Im 14. Jh. waren die Arbeiten mit der Fertigstellung der Türme dann abgeschlossen.

Gegenüber der Kathedrale liegt Lincoln Castle, mit dessen Bau 1086 auf Befehl Wilhelms des Eroberers begonnen wurde. Lucy Tower, der Bergfried, ist der älteste Teil der Anlage. In den ehemaligen Verliesen der Festung ist heute eine kleine Ausstellung rund um eines der vier noch erhaltenen Exemplare der Magna Charta untergebracht (Sommer Mo–Sa 9.30–17.30, So 11–17.30, Winter bis 16 Uhr).

Wenn der Besucher nun vom Gipfel des Burg- und Kathedralhügels zum Stadtzentrum hinunterspaziert, so passiert er **Jew's House**, ein Fachwerkgebäude aus dem 12. Jh. Es erinnert bis heute an die große jüdische Gemeinde, die im Mittelaltern in Lincoln ansässig war. Heute ist in dem altehrwürdigen Gemäuer ein gutes Restaurant untergebracht.

Tourist Information: 9 Castle Hill

Blick auf die Burg von Lincoln

Der Westen

Ins Land William Shakespeares

Die Wiege der Industrialisierung Großbritanniens lag im Westen des Inselreiches. In der Wiege lag hier aber auch William Shakespeare, der Welt größter Dramatiker, und seit fast 1000 Jahren bildet die Universität von Oxford ihre Studenten aus. In den wie onduliert daliegenden Cotswold Hills entspringt die Themse, und der unter Naturschutz stehende Peak District ist im Sommer ein beliebtes Wanderziel der Städter.

Von Oxford zur Geburtsstadt Shakespeares

Gelehrsamkeit und Schlachtenruhm

Begonnen hat die Geschichte der weltberühmten Universitätsstadt **Oxford** 1 (120 000 Einwohner) schon in angelsächsischer Zeit. Die Normannen erbauten die Kathedrale und erkoren die Siedlung zur königlichen Residenz. Es heißt, dass die Anwesenheit Heinrichs I., genannt „The Scholar-King“, die ersten Studenten nach Oxford zog. Der Zustrom setzte ein, als die Pariser Sorbonne 1167 alle englischen Studenten vom Campus verwies. Schnell entstanden nun die ersten Colleges, vor allem als Stiftungen reicher kirchlicher Würdenträger, was sich sowohl in der Architektur als auch in der Disziplin niederschlug. Bis 1877 durften die Tutoren nicht heiraten, und erst seit 1920 können Frauen ein Examen ablegen.

35 Colleges hat Oxford, und jedes hat seinen eigenen Charakter. St. John gilt als das reichste, Wadham und Balliol gehören zum politisch linken Spektrum, und Christ Church hat die meisten Absolventen der bekannten Privatschulen. Rivalitäten zwischen den einzelnen Colleges sowie zwischen der Universität und der Stadt prägen deren Geschichte. Deutlich wurde dies im Bürgerkrieg, als die Universität Karl I. unterstützte, die Stadt aber das Parlament. Bis 1950 stellte die Universität gar zwei Unterhausabgeordnete.

Am zentralen Punkt der Stadt, **Carfax** genannt, dort, wo die Straßen St. Aldate, Cornmarket, Queen und High Street zusammentreffen, ragt der St. Martin's Tower auf, von dem man einen ersten Orientierungsblick über die Stadt hat. Wenige Schritte in Richtung Süden nach St. Aldate hinein passiert man linker Hand das **Museum of Oxford** (Di–Sa 10–17 Uhr). Einen Steinwurf weiter ragt der von Sir Christopher Wren entworfene Tom Tower in die Höhe und markiert den Haupteingang zum Christ Church, Oxfords größtem und prachtvollstem College (Mo–Sa 10.30–13, 14–16.30 Uhr). 1525 wurde es von Kardinal Wolseley, Kanzler von Heinrich VIII., gegründet. Pförtner mit feierlichem

Bowler Hat wachen darüber, dass hier nur Universitätsmitglieder Einlass finden, Besucher müssen das Gelände um die Ecke durch den Memorial Garden betreten. Von hier gelangt man direkt zur Kathedrale, die auch als College-Kapelle fungiert. Das normannische Gotteshaus erhebt sich über einer Stelle, an der einst ein von der sächsischen Prinzessin Frideswide gegründetes Kloster stand. Die heilig gesprochene Dame ruht in der Kathedrale.

Vom Tom Quad (Kurzform von Quadrangle = Innenhof) gelangt man über ein Treppenhaus in die Mensa, das größte Refektorium Oxfords. Hier hängen die Porträts herausragender einstiger Zöglinge. Über Peckwater und Canterbury Quad kommt man zur Christ Church Picture Gallery, die Werke italienischer Meister vom 15. bis 18. Jh. in ihrem Bestand hat, darunter Arbeiten von Leonardo da Vinci und Michelangelo. An das College-Gelände schließen sich die **Christ Church Meadows** an, durch die der River Thames fließt und die teilweise als Cricket Ground genutzt werden.

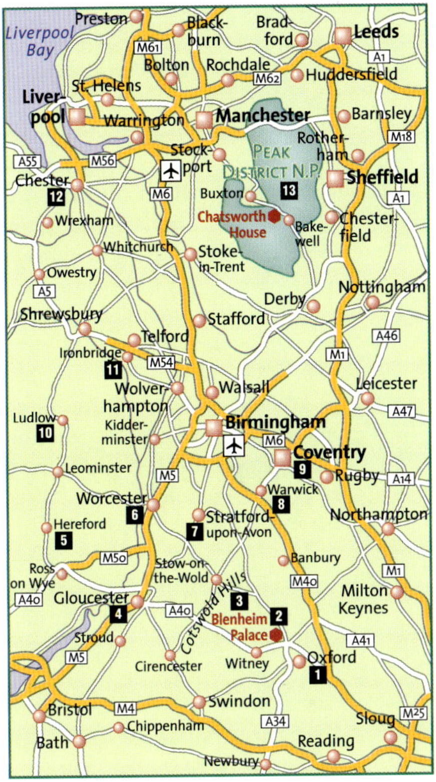

Zurück zum Carfax sollte man links in die Pembroke Street einbiegen, an deren Ende das **Museum of Modern Art**, auch MOMA genannt, zeitgenössische Kunst präsentiert (Di–Sa 10–18, So 14–18 Uhr). Vom Carfax in Richtung Osten verläuft die High Street, und hier liegt linker Hand **St. Mary's Church**, die Universitätskirche Oxfords (s. u.). Gegenüber führt eine Gasse, Magpie Lane, zur Merton Street und zum **Merton College** (tgl. 14–16 Uhr). Es gibt ältere und bekanntere Universitätseinrichtungen, aber Merton, eröffnet 1264, war Vorbild für alle anderen Colleges in Oxford und Cambridge. Denn hier wurden zum ersten Mal Studenten und Tutoren für Studium und Lehre unter einem Dach zusammengebracht. Außerdem hat Merton einige der ältesten Gebäude der Stadt aufzuweisen, so beispielsweise im Mob Quad. Bücherfreunde finden hier eine der schönsten mittelalterlichen Büchereien im Inselreich.

Zurück auf der High Street, liegt an der rechten Straßenseite **University College**, in Oxford nur kurz Univ genannt und 1249 gegründet. Das College ist Oxfords ältestete Universitätseinrichtung, doch nichts mehr datiert aus jener Zeit. Die meisten der Gebäude stammen aus dem 17. Jh. In unseren Tagen machte ein Student namens Bill Clinton Schlagzeilen, weil er im Univ zwar Haschisch geraucht, aber nicht inhaliert hatte.

Spaziert man vom Carfax Cornmarket Street hoch gen Norden, so gelangt man durch einen Eingang rechts in die **Covered Markets**, überdachte Markthallen. Am Ende von Cornmarket geht rechts Broad Street ab, an deren Ende das **Sheldonian Theatre** aufragt, das erste große Werk von Sir Christopher Wren und dem Marcellus-Theater in Rom nachempfunden. Heute dient es als Konzerthalle. Im Rücken des Sheldonian liegt die **Bodleian Library**, gegündet im 17. Jh. von Thomas Bodley. Nach der British Library in London ist die Bodleian die zweitgrößte Bibliothek des Inselreiches. Die Regale sollen eine Länge von insgesamt 80 Meilen haben.

Merton College in Oxford

Tourist Information: St. Aldates

Eine kurze Fahrt über die A 44 Richtung Nordwesten führt zum 15 km entfernten **Blenheim Palace** **2**, dem einzigen Herrensitz Großbritanniens, der sich Palast nennen darf (März–Okt. tgl. 10.30–17.30 Uhr). Als Dank für seinen Sieg in der Schlacht von Höchstädt und Blindheim während des spanischen Erbfolgekrieges bekam John Churchill, 1. Duke of Marlborough, von der Krone Geld und Ländereien, um sich damit einen angemessenen Familiensitz zu bauen. 300 000 Pfund bewilligte das Parlament, doch wurde die volle Summe nie ausgezahlt.

Blenheim ist der größte zivile Barockbau Englands. 1874 wurde hier Winston Churchill geboren. Begraben liegt Großbritanniens Kriegspremier auf dem Kirchhof von Bladon Church in Sichtweite des Palastes. Ein großer grüner Park, in dem es sich gut picknicken lässt, umgibt das prachtvolle Anwesen.

The Cotswolds

Eine der lieblichsten Landschaften in der ohnehin anmutigen englischen Countryside sind die **Cotswold Hills** **3**, die sich wie onduliert westlich von Oxford erstrecken. Nicht nur die Landschaft, auch die vielen kleinen Städtchen und Dörfer mit ihren alten Fachwerkhäusern und den gedrungenen normannischen Kirchen lohnen einen Besuch,

National Trust und English Heritage

1895 gründeten die Sozialarbeiterin Octavia Hill, der Rechtsanwalt Sir Robert Hunter und der Pfarrer Canon Hardwicke Rawnsley den National Trust for Places of Historic Interest or Natural Beauty. Der Trust kaufte alte Häuser und landschaftliche Sehenswürdigkeiten auf und war nach zwölf Jahren bereits so bekannt, dass ein Beschluss des Londoner Parlamentes die Organisation mit der „Erhaltung von Ländereien und Gebäuden historischen Intreresses für den Nutzen der Nation" beauftragte.

1937 beschloss das Unterhaus, dass demjenigen die Erbschaftssteuer erlassen wird, der sein Anwesen dem Trust hinterlässt. Fortan gingen immer mehr alte Adelshäuser in die Hände der Organisation über, die diese dann restauriert, erhält und der Öffentlichkeit zugänglich macht. Die alten Besitzer können in einem Nebenflügel wohnen bleiben. Da die Eintrittsgelder zu den Sehenswürdigkeiten des Trust hoch sind, sollte man für knappe 30 Pfund die Jahresmitgliedschaft erwerben – eine Ausgabe, die sich schon nach wenigen Besichtigungen amortisiert hat. Schottland hat seinen eigenen National Trust for Scotland. Wer aber Mitglied der englischen Organisation ist, kann auch alle Besitztümer des schottischen Trust kostenfrei besichtigen.

English Heritage ist eine staatliche Institution, die rund 13 000 Denkmäler und 300 000 unter Denkmalschutz stehende Gebäude erhält. Zu sämtlichen Sehenswürdigkeiten hat man gegen einen Jahresbeitrag von ca. 20 Pfund freien Eintritt.

so beispielsweise die Zwillingsweiler **Lower** und **Upper Slaughte** oder **Burton-on-the-Water**, in deren flachen Flüsschen an Sommertagen gerne die Kinder plantschen, während die Eltern von den Bogenbrücken die Füsse ins Wasser baumeln lassen. Wegen seiner vielen Antiquitätengeschäfte, den mit Schieferschindeln gedeckten Fachwerkhäusern und dem ältesten Pub Großbritanniens, **The Royalist Inn** aus dem Jahr 974, wird **Stow-on-the-Wold** gerne besucht. Ausdauernde Wanderer werden sicher den Cotswold Path, einen Langstreckenwanderweg, unter die Stiefel nehmen wollen, der über 160 km von Chipping Camden nach Bath verläuft.

Von Gloucester nach Worchester

Gloucester 4 (20 000 Einwohner) liegt am östlichen Ufer des River Severn. Schon die Römer legten in einer Schleife des Flusses eine geschützte Garnison an. In den Anfangsjahren der normannischen Herrschaft traf sich Wilhelm der Eroberer hier mit dem Hochadel, um Regierungsgeschäfte zu besprechen. Schon die Sachsen hatten hier ein Kloster gegründet, und die Benediktiner errichteten drei Jahre nach der Invasion eine große Abteikirche. Nachdem die sterblichen Überreste des 1327 ermordeten Königs Edward II. hier ihre letzte Ruhe fanden, wallfahrteten Pilger zu seinem Schrein, und die Abtei kam zu Ansehen und Reichtum. Mit dem Geld finanzierten die Brüder den vollständigen Umbau ihres normannischen Gotteshauses im gotischen Perpendicular Style, und das Ergebnis war derart prachtvoll, dass Heinrich VIII. die Kirche in den Status einer Kathedrale erhob. Besonders eindrucksvoll ist das um 1350 fertig gestellte Ostfenster – mit einer Höhe von gut 25 m eines der größten mittlalterlichen Kirchenfenster Großbritanniens.

In der Brunswick Road im Stadtzentrum macht das **City Museum** mit der Geschichte der Stadt und des Umlandes bekannt (Mo–Sa 10–17 Uhr). Nicht versäumen darf man einen Besuch der Docks, deren Anlagen in den letzten Jahren restauriert wurden und in denen sich viele Cafés und Pubs befinden.

Tourist Information: St. Michael's Tower, The Cross

In einer schützenden Schleife des River Wye strategisch günstig gelegen, diente **Hereford** 5 (15 000 Einwohner) einst als Grenzbefestigung gegen Wales. Schon seit dem Jahr 700 besaß der Marktort eine Kathedrale, im 13. Jh. schließlich entstand ein großes Gotteshaus im gotischen Stil. 1786 stürzte der Turm in sich zusammen. Die dadurch resultierenden Schäden sind bis heute nicht befriedigend behoben worden. Dessen ungeachtet birgt die Kathedrale in der Krypta einen bedeutenden Schatz, nämlich eine Mappa Mundi, eine Weltkarte aus dem Jahr 1289 – bis heute die einzig bekannte Karte aus jener Zeit. Damit nicht genug, enthält das Gotteshaus die weltgrößte Chained Library. Gut 2000 Bücher aus dem 8. bis zum 15 Jh. sind angekettet, damit sie nicht gestohlen werden.

Seit Jahrhunderten ist Hereford im ganzen Inselreich bekannt für seine Cider-Produktion. Freunde des Apfelweines werden eine Tour durch Bulmer's Cider Factory in der Plough Lane sicher nicht versäumen wollen

Tourist Information: Castle Street

Wenn sie den Namen **Worcester** 6 (25 000 Einwohner) hören, denken nicht nur die Briten spontan an die gleichnamige Würzsauce. Worcester Sauce reicht der Brite gerne zum morgendlichen Bacon and Eggs. Die Skyline der Stadt wird von der normannischen Kathedrale beherrscht, in der Englands verhasstester König, Johann Ohneland, bestattet ist. Sein Schrein steht vor dem Hauptaltar. Ältester Teil des Gotteshauses ist die Krypta, die sich unter dem sächsischen Kloster befand, das 983 vom hl. Oswald gegründet wurde.

Hinter der Kathedrale in der Severn Street bietet das **Dyson Perrins Museum** Informationen über Worcesters landesweit bekannte Porzellanindustrie (Mo–Fr 9.30–17, Sa 10–17 Uhr). Seit Mitte des 18. Jh. wird exquisites Porzellan in der Stadt hergestellt. Das Museum arbeitet mit der Royal Worcester Factory zusammen, die man auf geführten Touren besichtigen kann.

Tourist Information: Guildhall, High Street

Auf Shakespeares Spuren

Wenige Kilometer östlich der Hauptstadt der Würzsaucen liegt die Kultstätte der Shakespeare-Gemeinde, **Stratford-upon-Avon** 7. In der sympathischen Marktstadt (100 000 Einwohner) erblickte 1564 der größte Dramatiker englischer Sprache das Licht der Welt. Sein **Geburtshaus** steht in der Henley Street und ist umrahmt vom Birthplace Museum, das weitere Informatio-

Anne Hathaway's Cottage wäre auch ohne den literarischen Ruhm eine Besichtigung wert.

nen über Leben und Werk des Dichters vermittelt (März–Okt. Mo–Sa 9 –17.30, So 10–17.30, ansonsten 10.30 –16 Uhr). Im vermeintlichen Geburtszimmer des Fachwerkhauses haben illustre Besucher ihre Namen mit Diamantringen in die Glasscheibe geritzt, so u. a. Sir Walter Scott und der Historiker Thomas Carlyle. Das spärliche Mobiliar im Haus datiert zwar aus Shakespeares Zeiten, gehörte aber nicht der Familie. In der Chapel Street stand einst das Haus New Place, Shakespeares Wohnsitz nach seinem Rückzug aus London. Nach einem Brand 1759 ließ es der damalige Besitzer, Reverend Francis Gastrell, nicht wieder aufbauen; der schon damals florierende Shakespeare-Tourismus hatte den Besitzer verdrossen. Heute lädt hier der Shakespeare Memorial Garden zur Rast ein. Wie New Place einmal ausgesehen haben könnte, das zeigt neben dem kleinen Park **Nash House**, das dem Ehemann von Shakespeares Enkelin gehörte – heute das Stadtmuseum (März–Okt. 9.30 –17, So 10.30–17, sonst 10–16 Uhr).

Am Ufer des Avon liegen das **Royal Shakespeare Theatre** sowie das **Swan Theatre**, Ersteres hat nur die Stücke des Meisters auf dem Programm, Letzteres zeigt Schauspiele seiner Zeitgenossen, etwa von Ben Jonson. Ebenfalls nahe dem River Avon ragt die **Holy Trinity Church** auf, in der Shakespeare 1616 zur letzten Ruhe gebettet wurde. 2 km westlich vom Stadtzentrum findet der Shakespeare-Jünger im Weiler Shotterey Anne Hathaway's Cottage, das Häuschen jener Frau, die der Meister 1582 heiratete (März –Okt. Mo–Sa 9–17.30, So 10–17.30, ansonsten bis 16 Uhr).

Tourist Information: Bridgefoot

Wer so auf Shakespeares Spuren wandelte, sollte den kurzen Weg nach **Warwick** 8 (15 000 Einwohner) nicht scheuen, gilt Warwick Castle doch allgemein als größte

William Shakespeare

Wenig nur ist bis heute über eines der größten literarischen Genies der Welt bekannt. William Shakespeare hat wahrscheinlich am 23. April 1564 das Licht der Welt erblickt, seine Geburt wurde drei Tage später im Kirchenregister verzeichnet. Da Stratford über eine Grammar School verfügte, nimmt man an, dass der Junge hier zur Schule ging. Mit 18 Jahren heiratete Shakespeare 1582 die schon schwangere und acht Jahre ältere Ann Hathaway. Erst 1592 gibt es den nächsten Hinweis auf den Dichter, doch da ist er in der Hauptstadt London schon ein populärer Dramatiker am Globe Theatre. Von seinen Einnahmen kauft er sich in Stratford das große Anwesen New Place, wenig später 43 Hektar Ackerland und erwirbt noch ein zweites Haus. Shakespeare tut nichts, um sich bleibenden Ruhm zu sichern. Er lässt keines seiner Stücke drucken und versucht auch nicht, eine Gesamtausgabe seiner Werke zu initiieren, wie es andere schreibende Zeitgenossen taten. Shakespeare lebt derart unauffällig im großen London, dass die Forscher bisher nur ganz wenige gesicherte Spuren gefunden haben. Um 1611 gibt er das Theaterleben auf und kehrt nach Stratford zurück, am 23. April 1616 stirbt er, wie es heißt, nach einem Saufgelage mit seinem Freund und Kollegen Ben Jonson. Erst sieben Jahre nach seinem Tod erscheint die erste Ausgabe mit seinen gesammelten Stücken. Im vergangenen Jahrhundert tauchte erstmals die These auf, dass Shakespeare nur den Strohmann für einen adligen Dichter abgegeben hat; denn Schauspiele zu schreiben galt in jenen Tagen als nicht standesgemäß. Francis Bacon, ja selbst Königin Elisabeth wurden hinter den Werken vermutet. Bis heute hält sich das Gerücht, Edward de Vere, der 17. Earl of Oxford, sei der wahre Dichter gewesen. Doch der war während Shakespeares größter Schaffensphase längst tot. Er hätte also stapelweise Theaterstücke hinterlassen haben müssen – ein doch etwas unglaublicher Gedanke!

Das majestätische Warwick Castle

mittelalterliche Burg Großbritanniens. In der Tat ist der Anblick der Festung eindrucksvoll. 914 entstand hier auf Geheiß Ethelfledas, der Tochter Alfreds des Großen, die erste Wehranlage. Die Normannen errichteten erst ein hölzernes Kastell, das aber schon bald durch eine Burg aus Stein ersetzt wurde. Die weitaus meisten der heute sichtbaren Bauten errichtete die Sippe der Beauchamps im 14. Jh. Viele Gefangene schmachteten in den Verliesen des Caesar's Tower, wo sie schlichtweg vergessen wurden. Heute gehört die Burg leider dem Unternehmen Madame Tussaud's, und so kann man sich denken, was es im Innern zu sehen gibt (tgl. 10–17.30 Uhr). Nach dem Besuch sollte man einen Spaziergang durch das freundlich-verschlafene Örtchen unternehmen.

Tourist Information: The Court House, Jury Street

Nordwärts
Von Coventry nach Chester

Der Ritt der mitleidigen Lady

Die große Industriestadt **Coventry** 9 (310 000 Einwohner) war einst berühmt nicht nur für ihre Fabriken, sondern für ihre Schönheit. Im November 1940 legte die deutsche Luftwaffe die Stadt in Schutt und Asche, Abertausende Bewohner kamen ums Leben. Die ausgebrannten Ruinen der Kathedrale erinnern noch heute an die Schrecken des Krieges, doch daneben ragt das neue Gotteshaus, erbaut 1962 von Sir Basil Spencer, in den Himmel. Benjamin Britten schrieb zur Einweihung ein War Requiem. Die Ruinen der alten Kathedrale dienen alle drei Jahre als Kulisse für die im ganzen Inselreich bekannten Mysterienspiele.

Die berühmteste Figur der Stadt ist Lady Godiva, die Gattin von Leofric, einem adeligen Grundherrn aus dem 11. Jh. Aus Mitleid mit den übermäßig belasteten Untertanen ihres Ehemannes ritt sie nackt durch die Stadt, wobei ihr langes Haar ihre Blößen notdürftig bedeckte. Im Ortszentrum erinnert eine lebensgroße Statue Lady Godivas an den erfolgreichen Protest.

Tourist Information: Bayley Lane

Statt schnurstracks über die Autobahn bis Liverpool zu brausen, fahren wir Richtung walisische Grenze bis **Ludlow** 10 und genießen dort die Atmosphäre eines freundlichen Landstädtchens, wie es nur die englische Countryside hervorbringen kann. Uralte schwarzweiße Fachwerkhäuser mit hohen Giebeln aus der Tudor-Ära, blumengeschmückte Fassaden und kopfsteingepflasterte Straßen verleihen dem Marktflecken seinen Charme. Über dem River Teme erhebt sich die 900 Jahre alte Burg, die eine wichtige Rolle in den Grenzscharmützeln zwischen Engländern und Walisern spielte (tgl. 10.30–16, Mai–Okt. bis 15 Uhr). Heute dient sie als Kulisse für das alljährlich im Juni und Juli stattfindende Theater-Festival.

Entlang der Broad Street reihen sich viele der rund 500 unter Denkmalschutz stehenden Häuser der Stadt. Das allerschönste Fachwerkhaus ist ohne Zweifel Feather's Hotel in der Corve Street mit seinen geschnitzten Balken und den Wandbemalungen.

Tourist Information: Castle Street

Auf dem Weg nach Norden geht es weiter bis **Ironbridge** 11. Stolz nennt sich das kleine, unscheinbare Örtchen „Wiege der Industrialisierung" – und das ist auch gar nicht so falsch. Denn in Ironbridge begann die Fertigung von Gusseisen. Die ausgedehnten Wälder lieferten die notwendige Holzkohle, das Erz konnte sogar im Tagebau geschürft werden, und auf dem River Severn wurden die Eisenteile dann transportiert. Schlagender Beweis für das handwerkliche Können der Eisengießer ist die gusseiserne Brücke über den Severn, die von Abraham Darby 1779 errichtet wurde. Die für die damalige Zeit ungeheuer kühne Konstruktion war die erste Eisenbrücke der Welt und überspannte den Fluss auf einer Länge von sage und schreibe 33 m. Im Old Tollhouse am südlichen Ufer kann man sich eine Ausstellung über Herstellung und Aufbau der Brücke ansehen. Das **Ironbridge Gorge Museum**, das eigentlich gleich aus sieben Museen besteht, informiert umfassend über die beginnende Industrialisierung; während des Sommers werden einige alte Produktionstechniken für die Besucher nachgestellt, ein Shuttle-Bus verbindet die einzelnen Bereiche (tgl. 10–17 Uhr).

Wo man übereinander einkaufen kann

Ein noch 3 km langer Wall aus römischer und mittelalterlicher Zeit umschließt den Innenstadtkern von **Chester** 12 (120 000 Einwohner) mit seinen ehrwürdigen Gebäuden aus der Tudorzeit und der Viktorianischen Ära. 79 n. Chr. gründeten die Römer im einstigen Deva Castra ihre größte Garnison in England. Später lag die Stadt günstig an der Handelsroute, die über Nord-Wales nach Irland verlief, und die ortsansässigen Kaufleute kamen zu Wohlstand. Während des Bürgerkrieges wurde die Stadt fast zwei Jahre lang belagert.

Man kann auf der Stadtmauer entlangspazieren und passiert dabei auch den **King Charles's Tower**; von diesem Punkt aus beobachtete Charles I. die Niederlage seines Heeres. Im Innern ist eine Ausstellung untergebracht, die sich mit den Wirren des Bürgerkrieges und der Belagerung beschäftigt (April–Okt. Sa 10–17, So 14–17 Uhr). Der **Water Tower** ein Stückchen weiter zeigt Exponate zur Handelsgeschichte. Von hier hat man auch einen guten Blick auf den Rodee, Englands älteste Rennbahn, die auf dem Grund steht, an dem sich einmal die römischen Docks befanden.

Im Stadtzentrum sind einige Straßen gesäumt von den so genannten **Rows**. Dies sind uralte, miteinander verbundene Fachwerkhäuser, die im ersten Stock über den Geschäften eine Arkadengalerie aufweisen. So entstand eine zweite Ladenpassage. Der Ursprung dieser Architektur ist nicht ganz geklärt, aber die Rows wurden erstmals nach dem verheerenden Feuer von 1278 in den Chroniken erwähnt. Die Historiker nehmen an, dass auf den Resten der ausgebrannten Häuser neue Stockwerke errichtet wurden.

In der Bridge Street sollte sich der geschichtsbewusste Besucher im **Chester Heritage Centre** über die Entwicklung der Stadt informieren (Mo–Sa 10–17, So 12–17 Uhr). Viele Ausstellungsstücke führen durch die Zeiten von den Römern bis zur industriellen Revolution. Die einstige Abteikirche, geweiht 1092, wurde in den folgenden Jahrhunderten mehrfach umgebaut und erweitert, Heinrich VIII. verlieh ihr den

Status einer Kathedrale. Das **Grosvenor Museum** in der gleichnamigen Straße zeigt archäologische Funde aus der Region sowie ein gut restauriertes georgianisches Haus (tgl. 9–17 Uhr). Drohend erhebt sich in der Castle Street die normannische Burg, die auf Geheiß Wilhelms des Eroberers erbaut wurde. Die Geschichte der Burg wird in einer Reihe von Zellen im Guard Room anschaulich gemacht (Ostern–Sept. tgl. 10–18, ansonsten 10–13, 14–16 Uhr). Südlich davon gelangt man in die Roman Gardens, auf deren Areal die Wissenschaftler viele Funde gemacht haben. Hier ist auch ein großer Teil des ehemaligen römischen Amphitheaters ausgegraben worden (Öffnungszeiten wie die Burg).

Tourist Information: Town Hall, Northgate Street

Die Rows in Chester – übereinander liegende Arkaden

Maria Stuarts Rheuma

Für die Bewohner der mittelenglischen Industriestädte Manchester, Sheffield oder Leeds ist der rund 1400 km² große, unter Naturschutz stehende **Peak District** 13 ein wichtiges Naherholungsgebiet. Der Peak war der erste Nationalpark Englands. Beim Durchwandern ändert sich das Landschaftsbild fast mit jedem Schritt. Hecken und Feldsteinmauern geben dem Auge Halt, Felder, Hügelweiden, Hochmoore und Sumpfgebiete werden von schroffen Hängen abgelöst. Im Kurort **Buxton** fließen heilkräftige Thermalquellen mit einer konstanten Temperatur von 28 °C aus der Erde. Schon vor Jahrhunderten waren die Quellen so berühmt, dass man es Maria Stuart gestattete, hier Linderung vom Rheumatismus zu suchen. In einer Tropfsteinhöhle 2 km außerhalb des Ortes entspringt der River Wye.

6 km westlich von Bakewell liegt **Chatsworth House**, im 17. Jh. vom 1. Duke of Devonshire erbaut und prachtvoll eingerichtet. Eine mächtige palladianische Front beeindruckt auch heute noch jeden Besucher. Die Residenz ist eingebettet in einen großen, formalen Garten und liegt inmitten eines riesigen Parks, der von dem Landschaftsarchitekten Capability Brown gestaltet wurde (März–Okt. tgl. 11–16.30 Uhr).

Süßwasserfische

Die Welt unter Wasser ist zwar schwerer zu beobachten, aber nicht weniger faszinierend als das Leben an Land. In den zahllosen Bächen, Flüssen und Seen Großbritanniens findet sich eine artenreiche Tier- und Pflanzenwelt, darunter zahlreiche Süßwasserfische, die nicht nur den Naturfreund begeistern, sondern auch alljährlich Tausende Angler aus ganz Europa herbeilocken.
Wie bei allen Lebewesen hängt auch bei den Fischen das Vorkommen von bestimmten ökologischen Verhältnissen ab. Während Aale, Rotaugen und Hechte in unterschiedlichsten Gewässertypen leben können, sind andere Arten in ihrem Vorkommen eingeschränkt: Da gibt es zum einen solche, die stehende Gewässer bevorzugen (z.B. Schleie, Karausche), und andere, die sich auf ein Leben in Fließgewässern spezialisiert haben. Von der Quelle eines Baches über die Entwicklung vom Fluss zum Strom verändern sich wichtige Umweltfaktoren wie Fließgeschwindigkeit des Wassers, Gewässerbreite und -tiefe, Untergrund, Temperatur und Sauerstoffgehalt. In diesen Gewässerabschnitten leben charakteristische Fischgemeinschaften, denen Leit-Fischarten einen Namen gaben: Die schnell fließenden, kalten und sauerstoffreichen Quellbäche werden Forellenregion genannt. Hier leben neben den namengebenden Bachforellen z.B. Groppen, Elritzen und Schmerlen. Zur Äschenregion gehören langsamer fließende Bäche und kleinere Flüsse, deren Untergrund aber noch steinig und kiesig ist. Neben Äschen finden sich hier Gründlinge und Döbel. Zur Laichzeit steigen die Lachse bis in diese Region auf. Es folgt flussabwärts die so genannte Barbenregion, in der Barben, Rotfedern und Flussbarsche leben. Es handelt sich hier um schnell fließende Flüsse, die mittlerweile breiter, tiefer, ruhiger und wärmer geworden sind. Die nachfolgenden langsam fließenden Flussabschitte und Ströme bilden die Brachsenregion. Hier finden wir neben den Brachsen u.a. solche Arten, die auch in Stillgewässern zu finden sind. Der Mündungsbereich der Flüsse ins Meer schließlich wird Kaulbarsch- oder Brackwasserregion genannt. Hier bewegt sich die Fließgeschwindigkeit gegen null, das Wasser ist meist trüb und warm, der Untergrund schlammig und der Sauerstoffgehalt niedrig. Begleitarten des Kaulbarschs sind beispielsweise der Dreistachelige Stichling, die Flundern und Stinte.
Eine andere Einteilung der Fischarten geht von deren Wanderverhalten während der Fortpflanzungsperiode aus: Standfische (stationäre Fische) entfernen sich im Laufe ihres Lebens nicht sonderlich weit von ihrem Standort. Beispiele dafür sind Hechte, Rotfedern, Schleien und Elritzen. Wanderfische hingegen nehmen Wanderungen von Hunderten und Tausenden von Kilometern auf sich, meist um ihre Laichplätze aufzusuchen. Ziehen die Fische dabei zum Laichen vom Süßwasser ins Meer, bezeichnet man sie als katadrome Wanderfische. Bekanntestes Beispiel dafür ist der Aal: Während der Fress- und Wachstumsphase lebt er im Süßwasser, um schließlich zur Fortpflanzung in die Sargasso-See im Westatlantik zu wandern. Die Larven des Aals werden vom Golfstrom erfasst und gelangen auf diesem Weg quer über den Atlantik an die Küsten Europas. Lachse hingegen gehören zu den anadromen Wanderfischen: Sie leben im Meer und ziehen zur Fortpflanzung in die Süßgewässer, wo sie nach dem Ablaichen meist verenden.

1 Flussneunauge / European River Lamerey / *Lampetra fluviatilis*
2 Aal / European Eel / *Anguilla anguilla*
3 Bachforelle / Brown Trout / *Salmo trutta*
4 Atlantischer Lachs / Salmon / *Salmo salar*
5 Seesaibling / Charr / *Salvelinus alpinus*
6 Äsche / Grayling/ *Thymallus thymallu)*
7 Hecht / Pike / Esox lucius
8 Plötze, Rotauge / Roach / *Rutilus rutilus*
9 Elritze / Eurasian Minnow / *Phoxinus phoxinus*
10 Rotfeder / Rudd / *Scardinius erythrophthalmus*
11 Brachsen, Blei / Carp Bream / *Abramis brama*
12 Gründling / Gudgeon / *Gobio gobio*
13 Schleie / Tench / Tinca tinca
14 Karausche / Crucian Carp / *Carassius carassius*
15 Karpfen / Carp / Cyprinus carpio
16 Bitterling / Bitterling/ *Rhodeus sericeus*
17 Schmerle / Stone Loach / *Barbatula barbatula*
18 Dreistachliger Stichling / Three-spined Stickleback / *Gasterosteus aculeatus*
19 Flussbarsch / European Perch / *Perca fluviatilis*
20 Groppe, Mühlkoppe / Bullhead / *Cottus gobio*

(–130 cm)
2
(–50 cm)
3
1 (30–40 cm)
4 (60–100
5 (15–75 cm)
6 (30–50 cm)
(20–30 cm)
8
7 (–100 cm)
9 (6–10 cm)
10 (20–30 cm)
11
(25–40 cm)
13 (20–30 cm)
(15–30 cm)
14
16
12 (8–15 cm)
(5–6 cm)
18 (4–8 cm)
17 (8–12 cm)
15 (30–70 cm)
(20–35 cm)
20
(10–15 cm)
19

Der Norden

Seen, Berge, verträumte Städte

York zählt zu den schönsten Städten Englands und dokumentiert mit vielerlei Sehenswürdigkeiten seine reiche Vergangenheit. Der Lake District ist mit den vielen Seen und den hoch aufragenden Bergen die englische Bilderbuchlandschaft par excellence. Wanderer kommen aber auch in den Yorshire Dales und dem North York Moor National Park auf ihre Kosten. Durham ist ein verträumtes Universitätsstädtchen, in dem die Studenten ihre betulichen Mitbürger auf Trab halten.

Yorkshire

Im Bann der Wikinger

Stadt der Römer und Wikinger

York **1** (110 000 Einwohner) ist ohne Zweifel die schönste Stadt im Norden Englands, dazu ein ideales Standquartier für die Erkundung der Region.

71 n. Chr. gründeten die Römer hier eine Garnison und unter dem Namen Eboracum wurde der Ort ein bedeutendes Verwaltungszentrum. Auch unter den Sachsen ging der Stern der Stadt nicht unter, Ostern 627 taufte Bischof Paulinus König Edwin von Northumbria. Sechs Jahre später bekam die Stadt ihr erstes Münster, und Paulinus avancierte zum Erzbischof. Bis heute teilen sich die Erzbischöfe von York und Canterbury die geistliche Aufsicht über England. 867 fiel die Stadt an die Dänen, die sie Jorvik tauften. 1066 zog der englische König Harold gegen den Dänen Harald, und in der Schlacht an der Stamford Bridge, 9 km östlich vom heutigen Zentrum, wurden die Nordmänner vernichtend geschlagen. Doch es war ein Pyrrhus-Sieg für Harold. In Eilmärschen musste er mit seinem geschwächten Heer gen Süden ziehen,

denn dort war mittlerweile der Normanne Wilhelm gelandet. Harold verlor Schlacht und Leben, und fortan herrschten die Normannen in England. Einige Jahrhunderte später wurde der Parlamentsattentäter Guy Fawkes in York geboren, und während des Bürgerkrieges hielt Charles I. hier Hof.

Die industrielle Revolution ging weitgehend an der Stadt vorbei, Aufschwung und Handel brachte um 1840 die Eisenbahn. Heute leben die Einwohner vom Tourismus.

Nicht zu übersehen ist York Minster, Sitz des Erzbischofs und angeblich das größte gotische Gebäude im Land. Im Inneren des Gotteshauses sind vor allem die Fenster im Haupt- und in den Querschiffen künstlerisch von Bedeutung. Das Great East Window beispielsweise datiert aus dem Jahr 1405, hat eine Höhe von 25 m und eine Breite von 10 m. Damit ist es das größte mittelalterliche Bleiglasfenster der Welt. Auch eine Besichtigung der Krypta darf man nicht auslassen, und die Besteigung des Turmes ist allein schon wegen der Ausblicks obligatorisch.

Am Monk's Bar genannten Tor, einen Steinwurf östlich vom Münster, kann man auf der alten, aus dem 14. Jh. stammenden Stadtmauer einen Rundgang in Richtung auf das Bootham Bar machen und hat dabei schöne Blicke auf die Stadt und das Gotteshaus. Die beiden weiteren Stadttore, deren sich York noch rühmen kann, sind Micklegate Bar im Südwesten und Walmgate Bar im Südosten. Auf dem Erstgenannten wurden einst die Köpfe der Hingerichteten zur Schau gestellt.

Auf einem Spaziergang durch die romantischen Straßen und Gassen wird man auch in die enge **Shambles** geraten, die vollständig von schwarzweißen Fachwerkhäusern gesäumt ist. Der Name geht auf die Metzger zurück, die in der damaligen Zeit Shammels genannt wurden und hier ihrem Beruf nachgingen. Parallel zu den Shambles verläuft der täglich stattfindende **Newgate Market** mit seinen vielen überdachten Ständen. Anheimelnd ist auch **Stonegate** mit den kleinen Geschäften in uralten Ladenfronten. Das Pub **Ye Olde Star Inn** ist die älteste Taverne der Stadt und erhielt seine Konzession 1644. Im Süden des Zentrums liegt **York Castle**, das

Tipp

Haus der schreibenden Schwestern

In der Pfarrei des kleinen Örtchens Haworth wurde Literaturgeschichte geschrieben, denn dort dachten sich die drei Schwestern Emily, Anne und Charlotte Brontë die Handlungen für ihre Romane aus, die heute zu den Klassikern der englischsprachigen Literatur zählen und nach wie vor gelesen werden. Die steile, gepflasterte Dorfstraße ist mit gut restauriertem, altem Gemäuer bestanden – eine beliebte Filmkulisse. Fast am höchsten Punkt steht noch immer das Pub The Black Bull, in dem sich Branwell, der Bruder der Schwestern, künstlerisch ebenso begabt wie diese, schon in jungen Jahren zu Tode trank. Dahinter steht die Kirche, an der Reverend Brontë wirkte, und dann kommt die Parsonage, das Pfarrhaus (Öffnungszeiten: tgl. 10–17 Uhr), in dem die Geschwister ihr – ausnahmslos kurzes – Leben verbrachten. Haworth liegt an der A 6033, ca. 50 km nordöstlich von Manchester.

North York Moor National Park

Über eine Fläche von rund 1500 km^2 erstrecken sich nordöstlich von York Hochlandmoore und bewaldetes Hügelland – der North York Moor National Park. Bronzezeitliche Siedler rodeten die ausgedehnten Wälder, und so sind heute 40% des Parks mit Erika bedeckt. Auf den Feuchtflächen der Heide leben das schottische Moorschneehuhn, der Goldregenpfeifer, der Wiesenpieper und der Merlin. In den Laubwäldern jagen Dachs und Fuchs, Hasen hoppeln umher, Rehe und Hirsche äsen auf Waldlichtungen, in den Bächen ist der Fischotter noch immer verbreitet, und auch das Hermelin finden wir hier.
Der beliebteste Wanderweg durch den Naturpark ist der Lyke Wake Walk, der von Otmotherley an der westlichen Parkgrenze über 64 km nach Ravenscar an der Küste verläuft. Viele der Moorpfade, über die heute die Wanderer spazieren, wurden im Mittelalter von Mönchen angelegt, die ihre Waren auf Ponys zu den Klöstern schafften. Trods, Causeway oder Panniermen's Track nennt man die Wege bis heute. Den frommen Brüdern verdanken wir auch die Hochkreuze, die in unseren Tagen wichtige Wegmarkierungen sind; mehr als 30 davon stehen noch. Das älteste ist das Lilla Cross nahe Ellerbeck Bridge im Fylingdales Moor; es datiert aus dem 7. Jh. Insgesamt gibt es rund 1600 km Wanderwege. Wer auf einer beschaulichen Fahrt den Nationalpark erleben möchte, der ist im Städtchen Pickering an der richtigen Stelle. Von hier verkehrt die schnaufende Dampflok mit ihren alten gut restaurierten Waggons der North Yorkshire Moors Railway durch das Heidegebiet.

von William the Conqueror in Auftrag gegeben wurde, von dessen Ursubstanz aber nur noch wenig erhalten ist. 1262 ließen die damaligen Autoritäten den Bergfried Clifford's Tower in die alte Anlage einsetzen; bei einer Besichtigung kann man sich im Innern mit der mittelalterlichen Wehrtechnik vertraut machen (April–Sept. tgl. 10–18, ansonsten bis 16 Uhr).

Im Castle Museum wird das soziale und kulturelle Alltagsleben in York über vier Jahrhunderte wieder lebendig (April–Okt. Mo–Sa 9.30–16, So 10–17.30, ansonsten 9.30–16, So 10–16 Uhr). Das **Jorvik Viking Centre** zeigt, wie die Bewohner mit der Bedrohung durch die Wikinger lebten, die über Jahrhunderte immer wieder marodierend in England einfielen (April–Okt. tgl. 9–19, ansonsten 9–17.30 Uhr). Im York Museum, In der Museum Street, flnden sich römische, angelsächsische und nordische archäologische Funde sowie Stücke aus dem Mittelalter (Ostern–Okt. tgl. 10–17, ansonsten Mo–Sa 12–17, So 13–17 Uhr). Am Exhibition Square schließlich zeigt die **City Art Gallery** ihre Sammlung britischer, früher italienischer und nordeuropäischer Meister (Mo–Sa 10–17, So 13.30–17 Uhr). Wer sich hingegen mehr für Dampfeisenbahnen interessiert, der ist im **National Railway Museum** neben dem Bahnhof an der richtigen Adresse; über 50 Lokomotiven sind ausgestellt, darunter befindet sich auch die legendäre Mallard, mit über 200 km/h einst die schnellste Lok der Welt (Mo–Sa 10–16, So 11–18 Uhr).

Tourist Information: De Grey Rooms, Exhibition Square

Whitby und Durham

Das freundliche und traditionsreiche Flscherstädtchen **Whltby** 2 (35 000 Einsohner) wird durch die

Mündung des River Esk zweigeteilt und erstreckt sich gleichmäßig groß an beiden Ufern – die Old Town hauptsächlich im Osten, die New Town mit ihren Hotels und Ferienwohnungen im Westen. Am Ende der Church Street sollte man in die Fußstapfen von Bram Stokers „Dracula" treten und die 199 Stufen zur Hügelspitze hochsteigen. In dieser sog. „gotischen Novelle" verbreitet der gefürchtete Blutsauger von der dort oben gelegenen Whitby Abbey aus Angst und Schrecken.

Das Kloster, dessen Reste auf dem Hügel zu sehen sind, wurde 657 von der hl. Hilda von Harlepool, Tochter des Königs Oswy of Northumberland, gegründet. Schon sieben Jahre später war es so bekannt geworden, dass hier die Synode von Whitby stattfand, in der wichtige Beschlüsse zur Christianisierung Englands gefasst wurden. Ein 6 m hohes Hochkreuz erinnert an Caedmon, einen der ersten Mönche des Klosters, der Hildas Schweinehirt gewesen sein soll. Auf ihn geht das neunzeilige Gedicht „Song of Creation" zurück, die ersten poetischen Verse, die in englischer Sprache niedergeschrieben wurden. Die ursprüngliche Abtei wurde 867 von den Dänen in Schutt und Asche gelegt. 1078 gründeten Benediktiner die geistliche Stätte neu.

Im Ortszentrum, nahe der Drehbrücke, steht in der Grape Lane das Haus von John Walker. Bei diesem reichen Schiffseigner ging ein gewisser James Cook in die Lehre. Im Haus informiert das **Captain Cook Memorial Museum** mit vielen Exponaten über den Entdecker (April–Okt. Mo, Di, Do–Sa 9.45–17, Mi 14–17 Uhr). Die Endeavor, eines von Cooks Expeditionsschiffen, war einer jener typischen Kohlefrachter, wie sie in Whitby viel gebaut wurden. Die Locals nannten diese plumpen Schiffe „Cats". Besonders gut ließen sie sich in engen Flussmündungen manövrieren. An der Pier Road am Hafen unterrichtet das **Whitby Lifeboat Museum** über die Seenotrettung im Laufe des letzten Jahrhunderts, und auch das **Pannet Park Museum and Art Gallery** beschäftigt sich mit Whitbys Seefahrertradition (Mai–Sept. Mo–Sa 9.30–17.30, So 14–17, ansonsten Mo, Di 10.30–13, Mi–Sa 10.30–16, So 134–16 Uhr).

Tourist Information: Langborne Road

Über Middlesbrough geht es nach **Durham** 3 (85 000 Einwoh-

York zählt zu den schönsten Städten Englands.

ner). Die sympathische Universitätsstadt wird an drei Seiten vom River Wear umflossen und war damit in früheren Tagen gut zu verteidigen. Auf dem alten, gepflasterten Marktplatz steht ein Reiterstandbild des 3. Marquis of Londonderry, eines viel gehassten Minenbesitzers aus dem 19. Jh. Bei seinem Tod jubelte die ganze Stadt.

Von hier aus ist es nur ein kurzer Fußweg hoch bis zur **Kathedrale** und zur **Burg**. Das majestätische Gotteshaus wurde 1113 fertig gestellt – ein schönes Beispiel für den normannisch-romanischen Stil. Französische Steinmetzen waren es, die innen wie außen die Dekorationen aus dem harten Werkstoff meißelten. In der Kathedrale hat der hl. Cuthbert, Durhams Schutzpatron, seine letzte Ruhestätte gefunden. 995 waren die Benediktiner von Lindisfarne (siehe Tipp links) mit den sterblichen Überresten des schon 300 Jahren zuvor verstorbenen Kirchenmannes vor den Wikingern ins Landesinnere geflohen. Auch der hl. Beda liegt in Durham Cathedral begraben; er gilt den Briten als erster Historiker.

Gegenüber der Kathedrale liegt die einstige Burg, die heute jedoch keinen sonderlich wehrhaften Eindruck mehr macht. Der Bau ist heute Teil der Universität und nur auf einer 45-minütigen geführten Tour zu besichtigen (Juli–Sept. Mo–Sa 10–12, 14–16.30, ansonsten Mo, Mi–Sa 14–16.30 Uhr).

Unterhalb von Kathedrale und Festung fließt ruhig der River Wear, auf dem Studenten mit ihren Ruderbooten trainieren. Ein Fußweg führt am Ufer und unter schattigen Bäumen entlang und umrundet die Halbinsel. Südlich vom Stadtzentrum liegen die Colleges der Universität und hier befindet sich am Elvet Hill auch das **Oriental Museum**, eine Fundgrube für Freunde chinesischen Porzellans (Mo–Fr 9.30–13, 14–17, Sa/So 14–17 Uhr).

Tourist Information. Market Place

Tipp

Holy Island

Wenige Kilometer südlich von Berwick-upon-Tweed, in der äußersten Nordwestecke Englands, liegt nahe vor der Küste Holy Island. Ein nur bei Ebbe befahrbarer, ca. 4,5 km langer Damm führt auf die Insel hinüber. Der Besucher sollte also die Gezeitentabelle sorgsam studieren und die Uhr ständig im Blick haben, ansonsten sitzt er für gut sechs Stunden fest.

Unter dem Namen Lindisfarne ist der Steinsplitter im Meer in die englische Kirchengeschichte eingegangen. Auf Einladung König Oswalds von Northumbria gründete der hl. Aidan von der schottischen Klosterinsel Iona (vgl. S. 139) 634 hier ein Kloster in der Einsamkeit. Schnell waren die Christianisierungsbestrebungen im Norden Englands erfolgreich. 875 verließen sämtliche frommen Brüder die Insel, da die Drangsalierungen durch die Wikinger zu stark wurden. Erst als die Gefahr der Nordmänner endgültig gebannt war, kehrten die Benediktiner von Durham 1082 zurück. Die Ruinen der Lindisfarne Priory erinnern an diese zweite Besiedelung. Das kleine Museum zeigt einige beschriftete Steine, die von der Originalabtei stammen.

Lindisfarne Castle entstand Mitte des 16. Jh. und sollte das Eiland vor den Schotten schützen. 1901 kaufte Edward Hudson, der Herausgeber des Magazines „Country Life“, die kleine Burg und ließ sie von dem Londoner Architekten Edward Lutyens zu einem Landhaus umbauen. Heute ist das Gebäude im Besitz des National Trust (April–Okt. tgl. außer Fr 13–17.30 Uhr).

Burg mit Geschichte

Carlisle 4 ist keine aufregende Stadt, doch die Burg, die Zeugnis von den jahrhundertealten Querelen zwischen Schotten und Engländern ablegt, sollte man sich schon ansehen. Die ältesten Teile gehen auf den Normannen William Rufus zurück, der an einer Stelle bauen ließ, an der sich schon zuvor eine keltische Hügelburg befunden hatte. In Carlisle Castle hieß Elisabeth I. 1568 die geflohene schottische Königin Maria Stuart scheinheilig willkommen. Während der napoleonischen Kriege waren hier Aberhunderte von Gefangenen eingekerkert. Im Bergfried informiert eine Ausstellung über die Geschichte der Burg, ein **Militärmuseum** zeigt alte Waffen und anderes Kriegsgerät (Sommer tgl. 9.30–18, Winter bis 16 Uhr). Mehr Historie vermittelt **Tullie House Museum and Art Gallery** nahe dem Burghaupteingang dem Besucher (Mo–Sa 10–17, So 12–17 Uhr). Hier liegt das Schwergewicht der Exponate auf der Römerzeit und den immer währenden Auseinandersetzungen an der englisch-schottischen Grenze.

Tourist Infomation: Old Town Hall, Green Market

Englands größter Nationalpark

Mit einer Fläche von 2279 km², mit seinen 16 Seen, den hohen Bergen und den dunklen Tälern ist der **Lake District** 5 nicht nur Englands größter, sondern auch einer seiner schönsten Nationalparks. Nicht nur im Sommer zieht es viele Wanderer in die Region, beispielsweise auf den **Scafell Pike**, mit 987 m der höchste Berg Englands. Bekannt gemacht hat diesen Landstrich der romantische Dichter William Wordsworth, dessen Guide to the Lakes im Jahre 1835 erschienen ist und der natürlich noch heute verkauft wird.

Die beiden zusammengewachsenen Städtchen **Windermere** und **Bowness-on-Windermere** liegen am Lake Windermere, der mit einer Länge von 17 km Englands größtes Binnengewässer ist. Ausflugsdampfer der Windermere Iron Steamboat Company bringen die Besucher über das Wasser zum Weiler Sawrey oder nach Ambleside. Auf einer Scenic Island Cruise kann der Besucher weitere Seerundfahrten erleben.

Im Windermere Steamboat Museum ist als besondere Attraktion das Dampfboot „Dolly“ zu besichtigen, das aufwendig restauriert wurde, nachdem es 65 Jahre im Schlick vom Ullswater Lake gelegen hatte (März–Okt. tgl. 10–17 Uhr). Wer auf den Spuren einer bekannten englischen Kinderbuchautorin wandeln möchte, kann sich einmal in Bowness **The World of Beatrix Potter** ansehen (Ostern–Sept. tgl. 10–18.30, ansonsten bis 16 Uhr); interessanter ist jedoch ihr Haus Hill Top auf der

Der Hadrianswall bei Housesteads Fort

anderen Seeseite in New Sawrey, 3 km vom Landeplatz der Fähre.

Auf der Strecke von Windermere nach Ambleside, das an der Nordspitze des Lake Windermere liegt, passiert man an der A 591 das **Brockhole National Park Visitor Centre**, das den Besucher mit der Flora und Fauna des Naturschutzgebietes bekannt macht. Ambleside macht selbst im Sommer, wenn viele Wanderer dort Quartier nehmen, den Eindruck eines freundlich verschlafenen Nestes. Einzige Sehenswürdigkeit und meistfotografiertes Objekt ist Bridge House, ein winziges, zweistöckiges, pittoreskes Häuschen aus dem 17. Jh., das absurderweise auf einer Bogenbrücke über dem Bach Stock Ghyll steht.

Die A 591 führt weiter gen Norden nach Keswick. Etwa 2 km hinter dem Ortsausgang geht eine Stichstraße halbrechts ab und bringt uns zu **Rydal Mount**, dem Haus, in dem William Wordsworth von 1830 bis zu seinem Tod 1850 lebte (März–Okt. 9.30–17 Uhr). Das Haus ist heute noch im Besitz der Nachfahren des Dichters. Wenige Kilometer weiter liegt rechter Hand am Ortsanfang von Grasmere **Dove Cottage**, in dem der Dichter der Hochromantik von 1799 bis 1808 wohnte (März–Okt. Mo–Sa 10–16.30, So 11–16.30 Uhr).

Keswick am Derwent Water eignet sich gut als Standquartier für Wandertouren im nördlichen Lake District. In früheren Tagen lebten die Bewohner vom Grafitabbau. Das **Cumberland Pencil Museum** an der High Street erzählt mit seinen Exponaten die Geschichte dieses Gewerbes (tgl. 9.30–14 Uhr). Besser besucht ist das **Cars of the Stars Motor Museum** in der Standish Street, das eine Anzahl von Promi-Karrossen präsentiert, so James Bonds Aston Martin (Ostern–Okt. tgl. außer Sa 10–12, 13–16 Uhr).

Die schönste Ruine Europas

Die **Yorkshire Dale** **6** umfassen ein Gebiet von 1760 km², von denen ca. ein Drittel unter Naturschutz stehen und zu einem Nationalpark gehören. Dale ist ein Wikingername und bedeutet Tal. Der 400 km langen **Pennine Way** entlang dem gesamten Mittelgebirge der Pennine bietet auch ausdauernden Wanderern genügend Auslauf. Landschaftlich außerordentlich attraktiv ist auch der 35 km lange **Three Peaks Walk**, der über die Gipfel von Pen-y-ghent, Whernside und Ingleborough verläuft. Auf solchen Wanderungen wird man Kolkraben, Mäusebussarde, Merlin, Wander- und Turmfalken zu sehen bekommen. An den sprudelnden, klaren Bächen sieht man Wasseramseln, Gebirgsstelzen und Eisvögel.

Der Hadrianswall

Im Nordwesten von England, einige Kilometer westlich der Stadt Carlisle, finden sich noch viele Überreste des englischen Limes, den die Römer als Schutzwall und Grenzbefestigung gegen die kriegerischen Pikten des hohen Nordens anlegen ließen. 122 n. Chr. überzeugte sich der Kaiser vor Ort von den Gefahren, die aus Schottland drohten, und befahl den Bau des Walles. Die höchst effektiven römischen Legionen bauten in nur acht Jahren eine 110 km lange und 3,5 bis 7 m hohe Grenzmauer quer durch ganz Nordengland. Der Wall reichte vom Solvay Firth im Westen bis zur Tyne-Mündung im Osten. Alle 1,5 km befand sich ein befestigtes Lager, alle 7 km sicherte ein großes Kastell den Wall. Davor hatten die römischen Pioniere einen 3 m tiefen und 9 m breiten Graben ausgehoben, der sich von oben leicht verteidigen ließ. Auf römischer Seite verlief eine breite, gut ausgebaute Straße entlang der schützenden Mauer, die so genannte Vallum; auf ihr konnten schwer bewaffnete Einheiten relativ schnell an jede vom Feind bedrohte Stelle verlegt werden.
Noch recht gut erhalten ist der „Limes“ zwischen den Örtchen Chollerford und Greenhead; bei Birdoswald haben die Archäologen eine römische Befestigungsanlage ausgegraben.

Am westlichen Rand der Dales liegt **Richmond**, das von einer normannischen Burg mit einem mächtigen Bergfried überragt wird. Die gewaltige Anlage wurde auf Geheiß von Alan Rufus, dem ersten normannischen Earl of Richmond ab 1070 angelegt (April–Okt. tgl. 10–18, ansonsten Di–So 10–16 Uhr). Rund um die Burg verlaufen enge, kopfsteingepflasterte Straßen, gesäumt von altem Gemäuern und Fachwerkhäusern. Auf dem Markplatz ragt als Zeichen der Handelsfreiheit ein mittelalterliches Marktkreuz auf, die umgebenden Häuser stammen aus georgianischer und viktorianischer Zeit.

Die A 6108 führt von Richmond ins südlich gelegene Ripon. Etwa 6 km südwestlich der Stadt liegen die Ruinen von **Fountains Abbey** im Studley Royal Country Park. Gelegen in einem engen, bewaldeten Tal, durch das der River Skell fließt, gelten sie als schönste und romantischste Ruine Europas. Das Kloster wurde 1113 von 13 abtrünnigen Benediktiner-Mönchen aus York gegründet, aber schon zwei Jahre später übernahmen die Zisterzienser die Abtei. Innerhalb der nächsten hundert Jahre entwickelte sich die geistliche Stätte zum reichsten Zisterzienser-Kloster Englands, und entsprechend prachtvoll ließen die Brüder zum Lobe des Herrn bauen. Während der Reformationszeit fiel die einstige geistliche Stätte an Sir Richard Gresham, und der nutzte die Gebäude ungeniert als Steinbruch, um sein Herrenhaus Fountains Hall zu bauen (April–Sept. 10–19, ansonsten 10–17 Uhr).

Das Refektorium von Fountains Abbey

Croeso Y Cymru – Herzlich willkommen

Wales ist eines jener Gebiete, in denen die Britischen Inseln aufs Ganze gesehen keltisch geblieben sind. Davon zeugen Ortsnamen, die der Kontinentaleuropäer kaum lesen, geschweige denn aussprechen kann. Und davon zeugt eine bewegte Geschichte, die – wenn auch in geringerem Maße als in Irland und Schottland – von Aufständen gegen die als Fremdherrschaft empfundene englische Oberhoheit geprägt ist.

Am Bristol Channel
Gruben und Strände

Traditionell trägt der britische Thronfolger den Titel „Prince of Wales", und 1969 wurde Prinz Charles in der mächtigen Burg von Caernafon in sein Amt eingeführt. Viele weitere Festungen im Land, der so genannte eiserne Ring, erinnern bis heute daran, dass schon kurz nach der Invasion von 1066 die normannischen Eroberer auch diese Region der Insel fest im Griff hatten.

Für mehr als ein Jahrhundert wurden in den südwalisischen Tälern Kohle und Eisenerze abgebaut, und in einer Reihe von Museumsbergwerken kann man sich heute über den harten Alltag der Kumpels unter Tage informieren. Entlang der Küste liegen viele kleine Fischer- und Ferienorte, in denen Familien mit Kindern ruhige Ferientage verbringen können. Wem dazu noch die geeignete Lektüre fehlt, der sollte am größten Antiquariat der Welt nicht vorbeifahren.

Alte Bücher – alte Steine

Für Bücherliebhaber wird das kleine **Hay-on-Wye** **1**, westlich von Hereford und unmittelbar an der Grenze zu England gelegen, die allererste Anlaufstelle in Wales sein; denn der Ort ist das größte Antiquariat der Welt. In über 20 Gebäuden des Städtchens lagern rund 3 Mio. Second Hand Books, allein der größte Buchladen hat eine halbe Million Bände in seinem Bestand. Seit Richard Booth 1961 auf die Idee kam, aus Hay ein Antiquariat zu machen, sind Not und Arbeitslosigkeit kein Thema mehr.

Tourist Information: The Craft Centre, Oxford Street

Südlich von Hay-on-Wye liegt zwischen den beiden Städten Monmouth und Chepstow an der A 466 die romantischste Ruine von Wales – **Tintern Abbey** **2**. Poeten haben die Klosterruine besungen, und Maler haben sie verewigt. „The tall rock, the mountain and the deep and gloomy wood", schrieb der romantische Dichter William Wordsworth über die einstige Abtei am River Wye. Und nach diesen Zeilen strömten die Leute zur Ruine und deklamierten seine Verse. 1131 errichteten die Zisterzienser die geistliche Stätte, die dann nach der Reformation verfiel und als Steinbruch genutzt wurde. Zu besichtigen sind die Reste der gotischen Abteikirche und die Wohngebäude der Mönche.

Einmal Bergmann sein

Nordwestlich von Tintern Abbey liegt das kleine Städtchen **Blaenavon** 3 zwischen den beiden Städten Abergawenny im Norden und Pontypool im Süden. Die einstige Kohlenstadt, deren Minen schon lange geschlossen sind, hat erfolgreich den Strukturwandel zu einem Touristenort vollzogen, und das liegt an der Zeche Big Pit, 1,5 km westlich vom Zentrum. 1880 begann hier für genau ein Jahrhundert die Kohleförderung, und von allen Zechenmuseen in Wales ist dies am authentischsten. Ehemalige Kumpel drücken dem Besucher einen Helm mit Grubenlampe und einen schweren Batteriegürtel in die Hand, und nachdem man die Sachen angelegt hat, geht es 60 m tief in einen Stollen. Die Führung gehört zu den besten, die es im Land gibt. Wieder am Tageslicht, kann man sich die Waschkaue, das Maschinenhaus für die Förderanlage und vieles mehr ansehen und anschließend den Staub im **Whistle Inn**, dem ehemaligen Kumpeltreff, mit einem Bier hinunterspülen.

Die Hauptstadt von Wales

Nordwestlich von Bristol führen zwei Autobahnbrücken hoch über den breiten Mündungstrichter des River Severn hinein nach Wales. Die M 4 umrundet Newport und bringt den Besucher schnell nach **Cardiff** 4 (285 000 Einwohner), seit 1955 die Hauptstadt von Wales. Zur Römerzeit gab es dort ein Kastell, um das sich ein kleines Dorf entwickelte, das im Lauf der Zeit zu einem ruhigen Fischer- und Bauernstädtchen wuchs – bis 1839 die Hafendocks fertig gestellt waren und fortan die Kohle und Eisenerze aus den südwalisischen Tälern über Cardiff ausgeführt wurden. Hatte Cardiff 1801 gerade 1000 Einwohner gehabt, so waren es bei der Wende zum 20. Jahrhundert schon 17 000. Ab 1930 ging es wirtschaftlich bergab, hinzu kamen schwere Zerstörungen im Zweiten Weltkrieg. Doch nachdem die Stadt zur Kapitale des Landes

avancierte, kamen viele Verwaltungsbehörden, und zahlreiche Medienunternehmen zogen von London in das preiswertere Wales.

Mitten im geografischen, politischen und historischen Zentrum der Stadt ragt **Cardiff Castle** auf (Mai–Sept. tgl. 10–18, ansonsten 10–17 Uhr). Im Hof hinter den mächtigen Mauern haben Archäologen einige Meter des einstigen römischen Walles ausgegraben. Vom normannischen Bergfried aus dem 11. Jh. hat man einen guten Blick auf die türmchenverzierten Gebäude der sog. **Domestic Buildings**, die im 14. und 15 Jh. entstanden und während der Tudor-Ära aus- und umgebaut wurden. Da starke Befestigungen aufgrund der fortgeschrittenen Militärtechnik obsolet geworden waren, hatte die Bequemlichkeit nun Vorrang vor Sicherheit.

Das **National Museum of Wales**, ein kuppelbekröntes, mächtiges Gebäude aus hellem Portland-Stein, zählt zu den besten Ausstellungshäusern in ganz Großbritannien (Di–Sa 10–17, So 14.30–17 Uhr). Die Sculpture Collection zeigt Werke walisischer Künstler, in der Dinosaur Gallery wird die Welt der Großechsen wieder lebendig, und die Science Collection infomiert über die Geschichte der Industrialisierung in Wales.

Bute Street führt vom Zentrum zur Cardiff Bay mit den Hafenanlagen, und die verstreuten Museen hier sind zum **Welsh Industrial and Maritime** (WIMM) zusammengefasst (Di–Sa 10–17, So 14.30–17 Uhr). Dazu zählt unter anderem das **Railway Museum**, das mit der Geschichte der walisischen Eisenbahn bekannt macht. Das Cardiff Bay Visitor Centre schließlich informiert mit einem Modell der Dockanlagen über den Hafen.

Tourist Information: Cardiff Central Station.

Welsh Folk Museum und St. Fagans Castle

Nur 6 km westlich vom Stadtzentrum Cardiffs liegt das Dörfchen **St. Fagans 5**. Hier wurden in einem 20 Hektar großen Gelände rund um St. Fagans Castle unterschiedliche alte Gebäude aus allen Teilen von Wales sorgfältig restauriert und wieder aufgebaut (tgl. 10–17 Uhr, Nov.–März So geschl.). Dieses freilichtmuseum verschafft einen wirklich interessanten Einblick in die Lebens- und Arbeitsbedingungen der vergangenen Jahrhunderte. Die Burg, eigentlich ein Country House von 1580, steht an der Stelle einer ehemaligen normannischen Burg und ist mit Mobiliar aus dem 19. Jh. eingerichtet.

Dylan Thomas' „hässliche, wunderschöne Seestadt"

In **Swansea 6** (180 000 Einwohner) wurde 1914 im Cwmdonkin Drive Nr. 5 der Dichter Dylan Thomas geboren – in der „hasslichen, der wunderschönen Seestadt, die sich an einer langen, herrlich geschwungenen Küste ausbreitet, wo Schulschwänzer, Strandläufer und alte Männer nach Strandgut such-

Dylan Thomas

Dylan Thomas wurde am 27. Oktober 1914 in Swansea geboren. Schon als Jugendlicher schrieb er Gedichte und hatte zwischen seinem 16. und dem 19. Lebensjahr die fruchtbarste Schaffensperiode seines Lebens. Ab 1933 publizierten viele Londoner Zeitungen seine Verse, und das junge Genie gewann mehrfach Preise für seine Gedichte. Zwischen 1934 und 1940 erschien eine Reihe von Gedicht- und Textbänden, und die führende Lyrikerin der damaligen Zeit, Edith Sitwell, lobte vielfach öffentlich die literarischen Qualitäten des jungen Dichterkollegen. Mit Anfang 20 zog Dylan nach London, trieb sich in den Pubs der Metropole herum und pflegte sein Image als saufender Macho-Dichter. In der Hauptstadt lernte er die ebenso trinkfeste Caitlin Macnamara kennen, die er 1937 heiratete. Jahrelang musste sich das Paar mit Geldsorgen herumschlagen – kein Wunder , da die meisten Einnahmen in den Pub getragen wurden. Die Wirtin von Brown's Hotel, Dylans Stammkneipe in Laugharne, erzählte ihm beim Bier den Tratsch und Klatsch der Region, und Dylan schöpfte aus der walisischen Gerüchteküche den Stoff für sein berühmtes Hörspiel „Unter dem Milchwald".
Mehrfach wurde er zu Lesungen in die USA eingeladen und feierte dort beim Rezitieren seiner Gedichte große Erfolge. Auf seiner vierten Vortragsreise nahmen seine Alkoholexzesse dramatische Formen an. Dylan ging zu einem Modearzt, der ihn falsch behandelte, der noch junge Dichter fiel ins Koma und starb mit 39 Jahren.

ten, umhertrödelten, wateten und den Schiffen nachsahen, wie sie hafenwärts zogen oder fortdampften ins Abenteuer, nach Indien, ins Wunder, und nach China – in Länder, die nach Apfelsinen dufteten und widerhallten vom Löwengebrüll".

Sein Geburtshaus hoch oben am Hügelrand steht noch, doch ist es nicht zu besichtigen. Der ehemalige Hafen ist zu einem Naherholungsgebiet umgebaut worden, und heute liegen Yachten an den Kais vor Anker und in den Speicherhallen haben Pubs und Cafés eröffnet. Das **Swansea Museum** an der Victoria Road ist das älteste Ausstellungsgebäude von Wales und wurde 1835 eröffnet. Die Exponate reichen von der Römerzeit bis zur Industrialisierung im 19. Jh. (Di–So 10.30–17.30 Uhr). An der Marina hat das **Maritime and Industrial Museum** seinen Sitz, das über die Geschichte der Seefahrt und der Industrialisierung in Swansea und Umgebung informiert (gleiche Öffnungszeiten). In unmittelbarer Nähe befindet sich auch Dylan Thomas' lebensgroße Statue – wegen der nicht einmal entfernten Ähnlichkeit Zielscheibe des Spottes für die Bevölkerung.

Am südlichen Ende von Swansea Bay liegt **Mumbles**, das Seebad der Stadt, dessen Uferstraße von kleinen Hotels, Bed-&-Breakfast-Pensionen, Pubs, Cafés und Fish-&-Chips-Restaurants gesäumt ist. Natürlich ragt ein Pier ins Meer hinaus.

Tourist Information: Singleton Street

Von Swansea führen die M 4 und dann die A 48 in die Marktstadt **Carmathen**, die A 40 verläuft dann weiter zum Städtchen **St. Clears** und von dort bringt die A 4066 den literarisch interessierten Besucher gen Süden zum Weiler **Laugharne** 7 (gesprochen Larn). An der Trichtermündung des River Taff steht das Boathouse, in dem Dylan Thomas mit seiner Frau Caitlin und den Kindern

Tipp

Carew

Der Weiler Carew, 6 km östlich von Pembroke und am gleichnamigen Flüsschen gelegen, ist ein sehr angenehmer Aufenthalt. An einem keltischen Hochkreuz, das den 1035 verstorbenen Maredydd, den Führer der Deheubarth ehrt, befindet sich der Ticket-Kiosk für Carew Castle und Mill (Ostern–Sept. tgl. 9.30–17 Uhr). Dann stapft man über ein Feld auf das Schloss zu. Hinweistafeln klären über dessen Baugeschichte auf, die sich von normannischer Zeit bis in die elisabethanische Ära hineinzog. Einen Steinwurf westlich des Castle steht die Carew French Mill, eine Mühle, die von den Wellen des Meeres angetrieben wurde. Audiovisuelle Displays informieren über diese Technik.

von 1949 bis zu seinem frühen Tod 1953 lebte (Ostern–Okt. tgl. 10–17.15, ansonsten 10.30–15 Uhr). An der Mainstreet des Weilers liegt mit **Brown's Hotel** sein bevorzugtes Pub und am Ortseingang sein letzter Aufenthalt, der Friedhof. Das von einem schlichten weißen Holzkreuz überragte Grab ist leicht zu finden.

Surferparadies

Tenby **8**, ein freundliches Fischerdorf, lebt heute weithin vom Tourismus. Zwei lange Sandstrände, North und South Beach, Ersterer mit dem gewaltigen Steinfelsen Goscar Rock im Sand, umrahmen den Ort, und die Windsurfer lieben ihn des stetigen Windes wegen. Im 15. Jh. war Tenby neben Bristol der bedeutendste Hafen im Südwesten Englands. Am Quay Hill zeigt das **Tudor Merchant's House**, wie ein begüterter Händler in der damaligen Zeit lebte (April–Okt. Mo–Fr 11–18, So 14–18 Uhr). Als Spione das Auslaufen der Armada meldeten, wurden die Verteidigungsanlagen der Stadt rasch verstärkt, denn die Admiralität erwartete einen Angriff. Das damals einzige Stadttor Five Arches mit einem langen Stück Wallmauer ist noch zu besichtigen. Im pittoresken Hafen liegen bei Ebbe die Trawler im Schlick, und an Sommertagen picknicken hier die Touristen oder lassen sich auf Booten aufs Meer oder zur Caldey Insel hinausfahren.

Überragt wird der Hafen vom **Castle Hill,** auf dem inmitten von Rasen und Blumenbeeten die Reste einer normannischen Burg liegen. Von hier hat man einen weiten Blick auf die See, die Strände und die Stadt. Das Stadtmuseum, schon 1878 gegründet, lässt die Historie von Tenby wieder aufleben (Ostern–Okt. tgl. 10–18, ansonsten Mo–Fr 10–12 und 14–16 Uhr).

Tourist Information: The Croft am North Beach

Die uneinnehmbare Burg

Kurz nach ihrer Invasion hatten sich die Normannen auch in Wales festgesetzt, und gegen Ende des 11. Jh. beherrschte die mächtige, uneinnehmbare Burg von **Pembroke** **9** die Region. Trotz mehrfacher Belagerungen ist sie den Walisern nie in die Hände gefallen. Also wuchs rund um das Kastell langsam eine Stadt heran, denn die trichterförmige Mündung des Pembroke River war ein gut gegen die See geschützter Naturhafen. Der runde normannische Bergfried ist 25 m hoch und hat fast 5 m dicke Wände – massiver

Auf dem Castle Hill von Tenby stehen die Ruinen einer normannischen Burg.

geht es nicht. Viele der Räume enthalten Exponate zur Geschichte der Festung (April–Sept. tgl. 9.30–18, ansonsten 10–17 Uhr). Am Eingang unterrichtet das National Park Information Centre über den nördlich gelegenen **Pembrokeshire Coast National Park**.

Nahe der Burg ist in Westgate Hill Nr. 7 das **Museum of the Home** untergebracht (Mai–Sept. Mo–Do 11–17 Uhr), in dem Unmengen an Alltagsgegenständen vom 18. bis zum 20. Jh. vom harten Leben der kleinen Leute künden.

Tourist Information: Commons Road (Parallelstraße der Main Street)

Wie eine Pilgerfahrt nach Rom

Vorbei an Milford Haven, einem der größten Ölverladehäfen Großbritanniens, und Haverfordwest geht es nun über die A 487 auf **St. David** **10** zu, dem religiösen Zentrum von Wales. 550 n. Chr. wurde die geistliche Stätte gegründet, und sie ist seitdem ein Wallfahrtsort ersten Ranges. Selbst Wilhelm der Eroberer nahte sich demütig dem Gotteshaus, und 1120 ließ gar der Papst verkünden, dass zwei Pilgerfahrten nach St. David so verdienstvoll seien wie eine Wallfahrt nach Rom. Die heutige Kathedrale entstand zwischen dem 12. und dem 14. Jh. Weithin sichtbar ist der über 40 m hohe Glockenturm, der an drei Seiten eine Uhr zeigt. Die Bewohner des nördlichen Viertels konnten die Summe für die Einrichtung eines Zeitmessers nicht aufbringen, und so bekamen sie auch keinen.

Neben der Kathedrale und von dieser getrennt durch den River Alum steht die Ruine des **Bischofspalastes**, den die Kirchenfürsten Beck und Gower im 14. Jh. erbauen ließen. Die Zerstörung des Gebäudes geht – glaubt man der Ortschronik – auf Bischof Barlow zurück, der im 16. Jh. das Bleidach verkaufte, um seine fünf Töchter mit angemessener Mitgift auszustatten.

Tourist Information: City Hall, High Street

Burgen und Bäder

Unaussprechliche Namen

Von St. David führt die A 487 nach Fishguard, dem Fährhafen nach Rosslare/Irland, und weiter die cambrische Küste hinauf über Cardigan nach **Aberaeron** 11. Das freundliche Städtchen mit seinen pastellfarbenen Häusern rund ums Hafenbecken hat eine etwas bizarr anmutende Attraktion, die **Aeron Express Aerial Ferry**. 1980 wurde die aus viktorianischer Zeit datierende, handgezogene Kabelbahn restauriert, die einst Passagiere über das Hafenbecken transportierte. Nicht weniger Misstrauen verdient die Fußgängerbrücke, deren Vorgängerin 1992 einfach ins Wasser fiel. Immerhin gibt es ein interessantes Sea Aquarium, das mit der Meeresfauna des Atlantiks bekannt macht (Ostern–Okt. tgl. 11–17 Uhr).

Tourist Information: The Harbour

Wer sich keiner Gefahr aussetzen will, fährt ein paar Kilometer weiter bis **Aberystwyth** 12 (15 000 Einwohner). Mit seinen beiden weit geschwungenen Buchten ist der unaussprechliche Ort das bedeutendste Seebad an der cambrischen Küste. Er wird von zwei Hügeln eingerahmt, **Constitution Hill** im Norden und **Pen Dinas** im Süden. Auf dem 150 m hohen Constitution Hill locken ein Café, eine beliebte Picknick-Wiese und eine Camera Obscura, wie sie im prätelevisionären Zeitalter enorm beliebt war (Ostern–Okt. tgl. 10–17.30 Uhr). Aus ähnlich alter Zeit stammt die 1896

Beherrschend erhebt sich Carnaefon Castle über dem Hafen.

fertig gestellte Kabelbahn, der Cliff Railway, die ohne Anstrengung auf den Gipfel führt.

Die Strandpromenade **Marine Terrace** führt an der Seefront vorbei zum Pier, den natürlich jedes britische Seebad, das etwas auf sich hält, besitzen muss. Die sog. **Sea Villa** wurde 1790 von dem bekannten Londoner Architekt John Nash erbaut und diente als Hotel. Ein solches wurde nötig, nachdem die Stadt an das Eisenbahnnetz angeschlossen worden war. Gut 80 Jahre später – der Tourismus war mittlerweile stark zurückgegangen – kaufte es die University of Wales, der es noch heute gehört. Die Promenade führt weiter zu den Ruinen auf einem felsigen Plateau am Meer. Edward I. ließ die Burg einst erbauen, um das von ihm eroberte Wales für die englische Krone zu sichern.

Vom Stadtzentrum aus führt die Penglais Road zu den Universitätsgebäuden im Südwesten. Auf dem Campus lohnt die **National Library of Wales** einen Besuch. Hier macht die Ausstellung „A Nation's Heritage" mit der Geschichte des geschriebenen und gedruckten Wortes bekannt; ausgestellt sind alte Folianten, Manuskripte, illuminierte Handschriften, Landkarten und die erste Bibel in walisischer Sprache aus dem Jahr 1588 (Mo–Fr 9.30–18, Sa bis 17 Uhr). Die National Library ist eine der sechs Copyright-Bibliotheken in Großbritannien, die automatisch jedes im Inselreich erschienene Buch bekommen.

Tourist Information: Terrace Road

Tipp

Center for Alternative Technology (CAT)

Wenige Minuten Fahrt bringen den Besucher von Machynlleth zum 3 km nördlich davon an der A 487 gelegenen Centre for Alternative Technology. Die kleine Gemeinde auf dem Gelände eines ehemaligen Steinbruchs ist eine sich vollständig selbst versorgende Siedlung, die auch ihre Elektrizität und die Wasserversorgung aus eigenen Quellen speist. Es handelt sich hier nicht um ein Museum, sondern um ein lebendiges Dörfchen, das aber für alle Besucher offen ist und dessen Bewohner stolz ihre Energie sparenden Ideen präsentieren. Das geht schon los am Parkplatz, wo man mit einer wasserbetriebenen Kabelbahn 60 m in die Höhe gebracht wird. In einem kleinen Café kann man gesundes Essen aus eigenem biologischen Anbau probieren.

Über die A 4128 ist schnell das 18 km westlich von Aberystwyth gelegene **Devil's Bridge** 13 erreicht. Der kleine Ort wurde im letzten Jahrhundert nur zu dem Zweck errichtet, der englischen Society den Besuch der Klamm des River Mynach zu ermöglichen. Die Schlucht wird von drei Brücken überspannt, die „moderne" datiert aus dem Jahr 1901, darunter verläuft die Steinbrücke von 1753 und ganz unten findet sich der Originalübergang, den die Mönche im 11. Jh. errichtet haben. Einen Spaziergang hinab sollte man schon machen. Ein weiterer beliebter Pfad führt zu den **Mynach Falls**, die man von einer Plattform und von einer Brücke aus bestaunen kann.

Wenige Kilometer nördlich von Devil's Bridge liegt das Örtchen Ponterwyd mit der Llywernog Silverlead Mine (1,5 km westlich, April–Sept.

tgl. 10–18 Uhr). Die Mine, in der silberhaltiges Blei geschürft wurde, war von 1740 bis in die ersten Jahre des 20. Jh. in Betrieb. Ein Museum sowie eine geführte Tour untertage machen mit der harten Arbeit der Kumpels bekannt.

Dolgellau

Die A 487 führt weiter nach **Dolgellau** **14**, in dem das **Quaker Interpretive Centre** im Gebäude der Tourist Information über die Quäker informiert (Ostern–Okt. tgl. 10–17 Uhr, ansonsten tgl. außer Di, Mi). Im 17. Jh. hatten sich viele Mitglieder dieser Sekte in der Umgebung der Stadt niedergelassen, und das Museum zeigt, welchen Repressalien sie ausgesetzt waren. Viele der Sektenmitglieder wanderten in die USA aus, wo sie in Pennsylvania neue Gemeinden mit walisischen Namen gründeten.

Das **Welsh Gold Visitor Centre** am Ende des Parkplatzes an Big Bridge erinnert an den Goldrausch, der diese walisische Region ab 1860 überfiel. Am Besucherzentrum beginnt die dreistündige Gold Mining Tour, bei der Besucher auch tief in eine Mine geführt werden (April–Okt. tgl. 9–19 Uhr).

Die Stadt eignet sich gut als Standquartier für Wanderungen in den Snowdonia Mountains.

Tourist Information: Eldon Square

Zug der Vale of Rheidol Railway

Die Schieferbahn

Der kleine Ort **Barmouth** **15** liegt am nördlichen Ufer der breiten Mündung des Mawdach River und war im 19. Jh. ein beliebtes Seebad für die Engländer der Midlands. Über die 800 m breite Mündung stakst eine hölzerne Eisenbahnbrücke der Cumbrian Coast Rail Line und verbindet den Ort mit Fairborne auf der anderen Seite.

Alljährlich Ende Juni beginnt in Barmouth das **Three Peaks Race**. Dabei segeln gut trainierte Hobbyskipper ins nordwalisische Caernafon, von dort an die Küste des nordenglischen Lake District und dann nach Fort William in Schottland. Bei jedem Stopp wird der jeweils höchste Berg der Region im Laufschritt bestiegen.

Tourist Office: Station Road

Porthmadog **16** hatte einmal einen geschäftigen Hafen, über den der in der Gegend gebrochene Schiefer verschifft wurde. Ihren Namen verdankt die Stadt dem Parlamentsabgeordneten William Alexander Madocks, der zu Beginn des

19. Jh. die Siedlung gründete. An der Seefront gibt es ein Maritime Museum, in dem die lokale Geschichte der Seefahrt wieder lebendig wird (Juni–Sept. tgl. 10–18 Uhr). Die wahre Attraktion von Porthmadog sind allerdings die beiden Schmalspurbahnen, einmal die Welsh Highland Railway und dann die – spannendere – Ffestiniog Railway. Erstere verkehrt nur auf einem Teilstück von etwa 1,5 km, Letztere hingegen fährt auf der rund 15 km langen Strecke zu den einstigen Schieferbrüchen von Bleanau Ffestiniog westlich von Porthmadog. Dabei überwindet die schnaufende Bahn einen Höhenunterschied von rund 220 m. Ein kleines Museum (geöffnet, wenn der Zug in Betrieb ist) erzählt die Geschichte dieses Transportmittels, das einst den gebrochenen Schiefer zum Hafen karrte.

Tourist Information: High Street

Symbole der Bedrückung

Wo heute die mächtige Burg von **Caernafon** 17 aufragt, lagen schon zur Römerzeit eine Segontium genannte Siedlung und ein Kastell, dessen Reste an der A 4085 in Richtung Beddgelert zu besichtigen sind. Ein kleines Museum unterrichtet den Besucher über diese Epoche (März–Sept. Mo–Sa 9.30–18, So 14–18, ansonsten bis 16 Uhr). 1283 ließ König Edward I. die mächtige Burg erbauen, das stärkste englische Bollwerk in Wales (April–Okt. tgl. 9.30–18.30, ansonsten Mo–Sa 9.30–16 Uhr). Damit schloss er seinen „eiserner Ring“, mit dem er die Waliser in Schach halten wollte. Caernafon Castle stand fortan als Symbol für die anglo-normannische Unterdrückung des Landes. 1969 wurde Prinz Charles in Caernafon Castle zum Prince of Wales und damit zum Thronfolger gekürt. In der Burg gibt es neben den Wehranlagen das **Museum of the Royal Welsh Fusiliers** sowie die **Prince of Wales Exhibition** zu sehen.

Wer sich für die Seefahrtstradition der Stadt interessiert, dem sei das außerhalb der alten Stadtmauer am Victoria Dock gelegene **Maritime Museum** empfohlen (März–Sept. Mo–Sa 9.30–18, So 14–18, ansonsten bis 16 Uhr).

Tourist Information: gegenüber der Burg, Orie Pendeitsh

Von Caernafon sind es nur wenige Kilometer bis **Bangor** 18. Das freundliche Seebad, Sitz der Universität von Nord-Wales, weist einen 500 m langen Pier aus viktorianischer Zeit auf, von dessen Spitze aus man einen guten Blick auf die Stadt hat. Lange Zeit rottete dieser vor

Tipp

Walisische Piazza

Beim Anblick von Portmeiron, 4,5 km westlich von Porthmadog gelegen, wird sich jeder Besucher verwundert die Augen reiben; denn was er hier sieht, ist ein pittoreskes italienisches Dorf, komplett mit Piazza und Campanile. 1925 kaufte der walisische Architekt Sir Clough Williams-Ellis die Halbinsel und begann mit dem Bau des Dorfes. Erst 1973 waren die Arbeiten abgeschlossen. Eine ganze Reihe von Cottages gehören zu dem einzigen Hotel des Örtchens und hier übernachteten schon George Bernard Shaw, H. G. Wells, Daphne du Maurier und Bertrand Russel.

sich hin, ehe er vor einigen Jahren aufwendig restauriert wurde.

Mit dem Bau der Kathedrale begannen die Normannen 1071, doch stand das Bauwerk zunächst unter keinem guten Stern. Denn die Soldateska des auch in England verhassten Königs John richtete ebenso schwere Zerstörungen an wie jene Edwards I. Zwischen dem 13. und 15. Jh. wurden die Schäden beseitigt, 1866 restaurierte der bekannte Architekt George Gilbert Scott das Gotteshaus. Außerhalb der Kathedrale gibt es einen biblischen Garten, der alle in der Heiligen Schrift vorkommenden Bäume und Sträucher zeigt, die in diesem Klima gedeihen können. Anschließend lohnt ein Blick in das nahe gelegene **Bangor Museum and Art Gallery** (Di–Fr 12.30–16.30, Sa 10.30–16.30 Uhr), das alte Kostüme und Möbel, dazu Funde aus römischer Zeit in seinem Bestand hat.

Tourist Information: Deiniol Road

Edwards I. „eiserner Ring" setzt sich nur wenige Kilometer nordöstlich von Caernafon an strategisch günstiger Stelle fort. Dort, an der Mündung des **Conwy** River ließ er eine weitere Burg anlegen. 1500 Männer mussten die gewaltige, von 8 Türmen geschützte Anlage in nur fünf Jahren fertig stellen (April–Okt. tgl. 9.30–18.30, sonst bis 16 Uhr).

Von Porth Uchaf an der Upper Gate Street kann man die Stadtmauer besteigen und ungefähr ein Drittel der Gesamtlänge begehen. Unterhalb der Burg sollte man einen Blick auf die heute nur noch von Fußgängern genutzte **Telford Suspension Bridge** werfen, die, 1826 erbaut, bis 1958 in Betrieb war. Die Brückenpfeiler sind Miniaturausgaben der Burgtürme. Thomas Telford hat vor allem in Schottland die Infrastruktur mit vielen Brücken und Straßen wesentlich verbessert. 20 Jahre später erbaute Robert Stephenson die heute noch in Betrieb befindliche Eisenbahnbrücke.

An der Seefront The Quay steht das kleinste Haus Großbritanniens – das behauptet zumindest das Guinness Book of Records: 1,8 m breit ist es und 3 m hoch. Bis 1900 war es noch von einem Fischer bewohnt (Ostern–Okt. tgl. 10–18 Uhr). Der aus dem 14. Jh. stammende schwarzweiße Fachwerkbau **Aberconway House**, in dem Exponate zur Geschichte von Conwy gezeigt werden, befindet sich an der Castle Street/Ecke High Street (April–Okt. tgl. außer Di 11–13, 14–17.30 Uhr). Ebenfalls an der High Street liegt das elisabethanische **Plas Mawr**, das 1576 fertig gestellt worden ist und in dem heute Kunstausstellungen gezeigt werden (April–Sept. tgl. 10–18, ansonsten bis 16 Uhr).

Tourist Information: am Conwy Castle Visitor Centre

Promi-Bad des 19. Jahrhunderts

Im 6. Jh. kam der hl. Tudno nach Wales, erbaute beim heutigen **Llandudno** 19 ein Kloster und begann mit der Christianisierung der Gegend. Daran erinnert heute noch der Ortsname, denn das walisische

„Llan“ steht für Kirche, eben für die Kirche des Tudno.

Der Aufschwung des verschlafenen Ortes begann Mitte des 19. Jh., als die Eisenbahn in den Nordwesten von Wales kam. Schnell hatten die Touristen das Örtchen für sich entdeckt, und jeden Sommer kamen nun Scharen von Badegästen, darunter auch so bekannte Zeitgenossen wie Bismarck, Napoleon III., die Premierminister Disraeli und Gladstone und viele mehr.

Schier endlos zieht sich die Promenade am breiten Sandstrand entlang. An ihrem westlichen Ende ragt der für ein Seebad unvermeidliche Pier weit ins Meer. Hobbyfotografen sollten bei Sonnenuntergang an dessen Ende stehen; denn dann taucht die Sonne die weißen viktorianischen Fassaden an der Seefront in glutrotes Licht.

Die meisten touristischen Attraktionen befinden sich rund um **Great Orme Head**, einen 230 m hohen Kalksteinblock, zu dessen Füßen die Stadt lieg. Nahe beim Pier führt eine Seilbahn hinauf, stilvoller ist es jedoch, die aus viktorianischer Zeit stammende Drahtseilstraßenbahn, die **Great Orme Tramway**, zu benutzen. Oben angekommen, findet man den so genannten Summit Complex, früher einmal eine Telegrafenstation, heute ein Aussichtszentrum mit Restaurant, Cafeteria und Souvenirshop. Das **Visitor Centre** daneben informiert über Flora und Fauna des Bergkegels. Unterhalb des Gipfels werden geführte Touren durch die **Great Orme Mines** angeboten, in denen schon während der Bronzezeit geschürft wurde (März–Okt. tgl. 9–18 Uhr).

Die Brücke von Beddgelert im Snowdonia National Park

Wer mit Kindern unterwegs ist, sollte im Stadtzentrum am Trinity Square die künstliche Grotte **Alice in Wonderland Centre** besuchen, in der die abenteuerliche Geschichte des gleichnamigen kleinen Mädchens erzählt wird. Lewis Carroll, der Autor, verbrachte viele Sommer in Llandudno und holte sich hier seine Inspirationen für das phantastische Märchen (tgl. 10–17 Uhr, Winter So geschl.). Der kunstsinnige Besucher hingegen wird sicher die **Mostyn Art Gallery** in der Vaughan Street vorziehen, die Lady Mostyn 1901 eröffnete. Acht Wechselausstellungen präsentieren jedes Jahr die Arbeiten international bekannter Künstler (Mo–Sa 10.30–17 Uhr). Exponate zur Stadtgeschichte bietet dann noch das **Llandudno Museum** in der Gloddaeth Street (Ostern–Okt. Di–Sa 10.30–13, 14–17, sonst 14–17 Uhr).

Tourist Information: Chapel Street

Giganten der Meere

Wale und Delfine sind faszinierende Bewohner einer uns fremden Welt. In Anpassung an ihren Lebensraum und ihre schwimmende Fortbewegung haben sie zwar im Laufe der Evolution einen fischähnlichen Körper entwickelt, aber ansonsten weist die Ordnung der Wale (Cetacea) alle kennzeichnenden Merkmale der Säugetiere auf: Sie sind Warmblüter und bringen lebende Junge zur Welt, die mit der Milch der Muttertiere genährt werden. Sie atmen mit ihren Lungen atmosphärische Luft und müssen deshalb in regelmäßigen Abständen an die Wasseroberfläche zurückkehren.

Mit dem Blauwal *(Balaenoptera musculus)*, der bei einem Gewicht von 150 t eine Länge von 33 m erreichen kann, stellen die Wale das größte Tier, das jemals auf der Erde gelebt hat – größer als selbst die mächtigsten Dinosaurier.

Die meisten großen Wale, so auch der Blauwal, gehören zur Unterordnung der Bartenwale, die anstelle von Zähnen Hornplatten im Oberkiefer tragen. Diese so genannten Barten hängen dicht hintereinander vom Gaumen in die Mundhöhle herab und bilden eine Art Sieb zur Nahrungsgewinnung: Wasser wird in den Mund genommen und durch die Barten hindurch nach außen gepresst. An den überlappenden, ausgefransten Rändern der Barten bleiben Plankton-Organismen, kleine Krebse und Fische hängen und werden so aus dem Meerwasser herausfiltriert.

Den elf weltweit vorkommenden Bartenwalarten stehen 67 Arten aus der zweiten Unterordnung der Wale gegenüber, den Zahnwalen. Arten dieser Gruppe besitzen in Ober- und Unterkiefer spitze Zähne, mit denen sie gezielt ihre Beute jagen. In diese Gruppe gehören alle Delfine wie beispielsweise der Große Tümmler *(Tursiops truncatus)*, der uns durch die Fernsehserie „Flipper" bekannt ist. Auch der Schwertwal oder Orca *(Orcinus orca)*, den wir als „Free Willy" aus dem Film kennen, und der Pottwal „Moby Dick" *(Physeter macrocephalus)* gehören in die Verwandtschaft der Zahnwale.

In den Gewässern rund um Großbritanniens Küsten wurden bis heute insgesamt 28 Wal- und Delfinarten nachgewiesen. Die Artbestimmung im natürlichen Lebensraum der Tiere ist recht schwierig, da meist nur Kopf und Rücken zu sehen sind. Delfine springen jedoch regelmäßig mit dem ganzen Körper aus dem Wasser, auch Buckelwal und Pottwal kommen beim Springen weit über die Oberfläche, wobei man den Buckelwal an den extrem langen Brustflossen erkennt. Wichtige Bestimmungsmerkmale sind die Größe und Form des Kopfes, eventuelle Ausbildung eines „Schnabels", Vorhandensein oder Fehlen einer Rückenflosse sowie Färbung und Zeichnung.

Erst mit dem Aufkommen des immer populärer werdenden „Whale Watching" wurde es einer breiten Schicht von Naturfreunden möglich, diese Meeressäuger in ihrem Lebensraum aus oft nächster Nähe zu bewundern. Nachdem in den USA und in Kanada große Erfolge damit erzielt wurden, richtete man auch an geeigneten Küsten Europas Ausgangspunkte für organisierte Wal-Beobachtungsfahrten ein. Oft gelang es dabei, über die touristische Vermarktung des „Whale Watching" die mit den Walfangbeschränkungen verbundenen geschäftlichen Einbußen wenigstens teilweise zu kompensieren.

In Großbritannien bieten u.a. die „Whale and Dolphin Conservation Society" Walsafaris an. Informationen erhält man von: The Flatt Lodge, Bewcastle, Carlisle, Cumbria CA6 6PH, GB, Tel. 0044/16977-48361.

Die Häfen an der Küste Großbritanniens, in denen „Whale Watching" angeboten wird, sowie die entsprechenden Termine kann man auch erfragen bei: „Sea Watch Foundation", 11 Jersey Road, Oxford 4 4RT, GB, Tel. 0044/18657-17276, im Internet unter www.seawatchfoundation.org.uk.

1 Blauwal / Blue Whale / *Balaenoptera musculus*
2 Zwergwal / Minke Whale / *Balaenoptera acurostrata*
3 Buckelwal / Humpback Whale / *Megaptera novaeangliae*
4 Nordkaper / Right Whale / *Eubalaena glacialis*
5 Schwertwal, Orca / Great Killer Whale / *Orcinus orca*
6 Schweinswal, Kleiner Tümmler / Common Porpoise / *Phocoena phocoena*
7 Gewöhnlicher Grindwal / Pilot Whale / *Globicephala melas*
8 Pottwal / Great Sperm Whale / *Physeter macrocephalus*
9 Rundkopf-Delphin / Grey Dolphin / *Grampus griseus*
10 Weißseiten-Delfin / Atlantic Whiteside Dolphin / *Lagenorhynchus albirostris*
11 Weißschnauzen-Delphin / White-beak Dolphin / *Lagenorhynchus albirostris*
12 Großer Tümmler / Bottlenose Dolphin / *Tursiops truncatus*
13 Gemeiner Delphin / Common Dolphin / *Delphinus delphis*

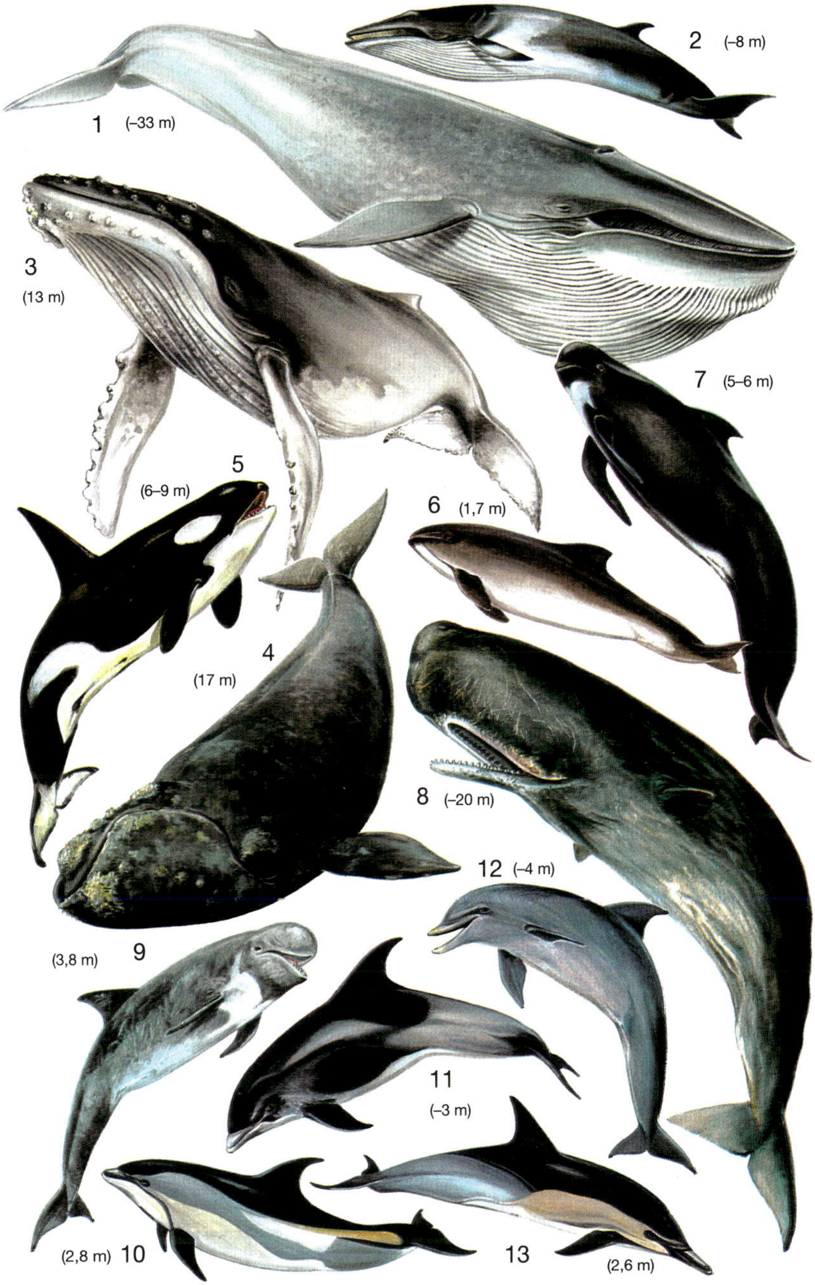
1 (–33 m)
2 (–8 m)
3 (13 m)
4 (17 m)
5 (6–9 m)
6 (1,7 m)
7 (5–6 m)
8 (–20 m)
9 (3,8 m)
10 (2,8 m)
11 (–3 m)
12 (–4 m)
13 (2,6 m)

Schottland

Zu Highlands und Islands

Nach London zählt Schottland unter allen Regionen Großbritanniens die meisten Besucher. Sie kommen wegen der noch weitgehend intakten Natur, der sauberen Gewässer und natürlich wegen der rauen Schönheit der Highlands. Vor allem die Nordwestküste mit ihren vielen weit ins Land reichenden Fjorden, den hohen Klippen, in denen viele Seevögel nisten und an denen sich die Wellen des Atlantiks brechen, lässt keinen Gast des Landes unbeeindruckt.

Zwischen Edinburgh und Inverness

Die Eindrücke, denen man in Schottland innerhalb kürzester Zeit begegnen kann, sind an Vielfalt kaum zu überbieten. An schönen Sommertagen herrscht auf dem Archipel der Orkney's ein fast mediterranes Licht, man glaubt sich ins Mittelmeer versetzt und ist doch im Nordatlantik. Heult jedoch der Sturm um die Häuser, werden die uralten keltischen Mythen gegenwärtig. Die Besichtigung einer Whisky-Destille darf man ebenso wenig auslassen wie Besuche in den vielen Burgen, Schlössern und verträumten Abteiruinen. Und wer weiß, vielleicht taucht ja plötzlich doch wieder einmal das Monster von Loch Ness aus den trüben Fluten des Sees.

Das Zentrum Schottlands

Seit **Edinburgh** **1** (500 000 Einwohner) im 15. Jh. zur Hauptstadt Schottlands avancierte, ist es unbestritten das gesellschaftliche, kulturelle, ökonomische und politische Zentrum des Landes. Ein Rundgang beginnt am westlichen Ende von **Princes Street**, dem Flanier- und Einkaufsboulevard der Stadt. Hier befindet sich im Waverly Shopping Centre die **Tourist Information**. Die Princes Street abwärts ragt das 1844 fertig gestellte, 67 m hohe Scott Monument in den oft wolkigen schottischen Himmel. Unter dem neogotischen Baldachin sitzt Sir Walter Scott, neben ihm liegt seine Hündin Maida. Über 60 Figuren stellen Personen aus Scotts umfangreichem Oeuvre dar. Das Denkmal kann über eine steile Treppe bestiegen werden und bietet einen guten Ausblick auf die Stadt.

Nur einen Steinwurf entfernt liegt der Platz **The Mount** mit zwei wuchtigen, im griechischen Stil gehaltenen Gebäuden: der **Royal Scottish Academy** und der **National Gallery of Scotland**. Die Academy zeigt zeitgenössische Kunst – während des alljährlichen Edinburgh Festival kommen Sonderausstellungen hinzu, die Gallery hat Werke von der Renaissance bis zu den Postimpressionisten in ihrem Bestand (beide Mo–Sa 10–17, So 14–17 Uhr).

Stufen führen vom Mount hügelanwärts. Oben angekommen

hält man sich rechts, biegt dann nach links ab und erreicht die quer verlaufende **Royal Mile**. Diese besteht aus den Straßen Castlehill, Lawnmarket, High Street und Canongate und verbindet Edinburgh Castle im Westen und den königlichen Holyrood Palace im Osten. An dieser Ecke steht der **Outlook Tower**, der eine Camera obscura aus dem Jahr 1850 besitzt. Ein Teil der Skyline der Stadt kann damit auf eine halbrunde Mattscheibe projiziert werden (Sommer tgl. 9.30–18, Winter 10–17 Uhr). Gegenüber macht das **Scotch Whisky Heritage Centre** den Besucher mit der Produktion und Geschichte des „guten schottischen Tranks" (Robert Burns) vertraut (Sommer tgl. 9–17.30, Winter tgl. 10–17.30 Uhr).

Wenngleich das Hauptportal von Edinburgh Castle hier schon zum Greifen nah ist, sollte man sich dennoch erst einmal abwenden und die Straße abwärts spazieren. Linker Hand taucht schnell **Gladstone's Land** auf, ein typisches Edinburgher Stadthaus aus dem Jahr 1620 (April–Okt. Mo–Sa 10–17, So 14–17 Uhr). Wenige Schritte weiter geht es ebenfalls links durch einen Hinterhof zu dem schneeweißen **Lady Stair's House**. Hier befindet sich eine sehr sehenswerte Ausstellung zu den drei großen schottischen Literaten–Robert Burns, Sir Walter Scott und Robert Louis Stevenson (Juni–Sept. Mo–Sa 10–17.30, Okt.–Mai Mo–Sa 10–17 Uhr, während des Festivals auch So 14–17 Uhr). Nun geht es endlich zurück zu **Edinburgh Castle**, das auf einem rund 120 m hohen Bergrücken liegt, dessen Klippen steil in die Tiefe stürzen. Schon im 7. Jh. befand sich hier eine Befestigung. Durch das Gatehouse treten wir ein, steigen hügelan und erreichen die Argyle Battery und die Mills Mount Battery – beides Aussichtspunkte auf die New Town von Edinburgh. Von der Mills Mount Battery wird täglich außer sonntags um Punkt 13 Uhr ein Salutschuss abgefeuert. Weiter hügelaufwärts erreicht man die French Prisons, so genannt nach den Gefangenen der napoleonischen Kriege. In einem Gewölbe informiert eine audiovi-

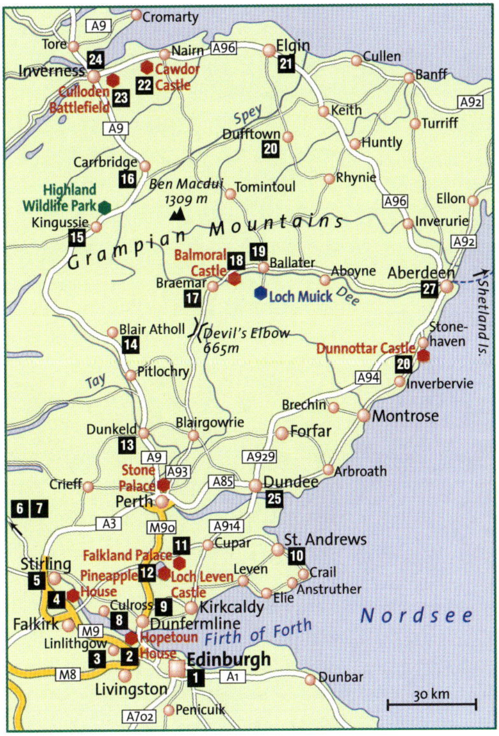

Maria Stuart

Am 8. Dezember 1542 wird Maria Stuart in Linlithgow Palace geboren und erbt schon wenige Tage später nach dem frühen Tod des Vaters die Krone. Die Mutter übt die Regierungsgeschäfte aus und lässt die Tochter am französischen Hof erziehen. Dort heiratet Maria mit 15 Jahren den Thronfolger, der jedoch schon drei Jahre später stirbt. Die junge Witwe kehrt nach Schottland zurück. Wenige Jahre später geht Maria erneut den Bund fürs Leben ein, und zwar mit Lord Darnley. Doch der Gatte erweist sich als töricht, und als Maria wichtige Regierungsangelegenheiten immer öfter mit ihrem Privatsekretär David Riccio bespricht, ermordet Darnley mit einigen Verschwörern diesen vor den Augen der schwangeren Königin. Die verzichtet auf sofortige Bestrafung des Verbrechens und bringt im Juni 1566 einen Sohn zur Welt. Doch ein halbes Jahr später wird Darnley ermordet, und zwar von Lord Bothwell, dem neuen Geliebten der schottischen Königin.

Als Maria Stuart Bothwell kurze Zeit später heiratet, wird es dem schottischen Adel zu viel. Sie wird zur Abdankung gezwungen und festgesetzt. Doch sie kann fliehen und geht nicht etwa ins sichere französische Exil, sondern nach England. Hier wird sie von Elisabeth I. für die folgenden 16 Jahre unter Hausarrest gestellt.

Um endlich freizukommen, beteiligt sich Maria an mehreren Umsturzplänen gegen die englische Monarchin. Als ihre Täterschaft durch den Geheimdienst zweifelsfrei bewiesen ist, unterzeichnet Elisabeth das Todesurteil gegen ihre Rivalin. Im Februar 1587 stirbt Maria Stuart durch das Schwert des Henkers. In Westminster Abbey zu London hat sie ihre letzte Ruhe gefunden.

suelle Show über die Geschichte der Festung, in einem anderen steht die Monsterkanone Mons Meg, die Mitte des 14. Jh. gegossen wurde. 1681 platzte das dicke Rohr bei einem Salutschuss.

Es geht immer noch weiter bergauf, vorbei an der winzigen St. Margaret's Chapel, benannt nach der später heilig gesprochenen Gemahlin König Malcolms III. Canmore. Mit wenigen Schritten erreicht man nun das Innerste der Burganlage, den **Crown Square**, umgeben vom **Scottish National War Memorial**, dem **Royal Scots Regimental Museum**, der **Great Hall** und dem **königlichen Palast**.

Von der **Esplanade**, dem großen Burgvorplatz, auf dem alljährlich während des Festivals Dudelsackgruppen aus aller Welt zum Military Tattoo blasen, führen Treppenstufen hinunter zum Grassmarket. Auf Edinburghs altem Marktplatz trieb man im Mittelalter nicht nur Handel, sondern knüpfte auch Verbrecher auf. Ein im Boden eingelassenes Kreuz markiert die Stelle, an der einst der Galgen stand. Das Pub daneben heißt treffenderweise The Last Drop, und es gibt hier noch einige mehr. Verlassen wir den Grassmarket am östlichen Ende über die Candlemaker Row. An der Kreuzung mit der Straße George IV. Bridge erhebt sich der architektonisch sehr gelungene Neubau des **Museum of Scotland**, das man unbedingt besuchen muss. Anhand der vielen, sehr gut arrangierten Exponate wird die Geschichte Schottlands lebendig. Vom neuen Haus gelangt man in das 150 Jahre alte **Royal Museum** mit seinem wunderschönen lichtdurchfluteten Innenhof, von dem man über Galerien in die Säle mit zoologischen, naturgeschichtlichen, ägyptischen und asiatischen Ausstellungsstücken gelangt.

Zurück zur Straße George IV. Bridge und dort rechts ab, stoßen wir wieder auf die quer verlaufende Royal Mile, biegen erneut rechts ab und sehen vor uns **St. Giles Cathedral**. Hinter Edinburghs Hauptkirche befindet sich der Parliament Square mit einem überlebensgroßen Reiterstandbild Karls II. Hier kann man auch einen Blick auf die georgianische Fassade des ehemaligen **Parlamentsgebäudes** werfen, das heute als Oberstes Gericht dient. Bis zur Vereinigung mit England im Jahr 1707 tagte hier die schottische Volksvertretung.

Am Ende der Royal Mile erreicht man den königlichen **Holyrood Palace**, die offizielle schottische Residenz der Königin (April–Okt. 9.30–17.15, So 10.30–16.30, Nov.–März Mo–Sa 9.30–15.45 Uhr). Der Palast ging aus einer Augustinerabtei hervor, die König David I. ab 1128 an diesem Ort erbauen ließ. Zu besichtigen sind im Innern die State Apartments, in denen Königin Elisabeth wohnt, wenn sie vor Ort weilt, und die Historic Apartments, in denen Mary, Queen of Scotts, ihre Gemächer hatte. Von besonderem Interesse für die Besucher ist hier natürlich das Zimmer, in dem Maria Stuarts Mann, Lord Darnley, mit einigen Verschwörern vor den Augen seiner Frau ihren Privatsekretär David Riccio ermordete. In vergangenen Tagen pflegte man für die Besucher den Blutfleck sorgfältig nachzufärben, heute erinnert eine Messingplatte an das schaurige Ereignis. Der gewaltige Tafelberg neben Holyrood Palace heißt Arthur's Seat und ist Teil des Holyrood-Parks.

Tourist Information: 3 Princes Street, in der Waverley Bridge Shopping Mall

Von Edinburgh nach Stirling

Vom Stadtzentrum aus führen Schilder mit der Aufschrift Forth Road Bridges nordwestwärts aus der Stadt heraus. Folgt man der Uferfront des lang gezogenen Fjordes in westlicher Richtung, so ist schnell der prachtvolle Herrensitz **Hopetoun House** 2 erreicht (Ostern–Sept. tgl. 10–17.30 Uhr). Der Architekt William Bruce errichtete zwischen 1699 und 1703 den Mittel-

Edinburgh Castle und Princes Street Gardens

St. Andrew's Cathedral und Stadt

trakt, doch schon kurze Zeit später verlangte der 1. Earl of Hopetoun eine repräsentativere Residenz und beauftragte den kongenialen schottischen Architekten William Adam mit umfangreichen Erweiterungsarbeiten.

Nur einen Katzensprung ist es von hier bis zum Städtchen **Linlithgow** **3**, in dem eine gewaltige Schlossruine von vergangenem Glanz kündet. **Linlithgow Palace** entstand ab dem 12. Jh. und wurde in den folgenden Jahrhunderten stetig weiter ausgebaut. Am 8. Dezember 1542 erblickte hier Maria Stuart das Licht der Welt. 1603 begann der Niedergang der Residenz, als Maria Stuarts Sohn, James VI., den englischen Thron übernahm und fortan in London residierte. Der Palast verfiel zusehends, und 1746 war er schon derart marode, dass der englische Duke of Cumberland in dem geräumigen Schloss seine Truppen einquartierte, mit denen er in die Schlacht von Culloden (vgl. S. 126 u 131) zog. Als die Soldaten abrückten, machten sie sich nicht die Mühe, die Biwakfeuer sorgfältig zu löschen, die Flammen flackerten wieder auf und das Unheil nahm seinen Lauf.

Auf der Fahrt nach Stirling sollte man die Autobahn M 9 bei Junction verlassen und auf der A 905 weiterfahren. Zwischen den beiden Weilern Airth und Dunmore liegt im Dunmore Park eine architektonische Kuriosität – das **Pineapple House** **4**. 1761 errichtete ein bis heute unbekannter Baumeister den 15 m hohen Turm eines Gewächshauses in Form einer Ananas.

Die sympathische Universitätsstadt **Stirling** **5** gilt vielen Schotten als verkleinertes Abbild von Edinburgh. Das liegt daran, dass auch über Stirling eine Burg auf einem hohen Bergkegel aufragt (April–Sept. tgl. 9.30–17.15, ansonsten 9.30–16.15 Uhr). Maria Stuart wurde schon kurz nach der Geburt hier vor englischen Häschern in Sicherheit gebracht. Von der Burg hat man einen prachtvollen Ausblick auf die schroffen Hügel der Highlands. Auf einem der Berge fällt ein nadelspitzer, 70 m hoher Turm ins Auge: das Wallace Monument im Ortsteil Bridge of Allan (März–Okt. tgl. 10–17 Uhr, Juli/Aug. tgl. 9.30–18.30 Uhr). Das Innere zeigt eine Ausstellung zur Schlacht an der Stirling Bridge, in der die Schotten unter William Wallace die Engländer 1297 vernichtend schlugen. Hollywood hat diese Ereignisse vor einigen Jahren in dem Film „Braveheart" dargestellt. Im südlichen Viertel **Bannockburn** erinnert ein Visitor Centre daran, dass 1314 hier Robert Bruce die Nachbarn besiegte, worauf für viele Jahrzehnte Ruhe im hohen Norden herrschte (April–Okt. tgl. 10–17.30 Uhr). Eine überlebensgroße Statue zeigt den Schottenkönig in voller Rüstung hoch zu Ross.

Tourist Information: Dumbarton Road

Die Trossachs

Man verlässt Stirling auf der A 84 in nordwestlicher Richtung, folgt der Verlängerung A 874 und erreicht den Weiler **Aberfoyle** 6, Standquartier für Wanderungen in den Trossachs. Von dort führt die weitere Strecke an die südliche Spitze des **Loch Katrine** 7, der eingebettet wie ein Lapislazuli in der samtgrünen Waldlandschaft liegt. In dieser Region spielt die Versromanze „The Lady of the Lake“, die Sir Walter Scott 1810 publizierte und die ein Riesenerfolg wurde. Das Dampfschiff, das natürlich den Namen „Sir Walter Scott“ trägt, verkehrt täglich um 11 Uhr von hier bis zum Dörfchen Stronachlar und wieder zurück. Um 13.45 und um 15.15 Uhr finden weitere Seerundfahrten statt.

Die Halbinsel Fife

Die Halbinsel Fife, die nördlich von Edinburgh liegt, wird von den beiden weit ins Land reichenden Fjorden Firth of Forth im Süden und Firth of Tay im Norden begrenzt.

Erste Anlaufstelle ist im Süden das Dorf **Culross** 8, ein heute äußerst pittoresker Ort, der einmal zu den reichsten Städten Schottlands zählte. Hier wurde der hl. Mungo, der Gründer von Glasgow, um 520 geboren. Zu Prosperität kam der Ort, weil hier im 16. und 17. Jh. die geförderte Kohle aus flutungssicheren Stollen direkt vom Schacht in die Schiffe verladen werden konnte. Seit 70 Jahren restauriert der National Trust for Scotland die Häuser des Ortes. Im ehemaligen **Town House** macht eine audiovisuelle Vorführung mit der Historie bekannt. Eine Kuriosität sind die Straßen: In der Mitte verläuft ein höher gelegter Plattenweg, von dem beidseitig die Kopfsteinpflasterung abschüssig in die Gosse führt. Die Honoratioren von Culross wanderten auf dieser „Crown o' the Causeway“ trockenen Fußes, während die niedrigeren Stände ausweichen und den Weg durch die Abwässer nehmen mussten.

Die wenig anheimelnde Stadt **Dunfirmline** 9 war einmal die Hauptstadt Schottlands und in ihrer Abteikirche liegen sieben schottische Könige begraben, darunter der große Robert Bruce. Bei Bauarbeiten Anfang des 19. Jh. fand man zufällig seinen Sarg, öffnete ihn und fand die Rippen zersägt. Dies bestätigte die Legende, wonach sein Herz an einem andern Ort begraben worden sei. 1920 fand man es im Kapitelhaus von Melrose Abbey (vgl. S. 145).

In der Moody Street findet sich ein kleines, unscheinbares Cottage. Hier wurde 1835 Andrew Carnegie geboren, der mit seinen Eltern nach Amerika auswanderte, mit seinen

Der Kilt

Die Ursprünge des Schottenrocks gehen auf den so genannten Breacan Feilidh zurück. Dies waren zwei Stoffbahnen, deren erste über die linke Schulter geworfen und mit einer Fibel befestigt wurde. Die zweite legte der Hochlandrecke in Falten, schlang sie um die Hüfte und befestigte sie dann mit dem Gürtel. Bei den vielen kriegerischen Auseinandersetzungen mit den Engländern erwies sich das Tuch um den Oberkörper aber als nachteilig, weil es den Schwertarm behinderte. Also ließen die Männer alsbald diesen Teil der Tracht einfach weg. Der sorgfältig in Falten (kilted) gelegte Rock aber blieb, und alsbald kam der Sporran hinzu, jenes vor dem Rock baumelnde pinselartige Gebilde, das einstmals die wertvollen männlichen Körperteile schützte. Als die Kriege beendet waren, entwickelte sich daraus ein praktisches Täschchen, in dem der Highlander heute gerne sein Handy aufbewahrt. Im karogewirkten Strumpf hat der traditionsbewusste Schotte auch bei hohen gesellschaftlichen Anlässen einen Dolch, den Dirk, stecken. Und was trägt der Highlander unter dem Kilt? Natürlich normale Unterwäsche. Früher war es das Leni Croich, ein bretthart gestärktes langes Hemdchen, das auch eine kräftige Windböe nicht zum Flattern bringen konnte.

Stahlwerken zum Multimillionär und später zum großen Wohltäter wurde.

Weiter entlang der Küste passiert man kleine, romantische Fischerdörfer wie Largo, Elie, Anstruther und Crail, bis **St. Andrew's** 10 erreicht ist. 1410 wurde hier die erste Universität Schottlands gegründet. Eindrucksvoll sind noch immer die Reste der **Kathedrale**, die 1318 geweiht und während der Reformation von Bilderstürmern zerstört wurde. Unweit des Dorfes steht nahe dem Meer eine kleine Burg, die einst als Bischofsresidenz diente. 1546 ließ Kardinal David Beaton den Reformator George Wishart vor deren Toren verbrennen. Wenige Wochen später überwältigten dessen Glaubensbrüder die Bewacher, nahmen die Burg ein, töteten den Bischof und konservierten seine Leiche in einer Salzwasserlösung im Bottle Dungeon, einem flaschenförmigen Verlies.

Bekannter ist St. Andrew's allerdings als Hochburg des Golfsportes geworden, und bis heute werden hier die Regeln festgelegt. Sportsfreunde können sich in einem Golfmuseum umfassend über diese noble Art der Freizeitgestaltung informieren (April–Okt. tgl. 9.30–17.30, ansonsten tgll außer Di/Mi 11–15 Uhr).

Tourist Information: Market Street

Auf der A 91 in westlicher Richtung stößt man ca. 18 km südwestlich von Cupar auf das Örtchen Falkland mit dem **Falkland Palace** 11, der den Königen der Stuart-Dynastie als Jagdschloss diente. Man begann den Bau 1501 im gotischen und vollendete ihn 1541 im Renaissancestil. Maria Stuarts Vater starb hier kurz nach der Geburt seiner Tochter – und nach einer vernichtenden Niederlage gegen die Engländer. Mary, Queen of Scots, weilte immer gerne in der Residenz, erholte sich hier von den Regierungsgeschäften und spielte Tennis. Der Court von Falkland ist der wohl älteste der Welt (April–Okt. Mo–Sa 11–17.30, So 13–17, ansonsten nur Sa/So 13–17 Uhr).

Die Black Houses

Das Black House war für viele Jahrhunderte die vorherrschende Wohnform in den Highlands und auf den schottischen Inseln. Die doppelten Mauern waren rund 2 m hoch und eine Torfschicht dazwischen sorgte für die Isolierung. Auf der inneren Mauer ruhte das Strohdach, das mit vielen Seilen und Steinen bewehrt war, damit es den Winterstürmen standhielt. Die Torfschicht und die äußere Mauer dienten als Umgang für Reparaturarbeiten. Die vier Ecken des Hauses waren abgerundet, damit das Haus dem Sturm wenig Angriffsfläche bot. An der windabgewandten Längsseite befand sich der niedrige Eingang für Mensch und Vieh.
Zunächst trennte nur eine Flechtwand die Bewohner von ihren Tieren. Erst seit Mitte des 19. Jh. trennten die Crofter den Stall mit einer festen Wand ab. Einen Schornstein gab es nicht, das Feuer brannte auf dem gestampften Lehmboden und der Rauch zog durch Spalten und Ritzen im Dach ab.
Alle paar Jahre wurde das vom Rauch geschwärzte Ried des Daches als Dünger auf die Felder verteilt, und die Bauern deckten ihre Hütte neu.
An der hinteren Längsseite schloss sich zumeist ein Vorratsraum an, in dem Getreide, Brot, Kartoffeln und Butter lagerten.

Auch **Loch Leven Castle** 12 auf einer Insel im gleichnamigen See erinnert an die unglückliche schottische Königin. Nach der Ermordung ihres Ehemannes und der Heirat mit dem vermeintlichen Mörder, Lord Bothwell, stellte der Adel die Herrscherin hier für fast ein Jahr unter Hausarrest. Dank des 16-jährigen Knappen Willie Douglas konnte sie entkommen und floh nach England, wo Elisabeth I. sie für viele weitere Jahre unter Hausarrest hielt. Vom Pier in Kinross kann man zur Burg übersetzen (April–Sept. Mo–Sa 9.30–18.30, So 14–18.30 Uhr).

Von Stirling nach Inverness

Von Stirling führt die A 9, die auch als die Traumstraße der Highlands apostrophiert wird, über Perth nach Norden. Ein erster Stopp lohnt sich im Puppenstubenörtchen **Dunkeld** 13, dessen Marktplatz ein verwittertes Marktkreuz trägt und der von liebevoll restaurierten, kleinen, weißgekalkten Häuschen umstanden ist. Wenige Schritte weiter liegt in einer baumbestandenen Flussaue am River Tay die Kathedrale des Ortes. 1318 begannen die Arbeiten, während der Reformation zerstörten Bilderstürmer das Gotteshaus. Nur der Chor wurde seit 1600 mehrmals restauriert und dient heute als Diözesankirche – inmitten von Ruinen.

Über Pitlochry erreicht man das Dorf **Blair Atholl** 14 mit dem schneeweißen **Atholl Castle** (April–Okt. tgl. 10–17 Uhr), das aus dem 13. Jh. datiert. Ein halbes Jahrtausend später bauten die Dukes of Atholl die Burg im so genannten Baronial Style um. Das Schloss ist noch immer in Privatbesitz, aber 32 Räume kann man besichtigen. Alljährlich am letzten Samstag im Mai findet im Burghof ein ungewöhnliches Spektakel statt. Der Duke of Atholl ist nämlich der einzige Brite, der eine Privatarmee befehligen darf – dank eines Privilegs der schottlandverliebten Queen Victoria. Und so marschieren denn am besagten Samstag die Angestellten des Herzogs in Schottenrockuniform und unter den martialischen Klängen einer Dudelsackkapelle auf, schultern Holzgewehre und ehren mit einem donnernden Salutschuss aus einer alten Kanone ihren Oberkommandierenden. Einen Tag später finden auf dem Gelände die Atholl Highland Games statt.

In **Kingussie** 15, dem folgenden Ort, lohnt nur das **Highland Folk Musuem**, das den Besucher mit dem harten Leben im Hochland vertraut macht, einen Stopp (Mo–Sa 10–18, So 14–18, im Winter bis 15 Uhr). Etwa 2 km weiter zeigt der **Highland Wildlife Park** die Fauna des schottischen Hochlandes (April–Okt. tgl. 10–18, ansonsten bis 16 Uhr).

Auf den folgenden rund 50 km bis Inverness tritt man nur in Carrbridge wegen des **Landmark Highland Heritage Centre** 16 noch mal auf die Bremse (tgl. 9.30–17.30, im Sommer bis 20.30 Uhr).

Soldaten der Privatarmee des Duke of Atholl

Von Perth nach Inverness

Wir verlassen Perth auf der A 93 Richtung Norden. Etwa 2 km außerhalb des Zentrums ragt etwas abseits der Straße **Scone Palace** auf. An diesem Ort wurden einst die schottischen Könige gekrönt. Während der Zeremonie nahmen sie auf dem Stone of Destiny Platz, einem unbehauenen Sandsteinklotz. 1296 raub-te der englische König Edward I. den auch Stone of Scone genannten Stein und ließ ihn in den englischen Krönungsstuhl einarbeiten. Fortan wurden die englischen Herrscher auf dem sagenumwobenen Block gekrönt und unterstrichen damit symbolisch ihren Anspruch auch auf die Krone Schottlands. Elisabeth II. war allerdings die letzte Königin, die auf dem Stein gekrönt wurde, denn 1996 gab man den Schotten den symbolträchtigen Stein zurück. Das heute zu besichtigende Schloss ließ Anfang des 19. Jh. der 3. Earl of Mansfield im neogotischen Stil bauen (Ostern–Okt. tgl. 9.30–16.45 Uhr).

Entlang der A 93 in Richtung Norden fahren wir über den 665 m hohen Pass **Devil's Elbow** nach **Braemar** 17. Dort findet alljährlich am ersten Samstag im September das bekannteste und größte Highland Game Schottlands statt. Da **Balmoral Castle**, die Hochlandresidenz der Queen, nur wenige Kilometer entfernt ist, ist die königliche Familie traditionell unter den Zuschauern.

Die Highland Games

Den ganzen Sommer über finden in vielen Dörfern und Städten der Highlands die auch Gathering genannten Highland Games statt. Die skurrilen Spiele gehen auf Malcolm III. zurück, der seine Mannen zur körperlichen Ertüchtigung anhielt. Heute steht Hammerwerfen auf dem Programm, das Hochschleudern von schweren Gewichten über eine Messlatte, Tauziehen von zwei Mannschaften, aber als bekanntester Wettkampf gilt das „Tossing the Caber", das Baumstammwerfen. Da greift sich ein kiltgewandeter Muskelprotz einen rund 80 kg schweren und etwa 6 m langen Baumstamm, klemmt ihn zwischen Kopf und Stiernacken ein und schleudert ihn dann mit einem markerschütternden Kampfschrei von sich. Der Baumstamm muss nun einen Salto schlagen und so zu liegen kommen, dass seine Spitze auf 12 Uhr zeigt. Minutenlange Standing Ovations der Besucher sind der Lohn für den Kraftakt, der nur wenigen Athleten gelingt. Wer es nicht so sehr in den Muskeln hat, spielt vor einer Jury den Dudelsack. Getanzt wird auch, vor allem die jungen Mädchen zeigen, dass sie den „Highland Fling" oder den „Gille Calum" beherrschen. Bei Letzterem dürfen die kreuzförmig ausgelegten Schwerter nicht mit den Füßen berührt werden.

Tourist Information: The Mews, Mar Road

Wenige Kilometer weiter ist **Balmoral Castle** 18 erreicht, die schon erwähnte schottische Residenz der Königin. Alljährlich im August und September verbringen die Royals hier ihre Sommerferien, dann ist das Gelände nicht zu besichtigen. Ansonsten darf man einen Blick in den Ballsaal werfen und durch den Park streifen (April–Mai Mo–Sa 10–17, Juni/Juli tgl. 10–17 Uhr). Nicht mehr weit ist es nun bis zu dem sympathischen kleinen Luftkurort **Ballater** 19. Von dort führt eine 12 km lange Stichstraße zum **Loch Muick**, den man auf einem Uferweg in dreistündigem Spaziergang umrunden kann. Bergwanderer mit Kondition für acht Stunden wird sicher der Aufstieg zum 1154 m hohen **Lochnagar** reizen.

Tourist Information: Station Square

Kurz vor Ballater zweigt die A 939 nach Norden ab. Beim Weiler Tomintoul wechselt man in die B 9008, etwas später in die B 9009 und erreicht auf diese Weise **Dufftown** 20, die Malt Whisky Capital of the World. Sieben Destillen brennen hier den Pure Single Malt, die bekannteste ist die von Glenfiddich. Der Besuch ist kostenlos, es gibt sogar Führungen in deutscher Sprache, und zum Abschluss wird ein „Wee Drum" gereicht, ein kleiner Schluck. Die Brennerei befindet sich ca. 1,5 km außerhalb des Zentrums an der gen Norden führenden A 941, über die es dann auch weiter in Richtung auf das Landstädtchen **Elgin** 21 geht. Hauptsehenswürdigkeit ist hier die Ruine der mächtigen Kathedrale, einst Leuchte des Nordens genannt. 1224 wurde das Gotteshaus geweiht, doch schon 1390 von Alexander Stewart, einem Bastard König Roberts II., aus Rache niedergebrannt. In der High Street führt ein kleines Museum durch die Lokalgeschichte (April–Okt. Mo–Fr 10–17, Sa 11–16, So 14–17 Uhr). Liebhaber von Oldtimern werden sich hingegen sicher mehr für das **Moray Mo-**

Die königliche Residenz Balmoral

tor Museum in der Bridge Street interessieren, das alte Nobelkarossen präsentiert (April–Okt. tgl. 11–17 Uhr).

Tourist Information: 17 High Street

Von Elgin geht es auf der A 69 in Richtung Westen, dann auf der A 96 nach Nairn und von dort südwärts nach Cawdor mit dem **Cawdor Castle** 22. (Mai–Okt. tgl. 10–17.30 Uhr). Angeblich soll hier Macbeth, der Than von Cawdor, König Duncan gemeuchelt haben. In Wahrheit wurde Duncan freilich in offener Feldschlacht bei Elgin erschlagen. Die ältesten Gebäudeteile datieren aus dem 13. Jh., im 15. und 17. Jh. wurde das Tower House verstärkt und ausgebaut.

Zurück zur A 96 geht es auf Inverness zu. Kurz vor der Stadt führt eine unklassifizierte Straße zum **Culloden Battlefield** 23. Hier fand 1746 die letzte Schlacht auf britischem Boden statt. Ein Jahr zuvor war der 25-jährige Sohn König Jakobs VII., Charles Edward Stuart, bis heute in Schottland nur „Bonnie Prince Charlie“ genannt, heimlich ins Land zurückgekehrt, hatte die Unterstützung der Hochland-Clans gewonnen und zog gegen die Engländer. Anfangs war er erfolgreich, doch dann stellte der Herzog von Cumberland, ein Sohn Georgs II., mit seiner Armee die Schotten bei Culloden. Die Schlacht endete mit einer Katastrophe. Binnen 25 Minuten hatten die Rotröcke den Sieg errungen und richteten unter den verwundeten und fliehenden Schotten ein grauenvolles Blutbad an. Bis heute heißt der Duke of Cumberland nur „The Butcher“, der Schlächter. Bonnie Prince Charlie konnte fliehen und dank der mutigen Flora MacDonald aus dem Land kommen (vgl. S. 131). Ein Visitor Centre informiert über die Ereignisse, man kann über das Schlachtfeld wandern und anhand der Markierungen die Frontlinien abgehen. Überall liegen Steine, in die der Name des Clans eingraviert ist, dessen Mitglieder in der Schlacht fielen und die hier zur letzten Ruhe gebettet wurden.

Von Culloden erreicht man in wenigen Minuten **Inverness** 24 (50 000 Einwohner), die Hauptstadt der Highlands.

Tourist Information: Castle Wynd, neben dem Inverness Museum

Von Perth nach Aberdeen

Über die A 90 sind es von Perth nur 30 km bis **Dundee** 25. Dort wurde im Mai 1878 die mehr als 3 km lange Eisenbahnbrücke über den Firth of Tay eingeweiht – ein technisches Meisterwerk ohnegleichen, wie man

Schottischer Whisky

Bei dem schottischen Nationalgetränk handelt es sich um ein echtes Naturprodukt. Angefeuchtete Gerste wird zum Keimen gebracht, dann über dem Torffeuer getrocknet, zu Schrot (Grist) vermahlen und im heißen Wasser der zumeist hauseigenen Quelle zusammen mit Hefe (Yeast) gelöst. Die Hefe fördert die Gärung (Fermentation) und wandelt den Zucker des Malzes in Alkohol um. Diese „Wash" genannte Flüssigkeit hat einen Alkoholanteil von etwa sechs Prozent. In den Pot Stills, den kupfernen Brennblasen, wird der Wash dann dreimal gebrannt. Dabei verdunstet die Flüssigkeit, und in den Kondensatorenhälsen der Brennblase schlägt sich der heiße Dampf erneut in flüssiger Form nieder.
Durch die erste Destillation (Wash Still) wird der Alkohol von allen Unreinheiten getrennt. Das Destillat (Low Wines) läuft nun nach seiner Abkühlung in die zweite Brennblase. Hier werden der Vorlauf (Foreshot), das, was zuerst destilliert wurde, und der Schwanz (Feints), das, was zuletzt herausläuft, wieder zu den nächsten erstgebrannten Low Wines gegeben.
Nur der mittlere Teil (Middle Cut) der zweiten Destillation, das „Herzstück", wird vom Brennmeister (Stillman) zur weiteren Reife verwendet. Glasklar fließt dieser nun ca. 63-prozentige Whisky durch den zollamtlich versiegelten Spirit Safe und wird dann zur Reifung (Maturation) in Eichenfässer abgefüllt.

glaubte. Doch schon 18 Monate später brach die Brücke in einer Sturmnacht zusammen, ein Zug stürzte in die schwarze Tiefe, und 75 Menschen kamen ums Leben. Der Architekt hatte die Belastungen durch den Wind nicht berücksichtigt, und das Gusseisen war von minderer Qualität. 1887 war die zweite Brücke fertig, und sie hält bis heute.

Schilder mit der Aufschrift „Historic Ships", dann „Frigate Unicorn" und von dort schließlich „Discovery Point" führen den Besucher durch das Stadtzentrum zum Victoria Dock, an dessen Kai die Fregatte **Unicorn** liegt (März–Okt. tgl. 10–17, ansonsten bis 16 Uhr). Das Kriegsschiff wurde 1824 in Dienst gestellt und galt mit seinen 46 Kanonen als eines der stärksten seiner Klasse. Am Discovery Point, in einem anderen Teil des Hafens, dümpelt die **RRS Discovery** in den seichten Wellen (ganzjährig tgl. geöffnet). Das Royal Research Ship lief um die Jahrhundertwende vom Stapel und brachte Captain Scotts unglückliche Südpolexpedition in die Arktis. In einem Visitor Centre erfährt man mehr über die tragische Unternehmung.

Tourist Information: 4 City Square

Die A 90 führt in nordöstliche Richtung auf die Küste und damit auf **Dunnottar Castle** 26 zu, das wenige Autominuten südlich des kleinen Fischerhafens Stonehaven liegt. Auf einem steilen Felsen über dem Meer liegt die Burg, deren älteste Teile auf das 9. Jh. zurückgehen, an strategisch günstiger Stelle (Ostern–Okt. Mo–Sa 10–18, So 14–17 Uhr). 1651 belagerte Oliver Cromwell die Burg acht Monate lang, um die schottischen Reichsregalien zu rauben, die hier traditionell aufbewahrt wurden. Als die Besatzung kapitulierte, musste der Lord Protector freilich feststellen, dass die Insignien schon Monate zuvor durch die feindlichen Linien geschmuggelt und in Sicherheit gebracht worden waren. 1715 ließen die Engländer die Wehranlage sprengen, damit die

Tipp

Die Shetlands

Von Aberdeen verkehrt eine Autofähre nach Mainland, der Hauptinsel des Shetland-Archipels.Die Überfahrt dauert zwölf Stunden. Im Süden des Eilandes, am Sumbergh Head, befindet sich die größte Attraktion der Insel, die Ausgrabungsstätte Jarlshof (April–Sept. Mo–Sa 9.30–18.30, So 14–18.30 Uhr). Die gut erhaltenen ovalen Rundhütten stammen aus dem 2. Jt. v. Chr. Nur noch gut 4 m hoch sind die Mauern eines Brochs, eines Wehrturmes aus der Eisenzeit. Drum herum gruppieren sich die sog. Wheelhouses, große, runde Gebäude, deren speichenartig verlaufende Wände nicht nur als Raumteiler, sondern auch als tragende Mauern für das Dach dienten.
Die Hauptstadt des Archipels ist Lerwick, gelegen im geografischen Zentrum von Mainland und Versorgungshafen für die Ölplattformen in der nördlichen Nordsee. Seeseitig liegt Fort Charlotte, mit dessen Bau 1665 begonnen wurde und das den Namen der Ehefrau Georgs III. trägt. Bis heute wird es militärisch genutzt, ist aber dennoch zu besichtigen (April–Sept. Mo–Sa 9–18.30, So 14–18.30 Uhr).
Tourist Information: The Market Cross, Lerwick

aufständischen Jakobiten hier keinen Schutz finden konnten.

25 km sind es jetzt noch, bis **Aberdeen** 27 erreicht ist – nach Glasgow und Edinburgh mit rund 250 000 Einwohnern die drittgrößte Stadt Schottlands, ein wichtiger Fischereistandort und Versorgungshafen für die Ölplattformen in der Nordsee. 1179 schon wurde die Siedlung in den Rang einer „Royal Burgh“ erhoben, und mehrfach fielen die Engländer marodierend in der Stadt ein. Zu Beginn des 19. Jh. begann der wirtschaftliche Aufschwung, der aufgrund der Erdölfunde in der Nordsee bis heute ungebrochen ist.

Haupteinkaufsboulevard ist die Union Street, an deren östlichem Ende das alte Marktkreuz aufragt und das aus Granit erbaute Old Town House. Viele Gebäude der Stadt sind aus Granit erbaut, und da dieser in der Sonne leuchtet, wird die Stadt oft als „The Silver City by the Sea“ bezeichnet. Hier biegt man rechts in die Broad Street ein. Verborgen hinter den gesichtslosen Betonfassaden der Stadtverwaltung liegt linker Hand **Provost Skene's House**, einst das Heim der Bürgermeister und 1545 erbaut. Viel originales Mobiliar aus jener Zeit, bemalte Holzdecken und Exponate zur Stadtgeschichte finden sich im Innern (ganzjährig Mo–Sa 10–17 Uhr).

Ein kurzer Spaziergang bringt den Besucher zur Schoolhill-Straße. Dort sind in einem neoklassizistischen Gebäude die Bestände der **Aberdeen Art Gallery & Museum** untergebracht; Gemälde und Skulpturen vom 18.–20. Jh. lohnen einen Besuch (ganzjährig Mo–Sa 10–17, So 14–17 Uhr). Nahe am Hafen ist in der Shiprow im **Provost Ross's House** das wirklich hochinteressante **Maritime Museum** untergebracht, das nicht nur die Geschichte der Seefahrt und Fischerei, sondern auch die Erdölförderung in der Nordsee zum Thema hat (ganzjährig Mo–Sa 10–17, So 11–17 Uhr). Frühaufsteher sollten um sieben Uhr am Fischmarkt sein und sich das geschäftige Treiben der Verkaufsauktionen anschauen.

Tourist Information: St. Nicholas House, Broad Street

Die nordwestlichen Highlands und Inseln

Von Inverness nach Kyle of Lochalsh

Wir verlassen Inverness auf der A 862 in südwestliche Richtung und kommen über Beaulieu, wo eindrucksvolle Ruinen eines mittelalterlichen Klosters auf den Besucher warten, zum etwas abseits der A 835 liegenden einstigen Kurort **Strathpeffer** **1**. Nachdem der Ort 1862 an das Eisenbahnnetz angeschlossen war, erfreute sich das heilkräftige Wasser beim viktorianischen Bürgertum großer Beliebtheit. Im ehemaligen Bahnhof – die Strecke ist schon lange stillgelegt – befindet sich ein **Museum of Childhood, Craft & Visitor Centre**. Hier erlebt man die Kindertage des 19. Jh. im Hochland und kann Kunsthandwerkern bei der Arbeit zuschauen.

Über die Streusiedlungen Garve und Achnasheen erreicht man die südliche Uferstraße entlang des **Loch Carron** **2**, und dieser Abschnitt ist von besonderer landschaftlicher Schönheit. Mal führt die Strecke hoch über dem Fjord entlang. Linker Hand ragen schroffe Felswände steil in die Höhe und sind mit Maschendrahtzaun gegen Steinschlag gesichert. Dann wieder fällt die Straße ab bis auf Meereshöhe. Hoch über dem Dorf Stromeferry liegt ein Parkplatz, von dem aus man das Panorama genießen kann.

Einige Kilometer weiter ist die A 87 erreicht, der man für einige Kilo-

Eilean Donan Castle gilt als die schottische Bilderbuchburg schlechthin.

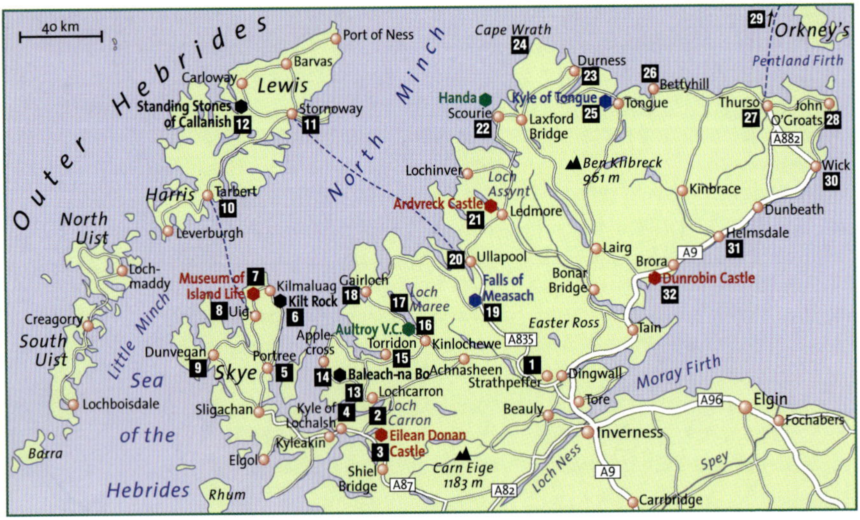

meter in östlicher Richtung folgen sollte. Denn nach wenigen Minuten Fahrt taucht Schottlands Bilderbuchburg auf – **Eilean Donan Castle** 3 (April–Okt. tgl. 10–17.30 Uhr). Die Festung auf einer kleinen Insel am Schnittpunkt dreier Fjorde wurde im 13. Jh. errichtet und 1719 von mehreren englischen Fregatten sturmreif geschossen. Anfang des vergangenen Jahrhunderts restaurierte ein Nachfahre der einstigen Burgherren die Befestigung und erbaute auch die Brücke zum Festland. Die A 87 bringt uns nun zurück nach **Kyle of Lochalsh** 4.

Skye

Seit 1996 führt eine kühn geschwungene Brücke auf die Isle of Skye, die größte Insel der Inneren Hebriden. Die A 87 führt weiter entlang der Küste. Kurz bevor die Inselhauptstadt erreicht ist, informiert links der Straße das **Aros Skye Heritage Centre** mit einer audiovisuellen Vorführung über die Geschichte von Skye (April–Sept. tgl. 9–21, ansonsten 10–17 Uhr). **Portree** 5 hat einen kleinen, geschützten Naturhafen. Die Häuser entlang der Mole sind in kräftigen Bonbonfarben gestrichen. Von hier führt die A 855 weiter in den Norden, und nach wenigen Minuten Fahrt sieht man an den Hängen der Storr Mountains die 50 m hohe Felsnadel Old Man of Storr in den Himmel ragen. Ein nächster Stopp lohnt sich am **Kilt Rock** 6, wo die Klippen senkrecht ins Meer abfallen und ein Wasserfall in die See rauscht. Von hier oben aus hat man einen guten Ausblick über die schroffe Felsküste und das Meer.

Einige Kilometer weiter liegt direkt an der Straße das **Museum of Island Life** 7, das in einigen Black Houses mit einer Reihe von Exponаten dem harten Inseldasein der vergangenen Tage gedenkt (April–Okt. Mo–Sa 9.30–17 Uhr). Spaziert man 200 m landeinwärts, so ist der Friedhof von Kilmuir erreicht, auf dem Flora MacDonald, der man in Schottland immer wieder begegnet, unter einem Iona-Hochkreuz die letzte Ruhe gefunden hat. Nach der Schlacht von Culloden 1746 (vgl. S. 126) war Bonnie Prince Charlie auf die Inneren Hebriden geflohen, hart verfolgt von seinen Häschern. Kurz bevor die Engländer zugreifen konnten, wurde Flora dazu ausersehen, den blaublütigen Spross, vermummt in Frauenkleidern, als ihre Zofe Betty Burke durch die feindlichen Linien zu schleusen. Das mutige Unterfangen gelang, und Bonnie Prince Charlie gelang die Flucht auf einem französischen Schiff.

Der nächste Ort heißt **Uig** 8, und von dem weit in die Bucht ragenden Pier gibt es eine Fährverbindung zu der Äußeren-Hebriden-Insel Lewis and Harris (s. u.). Rund 18 km weiter südlich zweigt nach rechts die A 850 zum Örtchen Dunvegan ab, dessen Attraktion **Dunvegan Castle** 9 ist (März–Okt. tgl. 10–17.30 Uhr). Seit über 700 Jahren ist dies der Stammsitz der MacLeods. In früheren Tagen war die Burg nur mit dem Boot von der Meerseite her erreichbar, Mitte des 19. Jh. nahm der 25. Clan-Chef umfangreiche Umbauten vor und ließ auch die Brücke errichten.

Von Dunvegan geht es nun zurück nach Kyle of Lochalsh.

Tourist Information: Portree, Bayfield House

Lewis and Harris

Die Überfahrt mit der Autofähre von Uig/Isle of Skye nach Lewis and Harris dauert gut zwei Stunden, dann legt das Schiff am Pier von **Tarbert** 10, dem Hauptort von Harris, an. Dass die Insel zwei Namen hat, liegt an der hohen Hügelkette, die sie durchzieht. Früher hielt man es für unnötig, diese Barriere zu überwinden, die Bewohner der beiden Inselteile blieben also für sich.

Von Tarbert verläuft die Golden Road entlang der Küste von Harris. Ihren Namen hat sie nicht wegen der landschaftlichen Schönheit der Region, sondern weil ihr Bau so teuer war. Aber die Landschaft ist wirklich grandios. Wer Tweed-Stoff einkaufen möchte, kann sich in der Tourist Information von Tarbert die Adressen von Weberinnen geben lassen, die das Tuch auf ihren Handwebstühlen weben. Nur handgewebtes, auf Lewis and Harris hergestelltes Tuch darf sich Tweed nennen.

Von Tarbert führt eine Straße durch das Innere der Insel über das trennende Gebirge nach **Stornoway** 11, dem Hauptort von Lewis im Norden. An der Westküste der Insel stehen am Ufer des tief ins Land reichenden Fjordes East Loch die **Standing Stones of Callanish** 12. Der mehr als 4000 Jahre alte Steinkreis war einst eine Versammlungsstätte und diente zu astronomischen Bestimmungen. Die Bewohner von Lewis nennen den prähistorischen Steinkreis „die schweigsamen Männer“. Ein Visitor Centre bietet weitere Informationen (Sommer Mo–Sa 10–19, Winter bis 16 Uhr).

Einige Kilometer nördlich ragt der **Dun Carloway Broch** auf. Diese eisenzeitlichen Wohntürme mit ihren doppelten Mauern, von denen man auf den Inseln und dem Festland noch viele trifft, entstanden als Wehrbauten zwischen dem 1. und dem 4. Jahrhundert. Im Dorf Arnol kann man eines der typischen Black Houses besichtigen (s. Feature S. 123). Von Stornoway aus verkehrt eine Autofähre nach Ullapool.

Gewarnt seien Reisende auf den Hebriden vor den Sonntagen; denn da ruht das öffentliche Leben, und alles ist geschlossen, von den Pubs bis zu den Tankstellen. Die Fähren verkehren nicht, und viele Bed-& Breakfast-Anbieter nehmen über den Sonntag keine Gäste auf.

Tourist Information: Tarbert, Pier Road; Stornoway, 26 Cromwell Street

Von Kyle of Lochalsh nach Durness

Dieser Streckenabschnitt gehört ohne Zweifel zu den landschaftlich bezauberndsten Routen in Schottland. Von Kyle geht es gen Norden entlang der Gestade des schon bekannten Loch Carron, den wir umrunden und das Dorf **Lochcarron** **13** erreichen, dessen weiß gekälkte Häuser in Reih und Glied am Ufer stehen. Bei schönem Wetter kann man von Kishorn aus hinauf zum 626 m hohen Pass **Bealach-na Bo** **14** (Rinderpfad) fahren und die wundervolle Aussicht auf die See und die im blauen Meer liegende Isle of Skye genießen. Weiter geht es zum Örtchen **Applecross**, dessen **Pub Applecross Inn** weithin für sein Seafood berühmt ist. Von hier folgt man dem Sträßchen in Richtung Norden und erreicht entlang des **Upper Loch Torridon** den Ort **Torridon** **15**. Dort kann man sich im **Countryside Centre** mit dem **Deer Museum** über Flora und Fauna sowie über die große Population an Rotwild informieren. Die weitere Fahrt führt durch das **Glen Torridon** bis **Kinlochewe**, wo wir nach links in die A 832 einbiegen und nach wenigen Kilometern linker Hand auf das **Aultroy Visitor Centre** **16** stoßen, das den Besucher über Flora und Fauna des **Beinn Eighe National Nature Reserve** informiert. Schnell ist von hier die Südspitze des lang gestreckten **Loch Maree** **17** erreicht, hinter dem steil die Hügel aufsteigen. Die Straße folgt noch ein Stück dem Ufer und führt dann wieder der Küste zu zum kleinen Fischerhafen **Charlestown**. Fünf Minuten später ist **Gairloch** **18** erreicht, bekannt für seine schönen Sandstrände. Das **Gairloch Heritage Museum** ist ein preisgekröntes und wirklich sehr interessantes Heimatmuseum, dessen Besuch man nicht versäumen sollte (Ostern–Okt. Mo–Sa 10–17 Uhr).

Tourist Information: Auchtercairn, neben dem Museum

Über **Poolewe**, dann am Gestade der **Gruinard Bay** und schließlich entlang des **Little Loch Broom** landeinwärts trifft man auf die A 835. Hier geht es links ab, 2 km weiter kann man rechts der Straße parken

In den westlichen Highlands am Little Loch Broom scheint die Natur noch unversehrt.

und erreicht nach wenigen Schritten die **Corrieshalloch Gorge** mit den **Falls of Measach** 19. Von einem Aussichtspunkt kann man einen Blick auf den 45 m hohen Wasserfall werfen, und direkt über der Abbruchkante überspannt eine Hängebrücke den Fall, von der aus der hoffentlich schwindelfreie Besucher in die 60 m tiefe und 1,5 km lange Klamm schauen kann.

Noch einer weiteren halben Stunde Fahrt ist **Ullapool** 20 erreicht. Das sympathische 1000-Seelen-Dorf wurde 1788 zur Intensivierung der Fischfanges angelegt, und auch heute noch landen die Fischer Jahr für Jahr weit über 100 000 Tonnen Fang an. Die kleine Stadt verfügt über eine vollständige touristische Infrastruktur mit genügend Unterkünften, einigen sogar sehr guten Restaurants und einer Fährverbindung auf die Äußere-Hebriden-Insel Lewis and Harris.

Tourist Information: Argyle Street

Von Ullapool verläuft die A 835 weiter nach Norden und mündet nach ca. 30 km in die A 837, auf der es links abgeht. Schnell ist die Ostspitze des **Loch Assynt** erreicht, und hier liegt auf einer Insel im See die Ruine von **Ardvreck Castle** 21. 1597 ließ der Clan der MacLeods die Festung erbauen, doch schon ein Jahrhundert später nahmen die MacKenzies die Burg ein und rissen die Mauern nieder.

Hobby-Ornithologen sollten in **Scourie** 22 Station machen. Denn von dort aus können sie sich auf die Vogel-Insel **Handa** übersetzen lassen und in aller Ruhe ihre gefiederten Freunde beobachten.

40 km sind es nun noch bis **Durness** 23, das an der Nordwestecke Großbritanniens liegt. Etwa 2 km vor dem Ort führt eine Straße links ab und vorbei am schneeweißen Cape Wrath Hotel zu einer Anlegestelle. Während der Saison setzt mehrmals täglich ein Boot die Besucher über die Meerenge Kyle of Dur-

ness, und mit einem Shuttle-Bus geht es dann zum knapp 20 km entfernten **Cape Wrath** 24. Aus einer Höhe von 281 m schaut man über die tief unten anbrandende See. Den Leuchtturm, der hier den Kapitänen sein warnendes Licht entgegenschickt, erbaute der Vater von Robert Louis Stevenson.

Tourist Information: Sango Sands, am Dorfstrand

Von Durness nach John O'Groats

Die A 838 umrundet Loch Eriboll, kreuzt dann eine Hochmoorebene und überquert auf einem Damm den Fjord **Kyle of Tongue** 25. Das gleichnamige Örtchen ist ein gutes Standquartier für Bergwanderer. Der 20 km entfernt liegende Ort **Bettyhill** 26 ist nur wegen des **Strathnaver Museums** erwähnenswert. Es informiert über die Land Clearances des letzten Jahrhunderts (s. Feature S. 136), in deren Verlauf die Crofter verjagt wurden, weil die Großgrundbesitzer immer noch mehr Weideland für ihre Schafherden brauchten.

Nicht mehr weit ist es bis nach **Thurso** 27, eine Wikingergründung. An vergangene Tage erinnert die Ruine der **St. Peter's Kirk**, umgeben von einigen restaurierten Häuschen aus dem 16. Jh. In der Town Hall zeigt das **Thurso Heritage Museum** Exponate zur Geschichte der Stadt (Juni–Sept. Mo–Sa 10–13, 14–17 Uhr). 4 km nordöstlich liegt Scrabster, der Hafen von Thurso. Zweimal täglich verkehrt von hier eine Autofähre zu der größten Orkney-Insel Mainland und legt am Pier von Stromness an. Zwei Stunden dauert die Überfahrt.

Tourist Information: Riverside

Von Thurso führt die A 836 gen Osten, vorbei am breiten und langen Sandstrand der **Dunnet Bay**. Nach ca. 27 km ist **John O'Groats** 28 erreicht, die nordwestlichste Ansiedlung von Großbritannien. Der Name geht auf den Holländer Jan de Groot zurück, der schon ab 1496 einen Fährverkehr zu den Orkneys organisierte. Diese Tradition wird bis heute aufrechterhalten: Eine Personenfähre verkehrt nach Berwick auf South Ronaldsay; über die so genannten **Churchill Barriers** gelangt man dann nach Mainland. Einen Steinwurf nur entfernt liegt **Duncansby Head**, in dessen Klippen viele Seevögel nisten, und die Luft ist erfüllt vom Rauschen der Wellen und dem heiseren Krächzen der Vögel. 64 m hoch ragen die Stacks of Duncansby, gewaltige Felsnadeln, aus dem Wasser empor.

Tourist Information: County Road

Die Orkneys

Anlaufstelle der Fähre ist der Fischerort **Stromness** auf der Hauptinsel **Mainland** 29, in dem einst für 220 Jahre die Schiffe der Hudson Bay Company Wasser und Lebensmittel aufnahmen. Das **Stromness Museum** in der Alfred Street informiert über die Geschichte des Archipels und dokumentiert mit vielen Fotos und Exponaten die Hebung der kaiserlichen deutschen Flotte aus der Bucht von Scapa Flow (s. S. 136).

An der A 964 in Richtung Westen liegt nahe der Straße das um 2750 v. Chr. datierende Hügelgrab **Maes Howe** (April–Sept. Mo–Sa 9.30–18.30 Uhr). Durch einen langen, niedrigen Gang gelangt man ins Innere der Grabhalle mit drei umgebenden Nebenkammern. Wikinger drangen im 12. Jh. ins Zentrum der megalithischen Anlage vor und hinterließen eine Reihe von Runeninschriften. Wenige Kilometer weiter zweigt beim Dorf Finstown die A 966 nach Norden ab. An der Nordostküste von Mainland liegen die Reste des **Broch of Gurness**, eines eisenzeitlichen piktischen Wehrturmes, der wahrscheinlich im 1. Jh. v. Chr. entstand. Die fensterlosen Brochs wurden ohne Mörtel in Trockensteinbauweise bis zu 15 m hochgezogen. Die äußere Mauer war bis zu 3 m dick und verjüngte sich nach oben, im Innern gab es eine zweite Mauer, zwischen beiden lagen Räume und Treppen.

Vor der Nordwestspitze der Hauptinsel liegt das Eiland Brough of Birsay, das man bei Ebbe über einen Damm erreicht. Fundamente keltischer Bauten aus dem 6. Jh., piktische Reste aus dem 7. und 8. Jh. und Ruinen aus der Wikingerzeit vom 9.–13. Jh. zeugen von einer reichen Besiedelungsgeschichte.

Ein kurzes Stück weiter südlich liegt die Hauptsehenswürdigkeit der Orkneys, die Steinzeitsiedlung **Skara Brae** (April–Sept. Mo–Sa 9.30–18.30, So 14–18.30 Uhr). Ein schwerer Sturm hat im Jahr 1850 die kleine Siedlung freigeweht. Die

Ein ausgegrabenes Einraumhaus in Skara Brae

quadratischen Einraumhäuser waren zwischen 3100 und 2600 v. Chr. bewohnt und durch überdachte Passagen miteinander verbunden. Bis zu einer Höhe von 2,5 m ragen die Bruchsteinmauern noch auf, und der Besucher kann von oben in die Räume schauen. Steinerne Bett- und Schrankgestelle und eine Feuerstelle zieren sämtliche Häuschen. In der Nähe erinnern mehrere Steinkreise an die neolithische Zeit.

Die kleinen Inseln **Lambs Holm**, **Burray** und **South Ronaldsay** sind durch die so genannten **Churchill Barriers** verbunden. Anlass für ihren Bau gab ein militärisches Debakel: 1939 hatte sich das deutsche U-Boot U 47 unter Kapitänleutnant Günter Prien in die Bucht von Scapa Flow geschlichen und hatte das Schlachtschiff Royal Oak versenkt. 833 Mann kamen ums Leben. Churchill ließ daraufhin die Inseldurchfahrten erst mit versenkten Schiffen blockieren und dann die befahrbaren Dämme bauen. Scapa Flow ist für die deutsche Marine auch noch aus

Die Land Clearances

In der zweiten Hälfte des 18. Jh. wurde eine neue Rasse von Schafen gezüchtet, die sich als so widerstandsfähig erwies, dass man sie ganzjährig im rauen Klima der Highlands grasen lassen konnte. Schnell wuchsen die Herden an, und die Weidegründe wurden knapp. Deshalb begann der Architekt Thomas Telford, gestützt auf einen Parlamentsbeschluss, die Infrastruktur in den Highlands auszubauen. Straßen und Brücken entstanden, so dass riesige Herde aus dem Tiefland in den Norden getrieben werden konnten. Da die Schafzucht lukrativ war, begannen die Clan-Chefs, ihre Crofter vom Land zu vertreiben, um es in Weidegründe umzuwandeln. Wer nicht gegen einen kleinen Obolus freiwillig ging oder sich zwangsumsiedeln ließ, dem steckten die Häscher die Hütte über dem Kopf an. Viele Menschen wurden in Ketten auf Auswanderschiffe geschafft. Dabei tat sich die Familie der Sutherlands durch besondere Brutalität hervor. Herzogin Elisabeth von Sutherland ließ an der Ostküste drei neue Dörfer mit einer Tuchfabrik hochziehen und stellte Land für den Kartoffelanbau zur Verfügung. Dann ließ sie ihre Crofter zusammentreiben und zwangsumsiedeln. Doch die wollten nicht an der Küste wohnen, ernährten sich von Hafer und nicht von Kartoffeln, hatten keine Ahnung vom Fischfang und waren auch nicht bereit, unter frühkapitalistischen Bedingungen in einer Fabrik zu arbeiten. Aufstände brachen aus, die gewaltsam niedergeschlagen wurden. Die Auswüchse wurden so schlimm, dass auch Karl Marx einen Artikel über „Die Herzogin von Sutherland und die Sklaverei" publizierte.

anderem Grund zum Symbol geworden. Denn als nach dem Ersten Weltkrieg die deutsche Hochseeflotte an die Alliierten ausgeliefert werden musste, gab Admiral Reuter in der Bucht von Scapa Flow Befehl zum Öffnen der Flutventile, und die gesamte Flotte ging auf den Grund der Bucht. In den folgenden Jahrzehnten wurden einige der Schiffe gehoben, aber heute noch liegen drei Schlachtschiffe und vier Kreuzer auf dem Meeresboden.

Tourist Information: Stromness, Ferry Terminal Building, Pier Head; Kirkwall, 6 Broad Street

Von John O'Groats nach Inverness

Die A 99 folgt dem Uferverlauf der Küste. Über **Wick** 30, wie Thurso eine Wikingergründung, und Dunbeath geht es nach **Helmsdale** 31. Denn dort wartet das preisgekrönte **Timespan Heritage Museum** auf Besucher, und im Gegensatz zu vielen anderen Heimatmuseen ist der Besuch ein Muss. Denn er bietet den besten Überblick über die gesamte Hochlandkultur und -geschichte (Ostern–Okt. Mo–Sa 9.30–17, So 14–17 Uhr).

Tourist Information: Coupar Par

Dunrobin Castle 32 ist zweifellos der prächtigste Herrensitz im hohen Norden Schottlands. Die ältesten Gebäudeteile gehen auf das Jahr 1275 zurück. Für das heutige Aussehen zeichnete 1850 der in Großbritannien bekannte Architekt Charles Barry verantwortlich. Das Schloss ist bis heute im Besitz des Hauses Sutherland, das sich bei den Land Clearances des 19. Jh. besonders gnadenlos hervorgetan hat (April, Mai, Okt. Mo–Sa 10.30–16.30, So 12–16 Uhr).

Auf einer 1991 fertig gestellten Brücke überqueren wir den Dornoch Firth, fahren weiter entlang des Comarty Firth, in dem viele alte Ölplattformen vor sich hin rosten, und erreichen wieder Inverness.

Glasgow und die Lowlands

Von Inverness nach Glasgow
Die A 82 folgt dem Verlauf des Great Glen, des in der letzten Eiszeit entstandenen großen Bruchs, in südwestliche Richtung. In dem Örtchen **Drumnadrochit** **1**, am Westufer von Loch Ness, lädt die **Official Loch Ness Monster Exhibition** dazu ein, alles über Nessie zu erfahren (Ostern–Mai tgl. 9.30–17.30, Juni–Sept. 9.30–18.30, Juli/Aug. 9.30–20.30, Winter 10–16 Uhr).

Wer hofft, einen Blick auf das Monster werfen zu können, der ist an der Ruine von **Urquhart Castle** **2**, einige Kilometer weiter südlich, an der richtigen Stelle. Die am Seeufer gelegene Burg wurde 1692 während der Jakobitenaufstände von den Engländern gesprengt (April–Sept.

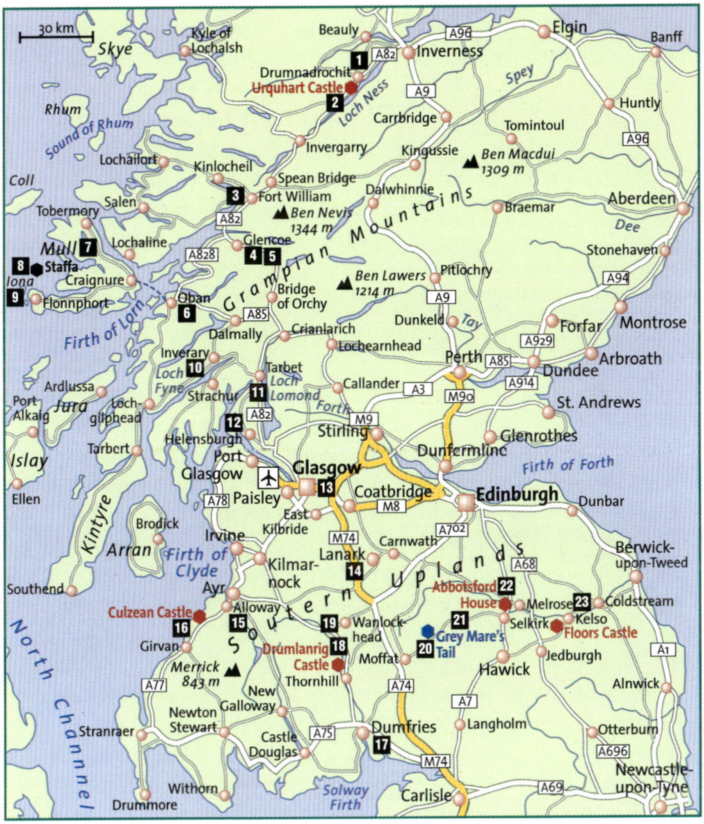

Tipp

Das Ungeheuer von Loch Ness

In der Mitte des 6. Jh., so erzählt eine alte Legende, missionierte der Mönch Columban am Ufer des Loch Ness, als eine Aqua bestialis, ein Wassermonster, sich aus den trüben Fluten erhob und einen Mann tötete. Mutig warf sich der Kirchenvater vor einen Zweiten und befahl der Bestie den Rückzug. Lange Zeit hörte man nichts mehr, doch als in den 30er-Jahren des letzten Jahrhunderts die Uferstraße A 82 angelegt wurde, häuften sich die Sichtungen eines Sauriers mit langem Hals, kleinem Kopf und massigem Körper. Der Theorie nach war Loch Ness einst ein offener Meeresfjord, der sich erst schloss, als die Gletscher der letzten Eiszeit abzuschmelzen begannen – und damit saßen eine Anzahl von Plesiosauriern in Gefangenschaft. Doch ihr neues Domizil war fischreich, tief und wies viele schützende Spalten und Höhlen auf. Amerikanische Wissenschaftler untersuchten 1976 mit einer langen Kette von Sonarbooten das Gewässer. Die Geräte orteten große, sich bewegende Objekte. Nach Ansicht der Forscher ist Nessie zwischen 10 m und 15 m lang, ein Wirbeltier und ein Kiemenatmer. 30 bis 50 Tiere müssten mindestens im See leben, um die Art aufrechtzuerhalten. Die irische Guinness-Brauerei hat 500 000 Pfund für den ausgesetzt, der Nessie fängt. Vorsichtshalber aber haben die Schotten das Untier schon 1934 unter Schutz gestellt.

tgl. 9.30–18.30, ansonsten 9.30–16.30 Uhr).

Die A 82 verläuft weiter gen Süden entlang des Kaledonischen Kanals, dann am Ufer von Loch Oich und ein wenig später am Gestade von Loch Lochy vorbei. Über Spean Bridge erreicht man das sympathische Städtchen **Fort William** 3, Standquartier für die Besteigung des Ben Nevis, des mit 1344 m höchsten Bergs in Großbritannien. Die Wanderung beginnt im **Glen Nevis** am Visitor Centre. Im Ortszentrum von Fort William lohnt am Cameron Square das **West Highland Museum** einen Besuch (Juni–Sept. Mo–Sa 10–17, Juli/Aug. So 14–17, ansonsten 10–16 Uhr).

Tourist Information: Cameron Square

Die A 82 knickt nach der Überquerung des Loch Leven in Richtung Osten ab und führt durch das **Glen Coe** 4. In **Glencoe Village** demonstriert das **Folk Museum** in einigen alten, strohgedeckten Cottages bäuerliches Hochlandleben (Mai–Sept. Mo–Sa 10–17.30 Uhr). Fährt man noch weiter ins Tal hinein, erreicht man nach wenigen Kilometern das **Visitor Centre des National Trust** 5. Von hier aus finden geführte Wanderungen durch die schroffe Berglandschaft statt, und das Zentrum informiert über die Flora und Fauna der Region (April–Sept. tgl. 10–17 Uhr). Glen Coe war auch Schauplatz eines der unrühmlichsten Kapitel der englischen Geschichte. Weil der Clan der MacDonalds den Treueeid auf König Wilhelm von Oranien verweigerte, metzelten die Engländer am 13. Februar 1692 die ganze Sippe – Männer, Frauen und Kinder – barbarisch nieder.

Es geht nun wieder zurück bis zur Brücke über Loch Leven und von dort die A 828 in südliche Richtung bis **Oban** 6, einem wichtigen Fremdenverkehrsort an der Westküste. Im dortigen Tourist Office kann man die **Drei-Insel-Tour** buchen: Morgens um 10 Uhr verlässt die große Autofähre den Hafen und legt nach kurzer Seereise am Pier von **Craig-**

nure auf der Insel **Mull** **7** an. Mit dem Bus geht es dann quer über das Eiland zum Dorf **Fionnphort**. Ein Boot bringt die Besucher von hier bis **Staffa** **8**, auch „Stabinsel“ genannt, denn das Eiland besteht aus Tausenden von achteckigen Basaltsäulen, die eine unterseeische Eruption vor Jahrmillionen hervorgebracht hat. An der Nordspitze bietet sich ein ganz besonderes Naturschauspiel: Setzt man sich ruhig ins Gras, tauchen flugs die Papageintaucher (Puffins) aus ihren Erdlöchern auf, watscheln furchtlos herum, setzen zu einem kurzen Schauflug an oder beschnäbeln sich.

Auf dem Rückweg macht das Boot am Pier von **Baile Mor** auf der Insel **Iona** **9** fest. Im Jahre 563 kam der irische Mönch Columban d. Ä. mit einer Anzahl getreuer Brüder nach Iona, um in der Einsamkeit Gott nahe zu sein. In den folgenden Jahrhunderten drangsalierten die Wikinger die kleine Gemeinde Jahr für Jahr. 803 wurden viele Mönche von den Nordmännern hingemetzelt, und die Überlebenden flüchteten nach Irland in die Abtei von Kells. Mitgenommen hatten sie ihr weitgehend fertig gestelltes illuminiertes Evangelienbuch, das heute unter dem Namen **Book of Kells** weltbekannt und im Trinity College von Dublin ausgestellt ist. Doch Iona war als heilige Stätte mittlerweile so verehrt, dass die Insel von 860 bis 1097 zur Grablege der schottischen Könige avancierte. Nachdem im 12. Jh. die Wikinger endgültig von den schottischen Küsten vertrieben worden waren, erbauten die Benediktiner erneut ein Kloster, das aber in den Reformationswirren zerstört wurde. Von der Anlegestelle spaziert man in nördliche Richtung, passiert die Ruinen eines kleinen Nonnenklosters, wenige Schritte weiter das Hochkreuz **MacLean's Cross**, schließlich das **Iona Heritage Centre** und erreicht die restaurierte Abteikirche der Benediktiner, vor der drei keltische Hochkreuze aufragen. Einen Steinwurf neben dem Gotteshaus steht die **St. Oran's Chapel**, eine kleine Kapelle aus dem 11. Jh.

Um 17 Uhr bringt das Boot die Besucher zurück nach Mull, von dort geht es wieder mit dem Bus bis Crainure, und mit der großen Autofähre ist schnell Oban erreicht.

Nun ist es nicht mehr weit bis nach **Inverary** **10**, wo eine ganze Reihe von touristischen Attraktionen auf die Besucher warten. Am Hafenpier liegt das Segelschiff **Arc-**

Die achteckigen Basaltsäulen, aus denen Staffa besteht

Auf Iona wirkte der hl. Columban, bis ihn die Wikinger vertrieben.

tic Pinguin vertäut, das 1911 vom Stapel lief; auf und unter Deck macht ein **Maritime Museum** mit allen Aspekten der Seefahrt vertraut (tgl. 10–18 Uhr). Vom 40 m hohen **Inveraray Bell Tower** hat man einen guten Blick über die Stadt und den Loch Fyne. Und im ehemaligen Gerichtsgebäude und Dorfgefängnis, **Inveraray Jail**, kann man studieren, wie sich der Strafvollzug über die Jahrhunderte gewandelt hat (April–Okt. tgl. 9.30–17, sonst 10–16 Uhr).

Etwas abseits vom Dorfzentrum liegt **Inveraray Castle**, bis heute in Familienbesitz und seit rund 250 Jahren die Residenz des Duke of Argyll, Clan-Chef der Campbells. Neben den prachtvoll ausgestatteten Räumen lohnt ein Blick in die ehemaligen Stallungen: Hier ist das **Combined Operations Museum** untergebracht und zeigt mit seinen Exponaten, wie sich die alliierten Armeen auf die Invasion in der Normandie vorbereiteten. Fast eine Million Soldaten trainierten am Ufer von Loch Fyne amphibische Landungsoperationen (April–Okt. Mo–Sa 10–13, 14–17, So 13–17, Juli/Aug. Mo–Sa 10–17, So 13–17 Uhr).

Tourist Information: Front Street

Die A 83 umrundet die Nordspitze von Loch Fyne, verläuft dann durch den Argyll Forest Park, trifft beim Dorf Tarbert an das Ufer von **Loch Lomond** **11** und folgt dem Gestade in südliche Richtung.

Bevor es nach Glasgow geht, sollte man einen Umweg über **Helensburgh** **12** machen und die Locals nach der Upper Culquhoun Street fragen. Hier steht Hill House, das der Jugenstil-Architekt und Künstler Charles Rennie Macintosh 1904 für den Verleger Walter Blackie erbaute und auch die Inneneinrichtung entwarf (April–Dez. tgl. 13–17 Uhr).

Kampf um Autonomie

Seit 1707 herrscht die Regierung in London auch über Schottland. Ein Minister lenkte die Administration im hohen Norden. Mit Beginn des 20. Jh. waren es die Schotten leid, aus der Ferne regiert zu werden, und so gründeten sie 1928 die Scottish National Party. Immer lauter wurde dann vor allem nach dem Zweiten Weltkrieg der Ruf nach Unabhängigkeit. Anfang der 90er-Jahre brachte eine Umfrage die folgenden Zahlen: 78% der Schotten votierten für eine Loslösung von England, 34% wollten völlige Unabhängigkeit, 44% ein eigenes Parlament und Teilautonomie. Doch die herrschenden Konservativen setzten sich zynisch über die Volksmeinung hinweg, so dass James-Bond-Darsteller Sean Connery aus eigener Tasche Werbespots schalten ließ mit der Aufforderung: Weg von England – jetzt oder nie! Die britischen Konservativen, die Torys, fühlten sich sicher: Viermal in Folge hatten sie im hohen Norden nur aufgrund des Mehrheitswahlrechtes gewonnen.
Im Mai 1997 dann, nach fast 20 Jahren in der Opposition, siegte die Labour Party in den Unterhauswahlen, und Tony Blair wurde neuer Premierminister. Ein halbes Jahr später ließ er im hohen Norden Großbritanniens ein Referendum abhalten. Mit überwältigender Mehrheit entschieden sich die Schotten für eine Teilautonomie und für ein eigenes Parlament. Auf den Straßen von Edinburgh tanzten die Menschen vor Freude die ganze Nacht hindurch. Im Sommer 1999 dann eröffnete Königin Elisabeth formell das schottische Parlament. Im Wesentlichen darf sich Schottland nun selbst verwalten, kann Steuern einziehen und ist mit Ausnahme der Außen- und Verteidigungspolitik weitgehend unabhängig.

Glasgow

Mitte des 6. Jh. gründete der hl. Mungo eine Abtei, um die sich eine kleine Siedlung entwickelte. Knapp 600 Jahre später erhielt diese Stadtrecht, und wenig später befahl König David den Bau einer Kathedrale. 1451 avancierte **Glasgow** (675 000 Einw.) 13 zur Universitätsstadt, und gegen Ende des 17. Jh. begann dank des sicheren Hafens ein florierender Handel mit der Neuen Welt. Davon profitierten auch die Werften, die den Kaufleuten schnelle Segler bauten. Bis ins 20. Jh. hinein blieb die ökonomische Vormachtstellung Glasgows unangefochten, doch nach dem Ende des Zweiten Weltkriegs begann der Niedergang. Erst schlossen die Werften, dann stellten die Stahlwerke ihre Produktion ein. Arbeitslosigkeit und Tristesse breiteten sich in Schottlands größter Stadt aus. Erst seit Glasgow 1990 zur Kulturhauptstadt Europas gekürt wurde, der Staat und die Kommune Millionen Pfund investierten, hat sich das Blatt wieder zum Besseren gewendet.

Im Zentrum ragt auf dem weiten **George Square** eine Statue von Sir Walter Scott auf einer hohen Säule in den Himmel, weitere Denkmäler erinnern an andere berühmte Briten. Im Haus Nr. 11 hat die **Tourist Information** ihr Domizil. Von dem quadratischen Platz führt die St. Vincent Street in Richtung Westen, und wir biegen gleich in die nächste Straße links ein – Buchanan Street – und durch einen Torbogen wieder nach links. Hier liegt die einstige **Royal Exchange**, die Handelsbörse, in der heute ein Museum für Moderne Kunst untergebracht ist.

Zurück auf der verkehrsberuhigten Buchanan Street, finden wir schnell linker Hand die Jugendstil-

Passage **Princes Square**, in der exklusive Geschäfte, Cafés, Pubs und Restaurants locken. Buchanan Street mündet in **St. Enoch Station**, bis in die 70er-Jahre ein Bahnhof, heute indessen ein riesiges Einkaufszentrum.

Die **Argyle Street** verläuft von hier nach Osten und nach wenigen Minuten ist das alte Rathaus **Tolbooth Steeple** mit dem Marktkreuz erreicht. Hier lag einst das Zentrum der alten **Merchant City**, in deren Speichermagazinen im 17. und 18. Jh. Waren aus aller Welt lagerten und umgeschlagen wurden.

Die Verlängerung der Argyle Street mündet in **London Road,** und die bringt uns nach einem kurzen Fußweg in den Park **Glasgow Green**, in dem **The People's Palace** unbedingt einen Besuch lohnt. Der aus rötlichen Ziegeln erbaute und mit einem Glashaus besetzte Bau macht mit dem sozialen, wirtschaftlichen und politischen Leben der Glaswegians über die vergangenen Jahrhunderte bekannt (Mo–Sa, außer Di, 10–17, So 11–17 Uhr). In einem Café mit einem künstlichen Wasserfall, zwitschernden Vögeln und grünen Palmen kann man sich für den weiteren Besichtigungsrundgang stärken.

Wir wandern den Weg nun zurück und rechts ab in die **Glasshouse Street**, dann wieder rechts in die **Ingram Street**. Hier steht linker Hand **Hutcheson Hall**, das Patrizierhaus der gleichnamigen Brüder. Die beiden erwarben in ihrem Kaufmannsleben ein großes Vermögen und betätigten sich im Alter als Förderer der Kunst. In zwei Nischen befinden sich die Statuen der Mäzene. Im Untergeschoss des 1805 errichteten Hauses unterhält der National Trust for Scotland einen Laden, der erste Stock ist zu besichtigen und zeigt die Lebensweise begüterter schottischer Bürger im frühen 19. Jh. (Mo–Sa 10–17 Uhr).

Schnell ist von hier wieder der **George Square** erreicht, wo es gleich rechts in die **North Frederick Street** geht, über die **George Street** hinweg, entlang der **Hannover Street** und dann rechts ab in die **Cathedral Street**. Schon von weitem ist der hohe Glockenturm der **Kathedrale** von Glasgow zu erkennen. 1163 begannen die Arbeiten, aber erst im 15. Jh. konnten sie abgeschlossen werden. Schon während der Bauzeit waren die Wallfahrer zum Grab des hl. Mungo gepilgert, und der Strom der Gläubigen schwoll noch an, nachdem das Gotteshaus fertig gestellt war.

Für die Verehrer von Charles Rennie Macintosh ist ein Gang durch **Sauchiehall Street** ein Muss. Denn hier ist über dem Geschäft des Juweliers Henderson in Haus Nr. 217 der von dem Künstler bis ins kleinste Detail gestaltete **Willow Tea Room** untergebracht. Das Meisterwerk des Künstlers und Architekten aber steht in der nächsten Parallelstraße – die **Glasgow School of Art** –, ein Werk, das ihn mit einem Schlag weltberühmt machte (Mo–Fr 9.30–17, So 10–12 Uhr). Die **Huntarian Art Gallery** auf dem Gelände der Uni-

Wer „Nessie“ beobachten will, findet in Urquhart Castle ein stilvolles Ambiente.

versität gelegen, zeigt neben Gemälden großer Meister auch das Macintosh House, einen Nachbau der Wohn- und Arbeitsräume des Künstlers mit über 60 Originalmöbelstücken (tgl. 9.30–17, Macintosh House geschl. zwischen 12.30 und 13.30 Uhr).

Im Süden von Glasgow, einige Kilometer außerhalb des Zentrums befindet sich im Pollok Park ein wahres Schatzhaus. Die **Burrell Collection** zeigt die unschätzbare Kunstsammlung des Glasgower Reeders William Burrell (1861–1958). Exponate aus griechischer und römischer Zeit, Stücke aus der Pharaonenära, mittelalterliche und moderne Gemälde und Skulpturen, Kunstwerke aus China und vieles mehr kann man hier bestaunen (Mo–Sa 10–17, So 11–17 Uhr).

Tourist Information: 11 George Square

Das südliche Hügelland – die Lowlands

Über die Autobahn M 74 geht es von Glasgow aus in Richtung Süden und bei Junction 7 in die A 72, die nach Lanark führt. Im Ortsteil **New Lanark** 14 entstand nach dem Jahr 1800 eine frühkapitalistische Mustersiedlung. Der soziale Utopist Robert Owen, zutiefst abgestoßen von den sozialen Auswirkungen der industriellen Revolution, ließ für die Arbeiter seiner Textilfabrik menschenwürdige Wohnhäuser bauen, rief eine Lebensmittelkooperative und eine Rentenkasse ins Leben, sicherte die medizinische Versorgung, richtete eine Kantine und einen Kindergarten ein, verbot die Arbeit von Kindern unter zehn Jahren und sorgte für Schulunterricht. In den letzten 20 Jahren wurden die historischen Gebäude sorgsam restauriert, und New Lanark ist heute wieder ein blühendes Gemeinwesen. Das ausgezeichnete **Visitor Centre** erinnert an die sozialen Missstände jener Tage, das Haus von Robert Owen ist ebenso zu besichtigen wie das Millworkers' House und der einstige Village Store (tgl. 10–17 Uhr).

Die A 70 führt an die Küste und damit ins Land des schottischen Nationaldichters Robert Burns. In **Alloway** **15** steht sein Geburtshaus mit angeschlossenem Museum, ein Denkmal und die **Tam O'Shanter Experience**, die mit Leben und Werk bekannt macht (April–Okt. tgl. 9–18, ansonsten 9–17 Uhr). Vom Denkmal aus hat man einen guten Blick auf die Brigg „o'Doon", die eine wichtige Rolle in seinem Hauptwerk „Tam O'Shanter" spielt.

Culzean Castle **16** liegt einige Kilometer südlich direkt an der Küste und hoch über dem Meer mitten in einem über 200 Hektar großen Country Park. Ein **Visitor Centre** informiert hier über die Flora und Fauna. Auf Fundamenten aus dem 15. Jh. baute ab 1777 der bekannte schottische Architekt Robert Adam für den 10. Earl of Cassilis ein prachtvolles Anwesen (April–Okt. tgl. 10.30–17.30 Uhr).

Von Girvan aus führt die A 714 in südöstliche Richtung zum Landstädtchen Newton Stewart, und von dort geht es auf der A 75 nach **Dumfries** **17**. Die letzten fünf Jahre seines Lebens wohnte Robert Burns hier als Steuereintreiber im **Burns House** (April–Sept. Mo–Sa 10–17, So 14–17, ansonsten Di–Sa 10–13, 14–17 Uhr), und auch hier erinnert manches an ihn. Auf dem Friedhof der St. Michael's Church ist er in einem kleinen schneeweißen Mausoleum zur letzten Ruhe gebettet.

In der Fußgängerzone der **High Street** muss sich der Burns-Bewunderer ein Bier im uralten Pub **The Globe Inn** gönnen, denn auch der Dichter zechte hier mit großer Hingabe. Mitten auf der Straße ragt der Turm des 1707 erbauten Rathauses **Midsteeple** auf, wenige Schritte entfernt liegt das Pub **Hole i' the Wa**, das aus dem Jahr 1620 datiert. Am Ende der High Street steht die Statue von Robert Burns in anmutiger Haltung auf einem Sockel. Eine alte sechsbogige Steinbrücke führt über den River Nith, und auf der anderen Flussseite informiert das **Robert Burns Centre** wieder einmal umfassend über den großen Sohn der Stadt (Öffnungszeiten wie Burn's House).

Tourist Information: Whitesands

Über die A76 gen Norden erreicht man nach ca. 23 km **Drumlanrig Castle** **18**, das der Architekt William Bruce im 17. Jh im Stil der Renaissance erbaute und das mit Gemälden großer Meister sowie altem französischen Mobiliar aus der Zeit Ludwigs XIV. ausgestattet ist (tgl. außer Do 11–16.15 Uhr).

Weiter über die A 76 zweigt bei Mennock die B 797 zum einstigen Bergwerksörtchen **Wanlockhead** **19** ab. In Schottlands höchstgelegenem Dorf wurde jahrhundertelang Blei abgebaut, und in der alten Schmiede macht ein kleines Museum mit den Härten der Arbeit bekannt. Dann wird man tief in eine Mine geführt, bestaunt danach eine alte Entwässerungspumpe und besichtigt zwei Bergmanns-Cottages aus unterschiedlichen Zeiten. (April–Okt. tgl. 11–16.30 Uhr).

Vom nahe gelegenen Dorf Leadhills zweigt die B 7040 in Richtung auf die Autobahn M 74 ab, die wir südlich bei Moffat wieder verlassen. Von hier ab führt die A 708 durch das landschaftlich sehr attraktive **Moffat Water Valley**. Nach wenigen Kilometern Fahrt rauscht links der Straße der **Grey Mare's Tail Waterfall** [20] aus einer Höhe von 61 m in die Tiefe. Vom Parkplatz ist es nur ein kurzer Fußweg bis zum Fall. Ein Stückchen weiter liegen die beiden Seen **Loch Lowes** und **St. Mary's Loch**, die nur durch einen schmalen Landstreifen voneinander getrennt sind. Auf diesem Streifen steht ein berühmtes Pub, **Tibbie Shiel's Inn** [21]. Die einstige Besitzerin, Isabella Richardson, lud schottische Romanciers zu Lesungen. Auch Sir Walter Scott war mehrfach vor Ort. Zu besonderer lokaler Berühmtheit kam der „Ettric Shepherd", der Hirte James Hogg (1770–1835), der einfühlsame Gedichte schrieb, von Scott gefördert wurde und dann zum Mitarbeiter des damals viel gelesenen Blackwood's Magazine avancierte. Seine Statue findet sich in einem kleinen Hain nahe dem Café am Ufer von Loch Lowes.

Über Selkirk, wo Sir Walter Scott als Richter wirkte, geht es auf der A 7 nach Melrose. Kurz bevor das Abteistädtchen erreicht ist, passiert man an der B 7060 **Abbotsford House** [22], das Heim des Schriftstellers. „Romanze in Stein und Mörtel" nannte er sein mittelalterliches Schlösschen, das bei den architektonisch gebildeten Ästheten seiner Zeit auf vehemente Ablehnung stieß. Das Haus enthält die Originaleinrichtung aus der Zeit des großen Romanciers (März–Okt. Mo–Sa 10–17, Juni–Sept. So 10–17).

In **Melrose** befindet sich die erste der vier sog. Grenzlandabteien, die immer wieder von den Engländern zerstört wurden. 1136 ließ König David die Zisterzienser-Abtei gründen, 1322 brandschatzte hier Edward I. zum ersten Mal. Schnell erfolgte der Neubau, doch 1385 war es Richard II., der marodierend durch die Region zog, und wieder wurde aufgebaut. 1545 kam mit den Truppen des Earl of Hertford auf Befehl Heinrichs VIII. das endgültige Aus. Den anderen drei Grenzlandklöstern, **Jedburgh**, **Kelso** und **Dryburgh**, ging es ebenso. 1920 fanden Archäologen im Kapitelhaus das mumifizierte Herz des schottischen Königs Robert Bruce.

Für Sir Walter Scott war Melrose die geschichtsträchtigste aller Border Abbeys, und so dichtete er seine berühmten Zeilen, die Theodor Fontane ins Deutsche übersetzt hat:
„Und willst du des Zaubers sicher sein,
so besuche Melrose bei Mondenschein.
Die goldne Sonne, des Tages Licht,
sie passen zu seinen Trümmern nicht."

Abbotsford House, das mittelalterlich anmutende Wohnhaus von Sir Walter Scott

(April–Sept. Mo–Sa 9.30–18.30, So 14–18.30, ansonsten Mo–Sa 9.30–16.30 Uhr.)

Tourist Information: Abbey House

Fand Scott Melrose historienbeladen, so galt ihm **Dryburgh** als die romantischste Ruine, und so wollte er hier in den Resten des nördlichen Querschiffes bestattet werden. Neben ihm wurde sein Schwiegersohn und Biograf, John Gibson Lockhart, Jahre später zur letzten Ruhe gebettet. Außerdem befindet sich hier der Sarkophag des Feldmarschalls Douglas Hiag, der im Ersten Weltkrieg seine Männer immer wieder in die Maschinengewehrgarben der Deutschen schickte und der für den Tod von mehr als einer Million junger Engländer verantwortlich war. Die Ruine von Dryburgh liegt inmitten einer grünen Flussaue des River Tweed, wurde 1150 gegründet und im 16 Jh. von den südlichen Nachbarn zerstört (Öffnungszeiten wie Melrose).

Nur wenige Minuten Fahrt entfernt findet sich auf einem Hügel **Scott's View**; von hier aus hat man einen schönen Blick ins sattgrüne, samtene Tal des River Tweed. Scott führte seine Besucher immer wieder zu dem Aussichtspunkt.

Auch **Jedburgh Abbey** wurde mehrfach zerstört und wieder aufgebaut. Ein **Visitor Centre** informiert über die Geschichte des Klosters, dann kann man über das Ruinenareal streifen. Die Grundmauern der Abteikirche stehen noch in voller Höhe, man erkennt frühgotische Architekturelemente; das mit Maßwerk verzierte Rosettenfenster an der Westfront wird „St. Catherine's Wheel" genannt (Öffnungszeiten wie Melrose).

Spaziert man vom Marktplatz die High Street hinunter und biegt

In Dryburgh Abbey, einer der vier Grenzlandabteien, wurde Sir Walter Scott bestattet.

in die Gasse **Smith's Wynd** ein, so ist schnell **Mary, Queen of Scot's House** erreicht. Maria Stuart lag hier 1566 krank darnieder; einige Ausstellungsstücke erinnern an das unglückliche Leben der schottischen Königin (Ostern–Okt. Mo–Sa 10–16.45, So 10–16.30 Uhr).

Tourist Information: Murray Green

In **Kelso** 23, einem ebenso sympathischen Landstädtchen wie die zuvor genannten Orte, wurde die Abtei von den offensichtlich rasenden Engländern derartig zerstört, dass nichts übrig blieb, was ein Eintrittsgeld wert wäre. Nur wenige Steine blieben aufeinander.

Wenn man über die grünen Flussauen den River Tweed entlangspaziert, erreicht man nach 2 km **Floors Castle** (Ostern–Okt. tgl. 10–16.30 Uhr). William Adam begann ab 1721 mit der Errichtung eines schlichten Landsitzes für die Familie des Duke of Roxburgh. Dessen Nachfolger war das Gebäude nicht pompös genug, und so ließ er vom Edinburgher Architekten William Playfair einen Umbau im Stil des Neo-Tudor vornehmen – ein Versuch, der gründlich misslungen ist.

Auf der gegenüberliegenden Flussseite lag einst der Ort **Roxburgh**, der im 14. Jh. von den Engländern besetzt und nicht wieder herausgegeben wurde. 1460 wollte Jakob II. diese permanente Missachtung seiner Hoheitsgewalt nicht länger hinnehmen. Er belagerte die Stadt und wollte die Mauern mit seinen neuen Kanonen sturmreif schießen lassen. Doch ein Rohrkrepierer tötete den König. Im Park von Floors Castle erinnert ein Baum an die Stelle, an der der Herrscher bei dem Unglück stand.

Tourist Information: Town House, The Square

Bestimmungsteil
Tiere und Pflanzen

1 Gemeiner Igel Western Hedgehog *Erinaceus europaeus* *(Erinaceidae)*

KR 22–35 cm G 450–1500 g

Merkmale Schnauze spitz, Augen und Ohren klein; Rücken mit Stacheln, Kopf und Bauch mit braunen oder hellgrauen Haaren.

Vorkommen In ganz England, Schottland und Wales; v.a. in Wäldern, Parks, Gärten.

Wissenswertes Igel sind dämmerungs- und nachtaktive Einzelgänger. Sie fressen Schnecken, Regenwürmer, Insekten, Fallobst, Beeren und Pilze. Die Weibchen bringen ein- bis zweimal jährlich drei bis acht blinde Junge zur Welt. Jungenaufzucht und Winterschlaf erfolgen in dem mit Laub, Moos, Gras und Ästchen ausgepolsterten Nest, das in Reisighaufen, unter Baumwurzeln, Hecken und in selbst gegrabenen Löchern angelegt wird. Bei Störung rollen sie sich zu einer Kugel zusammen und richten die Stacheln auf.

2 Maulwurf Mole *Talpa europaea* *(Talpidae)*

KR 11–16 cm G 60–130 g

Merkmale Körper walzenförmig, Fell samtschwarz; Vorderbeine zu kräftigen Grabschaufeln umgebildet; rüsselartige Schnauze; Augen und Ohren klein, im Fell verborgen.

Vorkommen Im ganzen Land, fehlt auf einigen Inseln im Norden; v.a. auf Wiesen mit lockerer Erde; nicht in Sandböden, felsigen oder staunassen und moorigen Böden.

Wissenswertes Maulwürfe sind Einzelgänger. Sie graben mit ihren Vorderfüßen Gangsysteme dicht unter der Erde bis in ca. 50 cm Tiefe und werfen dabei Maulwurfshügel auf. Unter besonders großen Hügeln wird die Nestkammer angelegt und mit Blättern, Gräsern und Moos ausgepolstert. Sie fressen Regenwürmer, Tausendfüßler, Schnecken, Insekten und deren Larven.

3 Waldspitzmaus Common Shrew *Sorex araneus* *(Soricidae)*

KR 5,5–8,5 cm G 4–16 g

Merkmale Lange, spitze Schnauze, Augen und Ohren klein, Schwanz kürzer als Körper; Pelz kurzhaarig, seidig; oben dunkelbraun, Flanken hellbraun, unten gelblich grau, dadurch „dreifarbig"; Zahnspitzen rot.

Vorkommen Im ganzen Land; in Wäldern, Wiesen, Feldern, Mooren, Gärten, Parks.

Wissenswertes Waldspitzmäuse sind tag- und nachtaktiv mit einem ständigen Wechsel zwischen etwa einstündigen Aktivitätsperioden und einstündigen Ruhepausen. Die Nahrung besteht aus Insekten, Spinnen, Regenwürmern und Schnecken. Sie bewohnen selbst gegrabene sowie verlassene Gänge von Wühlmäusen und Maulwürfen.

4 Zwergspitzmaus Pigmy Shrew *Sorex minutus* *(Soricidae)*

KR 4,3–6,2 cm G 2,5–7 g

Merkmale Ähnlich Waldspitzmaus, aber kleiner, heller gefärbt (nie dreifarbig) und mit einem relativ längeren Schwanz.

Vorkommen In ganz England, Schottland und Wales; meidet große Wälder.

Wissenswertes Zwergspitzmäuse halten sich häufiger als Waldspitzmäuse oberirdisch auf. Sie sind geschickte Kletterer in der bodennahen Vegetation, wo sie ihre Beutetiere, hauptsächlich kleine Käfer und Spinnen, suchen.

5 Wasserspitzmaus Water Shrew *Neomys fodiens* *(Soricidae)*

KR 7–10 cm G 9–23 g

Merkmale Groß, kräftig, langschwänzig; Fell samtartig, oben schwarz, unten meist hell; Ohren kaum sichtbar; Haarborstensäume an Schwanzunterseite und Außenseite der Hinterfüße zum Schwimmen.

Vorkommen Im ganzen Land, fehlt auf einigen Inseln im Norden; an Gewässern, in Sumpfgebieten und Mooren.

Wissenswertes Die tag- und nachtaktiven Wasserspitzmäuse sind ausgezeichnete Schwimmer. Mit der spitzen Schnauze und den Vorderfüßen durchwühlen sie den Gewässergrund nach tierischer Nahrung. Nahrungsreste (Schneckengehäuse, Fisch- und Froschskelette) werden oft als Haufen am Ufer zurückgelassen. Sie graben Gänge in die Ufer, benutzen aber auch die anderer Tiere.

1

2

3

4

5

1 Europäischer Feldhase Brown Hare *Lepus europaeus* *(Leporidae)*

KR 45–70 cm G 2,5–7 kg

Merkmale Auffällig lange Ohren und Hinterbeine.

Vorkommen In England und Wales, fehlt im Norden Schottlands und auf einigen Inseln; ursprünglich Steppen- und Waldbewohner, heute Kulturfolger.

Wissenswertes In England wurde der Hase als beliebtes Jagdtier auf vielen Inseln ausgesetzt, oft jedoch nur mit mäßigem Erfolg. Dies liegt daran, dass Hasen und v.a. deren Junge relativ feuchtigkeitsempfindlich sind. Im Gegensatz zu Kaninchen legen sie keine unterirdischen Baue an, sondern scharren an geschützten Orten oberflächliche Mulden in den Boden, die so genannten Sassen. Flach in die Sasse gedrückt sind die Hasen mit ihrem tarnfarbenen Fell kaum zu sehen.

2 Schneehase Mountain Hare *Lepus timidus* *(Leporidae)*

KR 45–60 cm G 1,7–5,8 kg

Merkmale Größe zwischen Feldhase und Wildkaninchen; Fell im Sommer braun, im Winter weiß; Ohrspitzen ganzjährig schwarz.

Vorkommen In Nordschottland und höheren Lagen oberhalb der Baumgrenze; in Mooren mit großen Heidekrautbeständen.

Wissenswertes Schneehasen wechseln dreimal im Jahr ihr Fell: Zwischen Februar und Mai von weiß auf braun **(2a)**, zwischen Juni und September wird das braune Fell erneuert und zwischen Oktober bis Januar erscheint wieder das weiße Winterfell **(2b)**. Die kräftigeren Feldhasen verdrängen die Schneehasen aus Gebieten, in denen sie selbst vorkommen können. Den Schneehasen bleiben nur Lebensräume, die wegen des Klimas nicht von Feldhasen besiedelt werden. In Überlappungsgebieten fand man Bastarde, die aber wahrscheinlich unfruchtbar sind.

3 Wildkaninchen Rabbit *Oryctolagus cuniculus* *(Leporidae)*

KR 35–45 cm G 1–2,5 kg

Merkmale Kleiner als Feldhase, im Vergleich zu diesem gerundete, viel kürzere und immer aufgerichtete Ohren.

Vorkommen England, Schottland und Wales; Wiesen, Kulturland, Waldränder, Dünen und Heide; v.a. auf sandigen Böden, meidet sumpfiges Gelände und Nadelwälder.

Wissenswertes Wildkaninchen stammen von der Iberischen Halbinsel und wurden im Mittelalter nach Mitteleuropa inklusive der Britischen Inseln eingeführt. Sie graben unterirdische Gänge und Höhlen. In Seevogelkolonien werden Kaninchenbauten oft von Papageitauchern und Schwarzschnabel-Sturmtauchern als Bruthöhlen genutzt.

4 Eichhörnchen Red Squirrel *Sciurus vulgaris* *(Sciuridae)*

KR 20–25 cm G 200–450 g

Merkmale Schwanz buschig, fast körperlang; im Sommer oben rötlich, im Winter graubraun gefärbt, unten weißlich; im Winter deutliche Ohrbüschel.

Vorkommen Im ganzen Land außer Südostengland; Wälder, Parks, Wohngebiete.

Wissenswertes Eichhörnchen bauen aus Ästchen ein kugelförmiges Nest (Kobel), das sie mit Gras und Moos auskleiden.

5 Grauhörnchen Grey Squirrel *Sciurus carolinensis* *(Sciuridae)*

KR 23–28 cm G 350–650 g

Merkmale Etwas größer und kräftiger als Eichhörnchen; im Sommer rötlich gelb bis rotbraun, Flanken und Hinterschenkel rostrot; im Winter grau, Ohren ohne Haarbüschel.

Vorkommen Ursprünglich Nordamerika, in Großbritannien Ende des 18. Jh. ausgesetzt, heute in England und Wales weit verbreitet. In Wäldern und Parks.

Wissenswertes Grauhörnchen verdrängten zunehmend die Eichhörnchen, die sehr ähnliche ökologische Ansprüche haben. Mittlerweile hat sich ein neues Gleichgewicht eingestellt: Das Grauhörnchen lebt in Niederungsgebieten mit viel Laubholz und in Parkanlagen, das Eichhörnchen ist in höheren Lagen überlegen, wo kühlere Witterung und Nadelbäume vorherrschen.

1

2a

2b

3

4

5

1 **Haselmaus** Hazel Dormouse *Muscardinus avellanarius* *(Gliridae)*

KR 6,5–8,5 cm G 15–35 g

Merkmale Hausmausgroß; gelbbraun bis fuchsrot, Kehle und Brust weißlich, Bauch gelblich; Schwanz dicht behaart, Ohren kurz.

Vorkommen Südengland und Wales; in unterwuchsreichen Laub- und Mischwäldern, Gebüsche, Waldränder.

Wissenswertes Haselmäuse gehören nicht zu den Mäusen, sondern sind die einzigen natürlich in Großbritannien vorkommenden Vertreter aus der Familie der Bilche oder Schläfer. Sie sind dämmerungs- und nachtaktiv und klettern und springen ausgezeichnet. Ihre Nahrung besteht aus Sämereien, Knospen, Beeren, Baumfrüchten und Insekten. Sie bauen ein kugeliges Nest aus Gras, Laub und Rindenstreifen in Sträuchern. Haselmäuse halten von Ende Oktober bis April Winterschlaf. Dabei senken sie ihre Körpertemperatur auf fast 0 °C ab und atmen nur noch etwa alle fünf bis zehn Minuten. 1902 wurden südwestlich von London die nah verwandten **Siebenschläfer** *(Glis glis)* ausgesetzt, sie bilden eine kleine, begrenzte Population.

2 **Erdmaus** Field Vole *Microtus agrestis* *(Arvicolidae)*

KR 9–13 cm G 20–60 g

Merkmale Oben schwärzlich graubraun, Seiten etwas heller, Bauch weißlich grau; Ohren im langen Fell kaum sichtbar.

Vorkommen In England, Schottland und Wales, fehlt auf einigen Inseln im Norden; v.a. auf Nasswiesen, in Mooren, Sümpfen, auch in Gärten und Parkanlagen.

Wissenswertes Erdmäuse legen ihre Gangsysteme dicht unter der Erdoberfläche und im verfilzten Gras an. Die Gänge münden in Wohnkessel und Vorratskammern. Das kugelförmige Nest wird aus zerkleinerten Grashalmen und Pflanzenstängeln in Grasbüscheln oder unterirdisch angelegt. Die auf dem Kontinent häufigste Wühlmaus, die **Feldmaus** *(Microtus arvalis)*, fehlt in Großbritannien, allerdings leben auf den Orkney-Inseln und der Kanalinsel Guernsey zwei großwüchsige Unterarten.

3 **Rötelmaus (Waldwühlmaus)** Bank Vole *Clethrionomys glareolus* *(Arvicolidae)*

KR 7–12 cm G 15–35 g

Merkmale Oben kräftig rotbraun, Flanken grau mit rötlichem Schimmer, Bauchseite weißlich; kleine, aus dem Fell heraustretende Ohren; Schwanz zweifarbig: oben dunkelbraun, unten grauweiß.

Vorkommen Im ganzen Land, fehlt auf einigen Inseln im Norden; in Wäldern, Wiesen, Parks, waldnahen Hecken und Gebüschen, im Winter gelegentlich in Gebäuden.

Wissenswertes Die geselligen Wühlmäuse sind dämmerungs- und nachtaktiv, häufig aber auch am Tage tätig und dann leicht zu beobachten, weil wenig scheu. Unter Reisighaufen oder in morschen Baumstümpfen legen die Rötelmäuse eine spezielle Nestkammer an, in der die Weibchen drei- bis viermal im Jahr jeweils drei bis sieben nackte und blinde Junge zur Welt bringen. Diese sind nach etwa drei Wochen selbstständig und können sich bereits im Alter von zehn Wochen fortpflanzen. Bei einem genügend hohen Nahrungsangebot kommt es daher zu Massenentwicklungen, die eine Bestandszunahme ihrer Feinde – insbesondere verschiedene Eulenarten – bedingt.

4 **Gemeine Schermaus** Northern Water Vole *Arvicola terrestris* *(Arvicolidae)*

KR 14–22 cm G 80–270 g

Merkmale Groß, Schwanz mindestens halbkörperlang; Augen klein, Ohren kurz; Fellfarbe hellbraun bis fast schwarz.

Vorkommen In England, Schottland und Wales, fehlt auf einigen Inseln im Norden; an Gewässern, v.a. an Ufern mit deckungsreichem Bewuchs, aber auch in Mooren, Sümpfen, Gärten und Wäldern.

Wissenswertes Schermäuse schwimmen und tauchen gut. Sie graben Gänge in die Uferböschung mit Zugängen über und unter dem Wasserspiegel. In wasserfernen Lebensräumen werden die Gänge dicht unter der Erdoberfläche angelegt, sie sind oft als Erdwälle zu erkennen. Neben den Eingängen befinden sich Erdhaufen, die denen von Maulwürfen ähneln.

1

2

3

4

1 **Wanderratte** Common Rat *Rattus norvegicus* *(Muridae)*

KR 20–28 cm G 270–500 g

Merkmale Rotbraun bis schwärzlich; Schwanz lang, aber etwas kürzer als der Körper, drehrund und fast nackt.

Vorkommen Im ganzen Land; in vom Menschen geprägten Lebensräumen (Kanäle, Müllhalden, Lagerräume).

Wissenswertes Wanderratten leben in Familienverbänden, die Mitglieder erkennen sich am „Familiengeruch". In der Gruppe herrscht eine klare Hierarchie. Im Freiland lebende Wanderratten legen ihre Erdbauten meist in der Nähe von Gewässern an. Sie bestehen aus einem Gangsystem mit Wohn- und Nahrungskesseln. Bei ausreichender Nahrung vermehren sich die Ratten sehr schnell und können pro Jahr vier bis sechs Würfe mit jeweils sechs bis zehn Jungen zur Welt bringen. Ratten gelten als typische Allesfresser, die sich über Früchte, Samen, Gräser, Mäuse, Vögel, junge Kaninchen, Aas und Abfall hermachen.

2 **Waldmaus** Wood Mouse *Apodemus sylvaticus* *(Muridae)*

KR 8–11 cm G 20–30 g

Merkmale Schwanz etwa körperlang, große Augen und Ohren; oben graubraun, unten weißlich; zwischen den Vorderbeinen oft ein gelber, länglicher Fleck.

Vorkommen In ganz England, Schottland und Wales; Felder, Feldgehölze, Waldränder und -lichtungen, Parks und Gärten.

Wissenswertes Waldmäuse ernähren sich von Grassamen, Eicheln, Bucheckern, Knospen und jungen Sprossen sowie von bodenbewohnenden Insekten und Spinnen. Jahrtausendelange Isolation vom Festland ließ auf den Inseln Fair Isle, Foula, St. Kilda, Yell und Rhum jeweils eigene Unterarten der Waldmaus entstehen.

3 **Gelbhalsmaus** Yellow-necked Mouse *Apodemus flavicollis* *(Muridae)*

KR 8,5–13 cm G 20–50 g

Merkmale Ähnlich Waldmaus, gelbbraune Oberseite jedoch scharf von der weißen Unterseite abgegrenzt, Schwanz meist länger als der Körper. Zwischen Vorderfüßen quer verlaufendes gelbes Halsband oder wenigstens ein runder Fleck.

Vorkommen Wales, Süd- und Mittelengland; in Laub-, Mischwäldern und Parks.

Wissenswertes Gelbhalsmäuse können weit springen und ausgezeichnet klettern. Das Nest aus Gras, Moos und Blättern wird zwischen Wurzeln, in Baumhöhlen oder auch in Vogel-Nistkästen gebaut.

4 **Hausmaus** House Mouse *Mus musculus* *(Muridae)*

KR 7–10 cm G 12–30 g

Merkmale Spitze Schnauze, kleine Augen, lange Ohren, nackter Schwanz; Fellfärbung bräunlich, gräulich oder schwärzlich, an den Flanken heller, deutlich gegenüber der weißlichen Bauchseite abgesetzt.

Vorkommen Im ganzen Land; bei oder in Häusern, Ställen und Vorratslagern.

Wissenswertes Hausmäuse stammen ursprünglich aus den Steppen Nordafrikas und Ostasiens. Durch den Menschen wurde die Art über die gesamte Welt verschleppt und es haben sich mehrere Unterarten gebildet. In Großbritannien lebt die **Westliche Hausmaus** *(Mus musculus domesticus)*.

5 **Zwergmaus** Harvest Mouse *Micromys minutus* *(Muridae)*

KR 5–8 cm G 4–11 g

Merkmale Sehr klein mit langem Greifschwanz; oben gelbbraun bis dunkelbraun, unten meist weiß, scharf abgesetzt; Ohren kaum aus dem Fell ragend.

Vorkommen England, Wales, Südschottland; feuchte Wiesen, auch in Feldern.

Wissenswertes Zwergmäuse klettern geschickt an Gras- und Getreidehalmen, dabei nutzen sie ihren Greifschwanz als zusätzlichen Halt. Ihr kugelförmiges Nest wird zwischen senkrechen Stängeln aufgehängt. Die äußere Nesthülle wird aus Gräsern geflochten und erinnert an ein Vogelnest.

1

2

3

4

5

1 **Rotfuchs** Red Fox *Vulpes vulpes (Canidae)*

KR 50–90 cm G 4–10 kg

Merkmale Rotbraunes Fell, aber auch dunklere Varianten; lange, spitze Schnauze; buschiger Schwanz, meist mit weißer Spitze.

Vorkommen In ganz England, Schottland und Wales, fehlt auf vielen schottischen Inseln; besiedelt nahezu alle Lebensräume von der Küste bis in die Hochlagen.

Wissenswertes Dieses vorwiegend dämmerungs- und nachtaktive Raubtier lebt meist als Einzelgänger. Füchse graben weit verzweigte Erdhöhlen mit einem Wohnkessel und mehreren Eingängen. Außerdem werden manchmal geräumige Dachsbaue, auch gemeinsam mit Dachsen, bewohnt. Als Beute stehen an erster Stelle Mäuse. An Vogelkolonien lebende Füchse haben sich eine ergiebige Nahrungsquelle erschlossen: Dort, wo sie die brütenden Vögel, die Eier oder Küken in den Klippen erreichen können, werden diese erbeutet. Ansonsten finden sie auf ihren regelmäßigen Patrouillen unterhalb der Felsen verunglückte Tiere. Auch Straßen werden von Füchsen regelmäßig auf Verkehrsopfer hin abgesucht. Zur Blaubeerenzeit fressen sie gerne die reifen Früchte, die den Kot (Losung) tiefblau verfärben.

2 **Hermelin** Stoat *Mustela erminea (Mustelidae)*

KR 20–33 cm G 150–350 g

Merkmale Schlank, lang, kurze Beine und relativ kurzer Schwanz; Sommerkleid oben braun, scharf abgesetzte weißliche Unterseite **(2a)**, Schwanzende schwarz. Winterkleid weiß, schwarze Schwanzspitze **(2b)**.

Vorkommen In ganz England, Schottland und Wales; in Wäldern, Parks, Agrargebieten, Siedlungen, gerne in Gewässernähe.

Wissenswertes Hauptnahrung des Hermelins oder Großen Wiesels sind Wühlmäuse, gebietsweise spielen Kaninchen als Beute eine wichtige Rolle. Gefressen werden aber auch Vögel, Reptilien, Amphibien und Fische. Hermeline können ausgezeichnet klettern und springen, außerdem auch gut schwimmen. Sie gelten als besonders neugierig.

3 **Mauswiesel** Weasel *Mustela nivalis (Mustelidae)*

KR 13–26 cm G 45–200 g

Merkmale Gestalt wie Hermelin, aber viel kleiner; Schwanz kürzer und ohne schwarze Spitze; nur in den nördlichen Regionen weißes oder weiß geflecktes Winterfell.

Vorkommen In England, Schottland und Wales, fehlt auf einigen Inseln; in nahezu allen Lebensräumen; auch Dörfer und Städte.

Wissenswertes Mauswiesel sind in hohem Maße auf die Jagd nach Mäusen spezialisiert und können Wühlmäusen mühelos in deren Gänge folgen und sie dort erbeuten. Wie alle Marder bilden auch die Mauswiesel Reviere, deren Größe abhängig ist von der Populationsdichte der Beutetiere: Je mehr Wühlmäuse es pro Flächeneinheit gibt, desto kleiner ist das Revier. Die Grenzen der Territorien werden mit Kot, Urin und einem stark riechenden Analdrüsensekret markiert.

4 **Baummarder** Pine Marten *Martes martes (Mustelidae)*

KR 40–50 cm G 0,8–2 kg

Merkmale Katzengroß, aber kurzbeiniger; langer, buschiger Schwanz; Färbung braun mit typischem gelblichen Kehlfleck.

Vorkommen Wales, im Osten Englands und in Nordschottland; bewohnt Waldgebiete aller Art, auch Parkanlagen.

Wissenswertes Baummarder können vorzüglich klettern und bis zu 4 m weit von Baum zu Baum springen. Als Nahrung dienen Eichhörnchen, Mäuse, Vögel, Eier, Obst und größere Insekten. Besonders nachts kommen ihnen ihr hervorragender Geruchssinn sowie das feine Gehör bei der Suche nach Essbarem zugute. In Wales und Teilen Schottlands lebt der kleinere **Waldiltis** *(Mustela putorius)* mit hellem Gesicht und dunkler Maskenzeichnung. Ausgesetzt oder aus Pelzfarmen entwichen ist der **Amerikanische Nerz** oder **Mink** *(Mustela vison)*. Sein Fell ist dunkelbraun mit weiß gezeichnetem Kinn. Gezüchtete Farmtiere kommen in vielen Farbvarianten vor.

1

2a

2b

3

4

1 Fischotter Otter *Lutra lutra (Mustelidae)*

KR 60–90 cm G 6–17 kg

Merkmale Schlank; langer, an der Basis sehr dicker, aber spitz auslaufender Schwanz; Fell dicht und relativ kurz.

Vorkommen England, Wales, Schottland; Gewässer, Flussmündungen, Buchten.

Wissenswertes Fischotter schwimmen ausgezeichnet. Ihre Nahrung besteht aus Fischen, Kleinsäugern, Fröschen, Krebsen und Muscheln. Häufig findet man die Losung auf Steinen im Wasser oder am Ufer, sie dient als Markierung des Reviers. In den dichter besiedelten Gebieten sind die Bestände rückläufig, die Art ist vom Aussterben bedroht. Ursache war zunächst die Bejagung. Weit schwerwiegender ist heute jedoch die Biotopzerstörung und Wasserverschmutzung, die den Ottern die Lebensgrundlage nimmt.

2 Dachs Badger *Meles meles (Mustelidae)*

KR 60–90 cm G 10–17 kg

Merkmale Gedrungene Gestalt; am Kopf mit schwarzweißer Streifenzeichnung; Schwanz und Ohren relativ kurz.

Vorkommen In England, Schottland und Wales, fehlt in Nordschottland und auf einigen Inseln; in Laub- und Mischwäldern sowie Hecken- und Parklandschaften.

Wissenswertes Dachse halten sich tagsüber und im Winter über mehrere Monate in ihren Bauten auf. Entsprechend geräumig werden die „Dachsburgen" angelegt: Sie verfügen über mehrere Wohnkessel, Gangsysteme, mehrere Ein- und Ausgänge sowie „Dachs-Aborte" für die Exkremente. Die Burgen werden über Generationen weitervererbt und oft von mehreren Tieren bewohnt. Hauptnahrung sind Regenwürmer, aber sie fressen auch Früchte, Wurzeln, Nüsse, Insekten, Schnecken, Eier, Mäuse und Aas.

3 Wildkatze Wild Cat *Felis silvestris (Felidae)*

KR 50–80 cm G 5–12 kg

Merkmale Graubraun mit dunkler Tigerung, Bauch heller. Durch den dicken, stumpf endenden Schwanz von ähnlich gefärbten Hauskatzen zu unterscheiden (diese mit schmalem, zugespitztem Schwanz).

Vorkommen In Nordschottland; Waldgebiete, Gebüsch- und Felslandschaften.

Wissenswertes Mäuse sind die wichtigste Beute für Wildkatzen. Sie lauern vor Mauselöchern oder schleichen sich an andere Kleintiere nahezu lautlos an. Zur Ruhe und als Aufzuchtstätte für ihre Jungen dienen Felshöhlen oder hohle Baumstümpfe. Die nordafrikanische Unterart der Wildkatze gilt als Stammform unserer Hauskatzen.

4 Seehund Common Seal *Phoca vitulina (Phocidae)*

KR 1,4–2 m G 70–150 kg

Merkmale Rundlicher Kopf mit kurzer Schnauze; Grundfarbe grauweiß bis bräunlich, Rücken mit dunklen Flecken.

Vorkommen An allen Küsten Großbritanniens; ruhige Küstengewässer, Wattenmeere, Sandbänke, flache Felsstrände.

Wissenswertes Seehunde ruhen bei Ebbe oft in großen Gruppen auf Sandbänken und flachen Felsen. Sie können bis zu 100 m tief und maximal 30 Min. tauchen. Ihre Nahrung besteht überwiegend aus in Küstennähe lebenden Fischen, außerdem aus Muscheln sowie aus Krebsen.

5 Kegelrobbe Grey Seal *Halichoerus grypus (Phocidae)*

KR 1,8–3 m G 120–300 kg

Merkmale Kegelförmiger Kopf, lang gestreckte Schnauze; viel größer als Seehund, Männchen größer als Weibchen.

Vorkommen An den Küsten ganz Großbritanniens; bevorzugt im Gegensatz zum Seehund felsige Küstenzonen.

Wissenswertes Über 20 000 Tiere besiedeln die Küsten der Britischen Inseln. Kegelrobben treffen sich meist an besonderen Plätzen, um ihre Jungen zur Welt zu bringen: Auf der etwa 150 km westlich der Orkneys gelegenen Insel North Rona kommen alljährlich über 9000 Tiere zusammen.

1

2

3

4

5

1 Rothirsch Red Deer *Cervus elaphus* *(Cervidae)*

KR 1,6–2,5 m G 100–300 kg

Merkmale Im Sommer rotbraun, im Winter graubraun; Bereich um den Schwanz („Spiegel") gelblich; Männchen mit großem Stangengeweih.

Vorkommen Schottland und isolierte Verbreitungsinseln in England und Wales; Wälder mit Freiflächen, Heidegebiete, Moore.

Wissenswertes Schottische Populationen bilden wegen der schlechteren Nahrungsverhältnisse im Vergleich zu unseren Tieren relativ kleine Geweihe. Im zeitigen Frühjahr werfen die Hirsche ihr Geweih ab. Wenige Tage später wächst das neue nach. Während des Wachstums ist das Geweih von einer stark durchbluteten Haut überzogen, dem Bast. Dieser wird schließlich im Juli/August „abgefegt", es bleibt das reine Knochengebilde ohne weitere Durchblutung. Ihr Geweih brauchen die Hirsche v.a. während der Brunftzeit im September/Oktober bei der Balz um die Weibchen: Ist das Geweih kräftig ausgebildet, kann es einen Rivalen abschrecken, ansonsten kommt es zum Kampf.

2 Sikahirsch Sika Deer *Cervus nippon* *(Cervidae)*

KR 1–1,5 m G 40–80 kg

Merkmale Im Sommer rotbraun mit hellen Tupfen, im Winter dunkelgrau; Spiegel rein weiß, oben schwarz umrandet; Geweih schwach verzweigt mit drei oder vier Enden.

Vorkommen Stammt aus Ostasien, Inselvorkommen in England, Wales, Schottland.

Wissenswertes Die Männchen leben in Hirschrudeln, die Weibchen und Kälber in separaten Gruppen. Nur in der Brunftzeit und im Winter bilden sich gemischte Rudel.

3 Damhirsch Fallow Deer *Cervus dama* *(Cervidae)*

KR 1,3–2 m G 50–140 kg

Merkmale Männchen mit schaufelartigem Geweih; Fell rotbraun mit reihig angeordneter weißer Fleckenzeichnung.

Vorkommen England, Wales und Südschottland; in lichten Laub- und Mischwäldern sowie Parklandschaften.

Wissenswertes Die in Europa lebenden Damhirsche gehen auf Einbürgerungen kleinasiatischer Tiere im Mittelalter zurück. Im Winter leben Männchen und Weibchen in oft großen Rudeln zusammen. Damhirsche fressen Gräser, Kräuter, Baumrinde, frische Gehölztriebe, Eicheln und Bucheckern.

4 Reh Roe Deer *Capreolus capreolus* *(Cervidae)*

KR 1–1,4 m G 15–35 kg

Merkmale Im Sommer rostbraun, im Winter graubraun; sehr kurzer Schwanz; Böcke mit kleinem Geweih.

Vorkommen Südengland und Schottland; in unterholzreichen Laub- und Mischwäldern, Feldern, Wiesen und Moorgebieten.

Wissenswertes Wie auch die anderen Hirscharten werfen Rehböcke ihr Geweih, das aus abgestorbener Knochensubstanz besteht, einmal im Jahr ab. Die Größe des neu heranwachsenden Geweihes ist abhängig vom Alter, der Ernährung und dem Gesundheitszustand der Tiere.

5 Muntjak Muntjac *Muntiacus reevesi* *(Cervidae)*

KR 70–90 cm G 15–30 kg

Merkmale Nur fuchsgroß, gedrungen, Rücken stark gewölbt; Böcke mit einfachem, ca. 6 cm langem Geweih.

Vorkommen Ursprünglich aus China und Taiwan, in Südengland eingebürgert, in unterholzreichen Wäldern.

Wissenswertes Muntjaks sind sehr versteckt lebende Einzelgänger, die sich nur während der Paarungszeit für einige Wochen zusammenschließen. Ebenfalls aus China stammend wurde in Ostengland das **Chinesische Wasserreh** *(Hydropotes inermis)* eingebürgert. Es ist geweihlos und bewohnt Grasland, Sümpfe und lichte Wälder. Auffällig sind die langen Eckzähne im Oberkiefer der Männchen, die nach unten aus dem Maul ragen und bei Balzkämpfen eingesetzt werden.

1

2

3

4

5

1 **Sterntaucher** Red-throated Diver *Gavia stellata* *(Gaviidae)*

L 53–61 cm G 1–2 kg

Merkmale Im Brutkleid grauer Kopf, roter Kehlfleck und graubraune Oberseite; Winterkleid heller als Prachttaucher und mit weißen Pünktchen; Schnabel dünn und aufgeworfen.

Vorkommen Brutvogel in Nordschottland, im Winter an Küstengewässern Großbritanniens; brütet bevorzugt an kleinen stehenden Gewässern.

Wissenswertes Sterntaucher fressen v.a. Fische, aber auch Amphibien und Wasserinsekten. Sie sind gute Taucher und erreichen Wassertiefen von 2–9 m, max. sogar 20 m. Während der Brutzeit lebt meist nur ein Pärchen an einem kleinen Gewässer, auf dem Zug und in den Winterquartieren bilden sie größere Gruppen. Die Wintermonate, in denen die Seen ihrer Brutplätze zufrieren, verbringen sie auf Europas Küstengewässern.

2 **Prachttaucher** Black-throated Diver *Gavia arctica* *(Gaviidae)*

L 58–69 cm G 1,5–3 kg

Merkmale Im Brutkleid Rücken schwarz und auffällig weiß gemustert, Oberkopf und Wangen grau, Unterhals schwarz, Halsseiten schwarzweiß längs gestreift. Winterkleid ähnlich Sterntaucher, Schnabel dicker und nicht aufgebogen.

Vorkommen Brutvogel in Nordschottland, im Winter meist an den Küsten; brütet an stehenden Gewässern, oft in Tundra- oder Hochmoorgebieten sowie in Nadelwäldern.

Wissenswertes Prachttaucher leben vermutlich in einer Art Dauerehe. Im Verhalten sind sie den Sterntauchern ähnlich, auch sie ernähren sich v.a. von Fisch. Im Winter ist auf größeren Binnengewässern und an den Küsten mit einem weiteren Vertreter der Seetaucher zu rechnen, dem **Eistaucher** *(Gavia immer)*. Er ist größer als der Prachttaucher und hat einen dunkleren Rücken. Die Bestimmung der drei Seetaucher-Arten ist im Schlichtkleid (Winter) recht schwierig.

3 **Haubentaucher** Great Crested Grebe *Podiceps cristatus* *(Podicipedidae)*

L 43–50 cm G 0,6–1,4 kg

Merkmale Oben braun, Hals und Unterseite weißlich; Hals dünn, lang; im Brutkleid Federohren und rötliche, dunkel eingefasste Krause an den Kopfseiten.

Vorkommen England, Wales und Südschottland; Brutvogel an stehenden Gewässern mit Ufervegetation. Im Winter auch an geschützten Meeresküsten.

Wissenswertes Haubentaucher sind für ihre Balzspiele im Frühjahr bekannt. Perfekt synchronisierte Zeremonien wechseln zwischen den gleich aussehenden Partnern ab: Kopfschütteln, Brust an Brust mit gesträubtem Kragen gegenüberstehen und schnelles Aufeinander-zu-Schwimmen sind einige der „Tanzfiguren". Die Küken können nach einem Tag schwimmen und tauchen, werden aber noch etwa zehn bis elf Wochen von den Eltern betreut. Solange sie klein sind, werden sie in Flügeltaschen bzw. auf dem Rücken getragen, damit sie nicht zu stark auskühlen. Haubentaucher fressen v.a. Fische, Wasserinsekten, Kaulquappen und Frösche.

4 **Zwergtaucher** Little Grebe *Tachybaptus ruficollis* *(Podicipedidae)*

L 26–28 cm G 180–220 g

Merkmale Kleinster europäischer Taucher; kurzer Hals, Schnabel relativ kurz, mit heller Spitze und gelber Schnabelwurzel. Im Brutkleid oben schwarzbraun, Kehle und Hals kastanienbraun, Winterkleid graubraun.

Vorkommen In England, Wales und Schottland. Brutvogel an stehenden und langsam fließenden Gewässern mit Ufervegetation; nach der Brutzeit auch auf großen Gewässern, Flüssen und an der Küste.

Wissenswertes Zwergtaucher fressen Wasserinsekten, Larven, Muscheln, Schnecken, Krebse sowie Fischchen. Da sie sich v.a. in der Brutzeit meist im Pflanzengürtel am Ufer aufhalten, wird man am ehesten durch ihr lautes, helles, oft lang anhaltendes Trillern auf sie aufmerksam. Ein ebenfalls recht kleiner Vertreter ist der **Ohrentaucher** *(Podiceps auritus)*. Im Brutkleid ist sein schwarz gefärbter Kopf mit den gelbroten Ohrbüscheln auffällig. Er brütet in Nordschottland.

1

2

3

4

1 Eissturmvogel Fulmar *Fulmarus glacialis (Procellariidae)*

L 45–50 cm G 600–900 g

Merkmale Möwenartig, aber Kopf und Hals dicker; kräftiger Schnabel mit röhrenförmigem Aufsatz; eleganter Gleitflug mit steif gehaltenen Flügeln und nur wenigen Flügelschlägen.

Vorkommen Zur Brutzeit an fast allen Küstenfelsen und Vogelinseln Großbritanniens; ansonsten Hochseevogel.

Wissenswertes Eissturmvögel gehören zu den typischen Koloniebrütern auf den Vogelfelsen und zählen zu den häufigsten Arten an den Küstenfelsen: In Großbritannien wird ihre Zahl auf mehr als 1 000 000 Tiere geschätzt. Die Vögel produzieren im Magen eine ölige und übel riechende Substanz, die Angreifern zur Verteidigung entgegengespritzt wird. Eissturmvögel ernähren sich von Fischen, Tintenfischen, Krebstieren und anderen planktonischen Meerestieren sowie von Abfällen aus der Fischereiwirtschaft. Die Nahrung wird v.a. von der Wasseroberfläche aufgenommen, die Vögel können aber auch etwa 1 m tief tauchen.

2 Schwarzschnabel–Sturmtaucher Manx Shearwater *Puffinus puffinus (Procellariidae)*

L 30–36 cm G 375–450 g

Merkmale Lachmöwengroß, auffallend kontrastreich; oben schwärzlich, scharf abgegrenzte weiße Unterseite.

Vorkommen Brütet in Kolonien auf den Shetland-, Orkney- und anderen Inseln sowie an der Westküste Großbritanniens. Außer der Brutzeit auf dem offenen Meer.

Wissenswertes Etwa 70 Prozent aller Schwarzschnabel–Sturmtaucher brüten an den Küsten Großbritanniens. Sie legen ihr Nest in selbst gegrabenen Höhlen oder in verlassenen Kaninchenbauten an. Die Vögel sind tag- und nachtaktiv. Im Flug folgen sie dicht über der Wasseroberfläche den Wellen. Nur wenige Sturmtaucher verbringen den Winter hier, die meisten unternehmen z.T. sehr lange Wanderungen: In Wales beringte Vögel wurden an den Küsten Brasiliens und Argentiniens wiedergefunden.

3 Sturmschwalbe Storm Petrel *Hydrobates pelagicus (Hydrobatidae)*

L 14–16 cm G 20–35 g

Merkmale Kleinster europäischer Seevogel, knapp Mauerseglergröße; langflügelig, schwärzlich mit weißem Bürzel und weißem Feld auf den Unterflügeln. Schwanzende gerade.

Vorkommen Brütet in Kolonien auf Meeresinseln sowie an der Westküste Großbritanniens; sonst auf dem offenen Meer.

Wissenswertes Sturmschwalben brüten in Höhlen unter Fels, in Spalten oder in verlassenen Kaninchen-, Sturmtaucher- oder Papageitaucherhöhlen. Sie gelten als sehr ortstreu und kehren alljährlich zur Brutzeit genau an die Stelle zurück, an der sie selbst geboren wurden. Auch ihre Paarbindung ist in der Regel eine Art Dauerehe, wird aber jedes Jahr bei Ankunft am Brutplatz erneuert. Man kann die Vögel – wenn sie einer Fähre folgen – über der Wasseroberfläche „tanzen“ sehen und beobachten, wie sie ohne zu wassern kleine Nahrungsteilchen aufnehmen.

4 Wellenläufer Leach's Petrel *Oceanodroma leucorhoa (Hydrobatidae)*

L 19–22 cm G 40–50 g

Merkmale In Färbung und Verhalten ähnlich der Sturmschwalbe, aber größer, mit spitzeren Flügeln, hellem Band auf den Oberflügeln und gegabeltem Schwanz.

Vorkommen Brütet auf den Shetland- und Orkney-Inseln und den Hebriden, außerhalb der Brutzeit auf dem offenen Meer.

Wissenswertes Auch die Wellenläufer zählen zu den Koloniebrütern an felsigen Küstenklippen. Ihren deutschen Namen verdanken die Vögel ihrem Flugverhalten: Bei der Nahrungssuche berühren die Füße immer wieder die Wasseroberfläche und es hat den Anschein, die Vögel liefen auf den Wellen. Sowohl Wellenläufer als auch Sturmschwalben sind am Brutplatz nachtaktiv und vollführen ihre ruffreudigen Balzflüge über den Brutkolonien v.a. in besonders dunklen Nächten. Der Großteil der Wellenläufer sammelt sich nach dem Ende der Brutsaison, um in tropische Meere zu ziehen.

1

2

3

4

1 **Basstölpel** Gannet *Sula bassana (Sulidae)*

L 86–94 cm G 2,5–3,5 kg

Merkmale Gänsegroß, lange schmale Flügel, langer spitzer Schwanz, weiß, Flügelspitzen schwarz, Kopf cremegelb; Jungvögel wechseln innerhalb von fünf Jahren vom dunklen Gefieder zum Kleid der Altvögel.

Vorkommen Brütet auf Felsinseln und Küstenklippen Großbritanniens; Verbreitungsschwerpunkt: die Inseln Schottlands.

Wissenswertes Basstölpel stürzen aus 30–40 m Höhe beim Stoßtauchen senkrecht ins Wasser und erreichen kurz vor dem Eintauchen etwa 100 km/h. Unter Wasser erbeuten sie Fische in Tiefen bis zu 15 m. Etwa 70 Prozent des Basstölpel-Weltbestands lebt in Großbritannien. So leitet sich auch der deutsche Name vom schottischen Bass Rock ab, einem der bedeutendsten Vogelfelsen mit weit mehr als 20 000 Brutpaaren. Weitere Kolonien finden sich in Schottland auf den Hebriden, den Shetlands und Orkneys sowie in Wales auf der Insel Grassholm. Wesentlich kleiner sind die Kolonien an der Ostküste Englands entlang der Bempton Cliffs.

2 **Krähenscharbe** Shag *Phalacrocorax aristotelis (Phalacrocoracidae)*

L 74–79 cm G 1,8–2,1 kg

Merkmale Grünschwarzes Gefieder, langer schlanker Hals, gelbe Schnabelbasis, zur Brutzeit mit aufstellbarer Federhaube.

Vorkommen Brutvogel an Felsküsten und Inseln Schottlands, Wales und Südwestenglands. Auch außerhalb der Brutzeit ans Meer gebunden.

Wissenswertes Krähenscharben brüten meist kolonieweise an Felsklippen. Sehr ähnlich ist der nah verwandte, etwas größere **Kormoran** *(Phalacrocorax carbo)*, der ebenfalls an Großbritanniens Küsten, aber auch im Binnenland vorkommt. Sein Gefieder ist eher bronzeschwarz, außerdem unterscheidet er sich durch das weiße Kinn und die weißen Wangen von Krähenscharben. Da das Gefieder von Krähenscharbe und Kormoran nicht wasserabweisend ist, müssen die Vögel es nach jedem Tauchgang trocknen: Hierzu breiten sie ihre Flügel auf einem exponierten Sitzplatz aus.

3 **Graureiher** Heron *Ardea cinerea (Ardeidae)*

L 90–100 cm G 1–2 kg

Merkmale Oben grau, Kopf und Hals weiß mit breitem schwarzen Streif vom Auge bis zu den schopfartigen Kopffedern; Langer, dolchförmiger Schnabel; legt Kopf und Hals im Flug S-förmig zurück.

Vorkommen Brutvogel in England, Wales und Schottland; bewohnt feuchte Wiesen, Flüsse, Seen und Meeresufer.

Wissenswertes Graureiher nisten kolonieweise, gerne auf hohen Bäumen, aber auch auf Büschen oder auf dem Boden. Ihre Beute machen sie in langsamer Pirsch oder im stundenlangen Ansitz, wobei sie sich schließlich langsam vorbeugen, um dann rasch zuzustoßen. Ihre Nahrung besteht aus Fischen (daher auch der ältere Name Fischreiher), Amphibien, Mäusen und Insekten.

4 **Graugans** Grey-lag Goose *Anser anser (Anatidae)*

L 77–89 cm G 2–4 kg

Merkmale Groß, bräunlich grau, kräftiger orangefarbener Schnabel ohne schwarze Zeichnung, fleischfarbene Beine.

Vorkommen England, Wales, Schottland; Brutvogel an Binnengewässern mit dichter Ufervegetation und in Moorgebieten. Außer der Brutzeit auf Wiesen und Feldern.

Wissenswertes Graugans-Paare führen eine Dauerehe. Außerhalb der Brutzeit sammeln sich die Gänse meist in großen Trupps, die sich aus mehreren Familien (Eltern und Jungvögel bleiben die ersten Monate beieinander) zusammensetzen. Graugänse ernähren sich von Land- und Wasserpflanzen, Sämereien, Beeren und Wurzeln. Im Winter ist der Nahrungserwerb auf Feldern von großer Bedeutung. Graugänse sind die Stammform der Hausgans. Ein häufiger Wintergast an den Küsten und den angrenzenden Tiefländern ist die **Saatgans** *(Anser fabalis)*. Ihr Gefieder ist bräunlich, der orangefarbene Schnabel hat eine auffällige Schwarzzeichnung und die Beine sind orangegelb (nicht fleischfarben).

1

2

3

4

1 Kanadagans Canada Goose *Branta canadensis* (Anatidae)

L 90–100 cm G 3–5 kg

Merkmale Die größte Gans Europas; graubraun mit schwarzem Kopf und Hals, scharf von der weißen Brust abgesetzt; von der Kehle bis hinter die Augen breiter weißer Fleck, Schnabel und Füße schwarz.

Vorkommen England, Wales und Südschottland; brütet an Seen und Kleingewässern. Im Winter auch an den Küsten.

Wissenswertes Kanadagänse wurden im 17. Jh. aus Nordamerika in Großbritannien eingeführt und ursprünglich als Parkvogel gehalten. Daraus haben sich frei brütende Bestände gebildet, die sich weiter ausbreiteten und mittlerweile zum Teil tundraähnliche Habitate besiedeln. Kanadagänse ernähren sich v.a. von Landpflanzen, teils auch von Ufer- und Wasserpflanzen. In den Wintermonaten trifft man in Großbritannien auf Trupps von zwei weiteren „schwarzhälsigen" Gänsearten, die ihre Brutgebiete im hohen Norden verlassen: In Schottland sind dies **Nonnengänse** *(Branta leucopsis)*, in Südostengland **Ringelgänse** *(Branta bernicla)*.

2 Brandente (Brandgans) Shelduck *Tadorna tadorna* (Anatidae)

L 56–64 cm G 0,8–1,4 kg

Merkmale Kopf und Hals grünlich schwarz, Körper weiß mit breiter rötlicher Binde um den Vorderkörper, Schultern und Handschwingen schwarz; Schnabel rot, beim Männchen mit Höcker.

Vorkommen In England, Wales und Schottland; an Flussmündungen und Küsten mit Schlamm- und Sandflächen.

Wissenswertes Brandenten brüten ihre acht bis zwölf Jungen meist in kleinen Höhlen aus. Ihre Nahrung suchen sie im flachen Wasser oder bei Ebbe auf und im Wattboden: Sie besteht vorwiegend aus kleinen Muscheln, Schnecken, Krebsen und Würmern. Die Art vollführt einen auffallenden Mauserzug: Aus z.T. weit entfernten Verbreitungsgebieten kommen sowohl die Brutvögel als auch die Nichtbrüter an bestimmten Plätzen zusammen, um dort zu Zigtausenden gemeinsam zu mausern. Um diese äußert gefährliche Zeit zu überstehen, brauchen die Brandenten störungsfreie, vor Raubtieren sichere und zudem nahrungsreiche Plätze.

3 Pfeifente Wigeon *Anas penelope* (Anatidae)

L 43–48 cm G 500–900 g

Merkmale Männchen zur Brutzeit mit rotbraunem Kopf und gelblicher Stirnblässe, überwiegend grauem Körper und rotbrauner Brust; Weibchen und Männchen im Schlichtkleid rötlich braun; im Flug Männchen mit weißem Flügelfleck.

Vorkommen Brutvogel in Schottland und vereinzelt in Teilen Englands; im Winter oft in großen Trupps an der Küste.

Wissenswertes Ihren Namen verdanken die Pfeifenten den markanten Pfiffen der Männchen. Die im Winter recht unscheinbar gefärbten Pfeifenten verraten dadurch ihre Anwesenheit dem aufmerksamen Beobachter auch in großen gemischten Ententrupps. In den Wintermonaten verbringen sie in riesigen Scharen sehr viel Zeit mit der Nahrungssuche auf küstennahen Grünländereien.

4 Krickente Teal *Anas crecca* (Anatidae)

L 34–38 cm G 250–400 g

Merkmale Männchen grau mit gelblichem Fleck am Hinterende, rotbraunem Kopf mit grünem Seitenstreif und waagerechtem weißen Streif über dem Flügel; Weibchen bräunlich; beide Geschlechter mit glänzend grünem Flügelspiegel.

Vorkommen Im ganzen Land; Brutvogel an Binnengewässern und in Sumpfgebieten; im Winter auch an den Küsten.

Wissenswertes Krickenten gehören zu den Gründelenten: Zur Nahrungssuche im Wasser bedienen sie sich der „Köpfchen in das Wasser, Schwänzchen in die Höh'"-Methode, um so am Gewässergrund nach Fressbarem zu suchen. In Großbritannien erscheint auch die nordamerikanische Unterart *Anas crecca carolinensis*: Über dem Flügel tragen die Männchen dieser Unterart einen weißen senkrechten Streif vor dem Flügelbug.

1

2

3

4

1 Spießente Pintail *Anas acuta (Anatidae)*

L 55–70 cm G 600–1100 g

Merkmale Schlank, langer, dünner Hals; Männchen mit braunem Kopf und weißem Halsstreif, sehr langer, zugespitzter Schwanz; Weibchen unscheinbar bräunlich.

Vorkommen Vereinzelt in England und Schottland in Sumpfgebieten und an vegetationsreichen Seen. Sammelt sich im Winter in größeren Trupps an der Küste.

Wissenswertes Spießenten gehen in der Abenddämmerung und nachts auf Nahrungssuche. Sie gründeln mit ihrem langen Hals in bis zu 50 cm Wassertiefe nach Wasserpflanzen und Kleintieren am Gewässergrund.

2 Löffelente Shoveler *Anas clypeata (Anatidae)*

L 48–51 cm G 500–800 g

Merkmale Schnabel lang, löffelartig; Männchen im Brutkleid weiß mit rostroten Flanken, Kopf dunkelgrün; Weibchen bräunlich. Im Flug hellblauer Vorderflügel, Flügelspiegel grün.

Vorkommen Brutvogel im ganzen Land; in Sümpfen, auf verwachsenen Teichen.

Wissenswertes Bei der Nahrungssuche im Flachwasser strecken Löffelenten ihren Hals flach nach vorne und schwenken ihren Kopf hin und her. Am Rand des löffelförmigen Schnabels befinden sich kleine, kammförmig angeordnete „Zähnchen“, die einen Seihapparat bilden, mit dem sie auch kleinste Organismen aus dem Wasser filtern können.

3 Tafelente Pochard *Aythya ferina (Anatidae)*

L 45–47 cm G 600–1200 g

Merkmale Kopf und Hals braun, Rumpf grau, Brust und Schwanz schwarz; Weibchen dunkelbraun; blaues Schnabelband.

Vorkommen Im ganzen Land Brutvogel; an vegetationsreichen Binnengewässern.

Wissenswertes Im Winter kann man Tafelenten an Teichen in Parks beobachten.

4 Reiherente Tufted Duck *Aythya fuligula (Anatidae)*

L 42–45 cm G 600–1000 g

Merkmale Klein, gedrungen; Männchen schwarz, Bauch und Flanken weiß; Kopf schillernd, Federschopf; Weibchen bräunlich.

Vorkommen Weit verbreiteter Brutvogel im ganzen Land; an Seen und Teichen.

Wissenswertes Reiherenten tauchen nach Muscheln, Würmern und Wasserinsekten und kleineren Fischen. Im Winter sind Verwechslungen mit der sonst nur weiter nördlich brütenden **Bergente** *(Aythya marila)* möglich.

5 Eiderente Eider *Somateria mollissima (Anatidae)*

L 56–61 cm G 1,3–2,8 kg

Merkmale Gänsegroß; Kopfprofil dreieckig; Männchen oben weiß, unten schwarz, Kopfkappe schwarz, Nacken hellgrün.

Vorkommen Brutvogel an felsigen Küsten Schottlands und Nordenglands.

Wissenswertes Wie viele Enten kleiden auch die Eiderenten ihre Nester mit weichen Dunenfedern aus. Sie stammen von der Unterseite des brütenden, braun gefärbten Weibchens. Diese Dunen wurden früher gesammelt und kommerziell genutzt.

6 Trauerente Common Scoter *Melanitta nigra (Anatidae)*

L 46–50 cm G 700–1400 g

Merkmale Männchen einzige einheitlich schwarze Ente; Schnabel mit gelbem Fleck; Weibchen dunkelbraun mit hellen Wangen.

Vorkommen Brütet in Schottland an Süßgewässern; nach der Brut an den Küsten.

Wissenswertes Ähnlich der Trauerente, aber größer, ist die ebenfalls an den Küsten Großbritanniens überwinternde **Samtente** *(Melanitta fusca)* mit deutlichem weißen Flügelspiegel. Das Männchen hat einen kleinen weißen Fleck unter den Augen und gelbe Schnabelseiten.

1

2

3

4

5

6

1 Gänsesäger Goosander *Mergus merganser (Anatidae)*

L 60–69 cm G 1–1,5 kg

Merkmale Europas größte Ente; Männchen weiß mit lachsrotem Anflug, Rücken schwarz, Kopf dunkelgrün, Schnabel rot. Weibchen gräulich, Kopf und Nacken braun.

Vorkommen Brutvogel in Schottland, Nordengland, Wales; an Flüssen, Seen und Küsten. Im Winter in ganz Großbritannien.

Wissenswertes Gänsesäger brüten in Baumhöhlen, Kopfweiden oder Felslöchern, mitunter in beträchtlicher Höhe. Die Küken gehören zu den Nestflüchtern und verlassen ihre Höhle bereits am ersten Tag nach der Geburt. Dabei lassen sie sich auch aus großer Höhe herunterfallen, abgebremst wird der Aufprall durch die Flügelstummel, den gefächerten Schwanz und die Schwimmhäute zwischen den Zehen. Ihren Namen verdanken sie den feinen Sägezähnchen am Schnabelrand. In Schottland, England und Wales brütet auch der kleinere **Mittelsäger** *(Mergus serrator)*. Er hat eine buschige Federhaube am Kopf, das Männchen besitzt ein braunes Brustband.

2 Schwarzkopf-Ruderente Ruddy Duck *Oxyura jamaicensis (Anatidae)*

L 38–43 cm G 500–700 g

Merkmale Männchen rotbraun, Ruhekleid grau, Kappe schwarz, Gesicht weiß, Schnabel blau; Weibchen braun.

Vorkommen Brutvogel in Westengland an Seen, Sümpfen und Stauseen.

Wissenswertes Die Art stammt ursprünglich aus Nord- und Südamerika und wurde nach Westengland eingeführt. Seit 1960 brüten Schwarzkopf-Ruderenten in Freiheit, konnten sich hier stark vermehren und breiten sich immer weiter aus.

3 Kornweihe Hen Harrier *Circus cyaneus (Accipitridae)*

L 43–51 cm G 300–600 g

Merkmale Schlank, Flügel sowie Schwanz lang, weißer Bürzel; Männchen hellgrau mit weißem Bauch; Weibchen (siehe Foto) braun mit gebändertem Schwanz.

Vorkommen In England, Wales und Schottland; brütet auf Heide- und Moorflächen, Trockenrasen, Wiesen und Feldern.

Wissenswertes Kornweihen unterscheiden sich von anderen Greifvögeln in ihrem Flugverhalten: Meist gleiten und segeln sie relativ niedrig über die offene Landschaft, wobei die Flügel V-förmig über die Horizontale angehoben und gehalten werden. Ihre Hauptbeute sind Kleinnager und Kleinvögel, in Schottland machen Kaninchen einen großen Anteil der Nahrung aus. Beim Balzflug steigt das Männchen 20–30 m hoch, stürzt sich dann mit angelegten Flügeln herab, fängt sich ab und steigt erneut empor. Unterlegt wird dieses Schauspiel durch Rollen und Purzelbäume. Ihr Nest bauen Kornweihen direkt auf dem Boden, meist in hoher Vegetation. Im Süden Englands brüten vereinzelt **Wiesenweihen** *(Circus pygargus)*: Sie sind etwas kleiner und schlanker als Kornweihen und das Männchen hat eine schwarze Flügelbinde.

4 Sperber Sparrowhawk *Accipiter nisus (Accipitridae)*

L 28–38 cm G 160–320 g

Merkmale Im Flug relativ breite, kurze Flügel; langer Schwanz. Unten fein quer gebändert („gesperbert"); Männchen oben blaugrau, Weibchen bräunlich.

Vorkommen In England, Wales und Schottland; brütet vorzugsweise in Nadelholzbeständen.

Wissenswertes Bis zu 90 Prozent der Beute des Sperbers sind Kleinvögel. Da Sperber-Weibchen größer als die Männchen sind, führt dies zu einem gewissen innerartlichen Konkurrenzausschluss: Das Weibchen schlägt Vögel bis Taubengröße, das Männchen bis Drosselgröße. Als Jagdtechnik bedienen sich Sperber der Ansitzjagd oder eines Suchflugs unter Ausnutzung von Büschen und Hecken als Deckung. In beiden Fällen gelingt dem Greifvogel zwar ein Überraschungsangriff, dennoch können die meisten Beutetiere in schützendes Dickicht flüchten. So bedarf es vieler Angriffe, um endlich Erfolg zu haben. Ebenfalls in Großbritannien verbreitet ist der größere **Habicht** *(Accipiter gentilis)*.

1

2

3

4

1 **Mäusebussard** Buzzard *Buteo buteo* *(Accipitridae)*

L 51–56 cm G 600–1200 g

Merkmale Flugbild mit breiten Flügeln und kurzem, oft stark gespreiztem Schwanz; Gefieder dunkelbraun **(1a)** bis fast weiß **(1b)**.

Vorkommen In England, Wales und Schottland; brütet im Wald, Jagdreviere in offener Landschaft, daher am häufigsten in abwechslungsreichen Gebieten.

Wissenswertes Der Bestand des Mäusebussards ist stark von der Häufigkeit ihrer Beute abhängig. So kam es zu einem Rückgang der Greife, als in Großbritannien der Kaninchenbestand wegen der Myxomatose-Erkrankung zusammenbrach. Auch den Bestandsschwankungen der Mäuse folgt eine Zu- bzw. Abnahme der Bussarde.

2 **Steinadler** Golden Eagle *Aquila chrysaetos* *(Accipitridae)*

L 76–90 cm G 3–6 kg

Merkmale Sehr groß, majestätischer Segelflug, Flügel lang, breit; Schwanz mittellang; Altvögel überwiegend dunkelbraun, Scheitel und Nacken hell; junge Steinadler mit hellem Flügelfleck auf der Unterseite, hellem Schwanz mit dunkler Endbinde.

Vorkommen In Schottland, sehr selten in Nordengland; brütet an Steilwänden, an Felsküsten und auf alten, hohen Bäumen.

Wissenswertes Steinadler haben einen Verbreitungsschwerpunkt auf den Hebriden. Die Paare bleiben ihr Leben lang zusammen und verteidigen ihr Revier energisch gegen Rivalen. Ihre Nahrung ist vielseitig: Sie jagen Säugetiere und Vögel verschiedenster Größe, gerne wird auch Aas angenommen.

3 **Fischadler** Osprey *Pandion haliaetus* *(Pandionidae)*

L 51–58 cm G 1,2–2 kg

Merkmale Starker Kontrast zwischen schwärzlicher Ober- und weißer Unterseite; Flügel lang, schmal; Kopf weiß mit schwarzem Augenstreif.

Vorkommen Brutvogel in Schottland, auf dem Zug auch in England und Wales; brütet in den schottischen Highlands.

Wissenswertes Die starke Bejagung durch den Menschen sowie Eiersammeln führten 1916 zum Aussterben des Fischadlers in Großbritannien. In den 50er-Jahren erfolgte eine Wiederbesiedlung durch Vögel aus Skandinavien. Mittlerweile ist der Fischadler-Bestand langsam wieder angewachsen und liegt heute bei ca. 100 Brutpaaren.

4 **Merlin** Merlin *Falco columbarius* *(Falconidae)*

L 27–33 cm G 150–200 g

Merkmale Kleinster Falke Europas; unten bräunlich gestreift, Männchen oben schiefergrau, Weibchen dunkelbraun.

Vorkommen Schottland, Wales, England; in offenem, baumarmem Gelände.

Wissenswertes Die Nahrung des Merlins besteht aus Kleinvögeln bis Drosselgröße. Die Beute wird v.a. in der Luft geschlagen, häufig nach einem Überraschungsangriff aus der Deckung heraus mit anschließender kurzer Verfolgungsjagd. In ganz Großbritannien relativ häufig ist der **Turmfalke** *(Falco tinnunculus)*. Er ist oben rotbraun mit schwarzer Zeichnung und unten hell. Beim Männchen sind Kopf, Bürzel und Schwanz grau. Auffällig ist der Rüttelflug, bei dem sie quasi in der Luft stehend nach Beute Ausschau halten.

5 **Wanderfalke** Peregrine Falcon *Falco peregrinus* *(Falconidae)*

L 38–48 cm G 600–1100 g

Merkmale Flügel lang, spitz, Oberseite schiefergrau, Unterseite weißlich mit enger dunkler Querbänderung. Schwarzer Bartstreif auf weißen Wangen.

Vorkommen England, Schottland und Wales; brütet an Felsklippen und am Boden.

Wissenswertes Die Nahrung der Wanderfalken besteht fast ausschließlich aus Vögeln unterschiedlichster Größe, die im Flug geschlagen werden. Wanderfalken gehören zu den schnellsten Vögeln und erreichen im Sturzflug kurzfristig Geschwindigkeiten von bis zu 300 km/h.

1a

1b

2

3

4

5

1 **Alpenschneehuhn** Ptarmigan *Lagopus mutus* *(Phasianidae)*

L 34–37 cm G 350–550 g

Merkmale Männchen im Sommerkleid graubraun, ohne Rotton im Gefieder (wie beim Moorschneehuhn); Weibchen braun; im Winter weiß, Schwanz schwarz.

Vorkommen Schottland; an steinigen Berghängen in der arktisch-alpinen Stufe.

Wissenswertes Alpenschneehühner besiedeln extremste Lebensräume und besitzen besondere Anpassungen an die langen, schneereichen Winter: Ein dichtes Federkleid hält sie warm, durch den Farbwechsel des Gefieders sind sie auch im Schnee gut getarnt und ihre dicht befiederten Füße erlauben nach dem „Schneeschuheffekt" ein Gehen im Pulverschnee. Sie ernähren sich von Knospen, Zweigen, Blüten und Früchten.

2 **Moorschneehuhn** Willow Grouse *Lagopus lagopus* *(Phasianidae)*

L 37–41 cm G 450–700 g

Merkmale Gedrungen, kurzflügelig, Gefieder rotbraun, Schwanz schwarz, Schwingen dunkelbraun.

Vorkommen Schottland, Nordengland und Wales; brütet in Mooren und Heiden mit Rausch- und Moosbeeren.

Wissenswertes Die Isolation Großbritanniens vom Festland hat zur Ausbildung von Unterarten geführt. Ein Beispiel dafür ist das **Schottische Moorschneehuhn** *(L. l. scoticus)*, das sich deutlich vom „Festland"-Schneehuhn unterscheidet: Es ist sommers wie winters rotbraun und hat keine weißen Flügel.

3 **Auerhuhn** Capercaillie *Tetrao urogallus* *(Phasianidae)*

L 60–90 cm G 1,5–4,5 kg

Merkmale Hahn schwärzlich, Brust grün schillernd, Flügel dunkelbraun mit weißem Bugfleck; Henne bräunlich, Bänderung kontrastreicher und Schwanz abgerundet.

Vorkommen Schottland; bewohnt naturnahe Nadel- und Mischwälder.

Wissenswertes Auerhühner fressen im Winter fast ausschließlich Kiefern- und Fichtennadeln, im Frühjahr Knospen, junge Blätter, Blüten und Gräser und im Spätsommer Früchte. Um das Zerkleinern der schwer verdaulichen Pflanzenmaterialien im Muskelmagen zu erleichtern, fressen Auerhühner, wie auch andere Pflanzen fressende Vögel, winzige Steinchen. Man hat bis zu 2800 solcher Steinchen im Magen eines Auerhahns gefunden.

4 **Birkhuhn** Black Grouse *Lyrurus (= Tetrao) tetrix* *(Phasianidae)*

L 40–55 cm G 900–1300 g

Merkmale Gefieder glänzend blauschwarz, Schwanz leierförmig, weiße Unterschwanzdecken und weiße Flügelbinde; Henne gelblich braun und dunkel gebändert, Flügelbinde weiß, Schwanz gegabelt.

Vorkommen Schottland, Wales und Ostengland; offene Moor- und Heidegebiete.

Wissenswertes Spektakulär ist die Birkhahnbalz im Spätherbst und Frühjahr: Die Hähne versammeln sich vor Sonnenaufgang auf einer Balzarena. Mit aufgestelltem Schwanz und hängenden Flügeln verteidigen sie ein kleines Territorium und versuchen, das Interesse einer Henne auf sich zu ziehen. Die Brutpflege ist Aufgabe der Weibchen.

5 **Rebhuhn** Partridge *Perdix perdix* *(Phasianidae)*

L 29–32 cm G 350–400 g

Merkmale Rundlich, gedrungen, kurzschwänzig; Gesicht rostfarben, Hals und Unterseite gräulich; auf der Brust brauner, hufeisenförmiger Fleck; oben dunkel mit heller Strichelung.

Vorkommen In England, Schottland, Wales; Wiesen, Äcker, Heide-, Moorgebiete.

Wissenswertes Der Flug der Rebhühner führt meist niedrig über den Erdboden, Phasen mit schnellen Flügelschlägen wechseln mit Gleitflügen ab. Die Nahrung besteht aus Gräsern, Kräutern, Samen, Getreidekörnern und Knospen. Im Herbst und Winter leben die ansonsten einzelgängerischen Rebhühner in Familienverbänden.

1

2

3

4

5

1 **Wachtelkönig** Corncrake *Crex crex (Rallidae)*

L 25–27 cm G 130–180 g

Merkmale Oben schwarz, hellbraun gemustert, unten rotbraun, cremefarben gebändert; im Flug rotbraune Flügel; am ehesten zu hören: schnarrendes „Rärrp rärrp".

Vorkommen In Schottland, vereinzelt England, Wales; nistet auf Wiesen, Feldern.

Wissenswertes Verbreitungsschwerpunkt des Wachtelkönigs in Großbritannien sind die Hebriden. Die in die Familie der Rallen gehörenden Vögel (sie sind trotz ihres Namens nicht wie Wachteln Hühnervögel) ernähren sich v.a. von Insekten und anderen kleinen Wirbellosen, von grünen Pflanzenteilen und Sämereien. Die erfolgversprechendste Methode, die verborgen lebenden Wachtelkönige in ihrem unübersichtlichen Lebensraum nachzuweisen, ist das Erkennen ihrer Rufe: Dabei lassen sich die Männchen durch das Vorspielen der eigenen Rufe nicht nur zum Antwort-Ruf stimulieren, sondern sich mitunter auch in Sichtnähe heranlocken. Die Wachtelkönige verbringen den Winter im tropischen Afrika.

2 **Teichralle** Moorhen *Gallinula chloropus (Rallidae)*

L 30–35 cm G 200–400 g

Merkmale Schwärzlich; äußere Unterschwanzdecken leuchtend weiß; Schnabel rot mit gelber Spitze; Beine und Füße grün.

Vorkommen In England, Schottland und Wales; an Süßgewässern.

Wissenswertes Man kann Teichrallen mit ihren überdimensional groß wirkenden Füßen mitunter dabei beobachten, wie sie bei der Nahrungssuche langsam über Schwimmblätter auf der Wasseroberfläche laufen oder sogar vorsichtig an Büschen und kräftigen Stauden emporklettern. Ebenfalls überall verbreitet ist die **Blässralle** *(Fulica atra)*: Sie ist etwas größer und hat einen weißen Schnabel. Ein weiterer Vertreter der Familie ist die **Wasserralle** *(Rallus aquaticus)* mit rotbrauner, schwarz gezeichneter Oberseite, während Unterseite und Kopfseiten schiefergrau sind.

3 **Austernfischer** Oystercatcher *Haematopus ostralegus (Haematopodidae)*

L 42–44 cm G 400–700 g

Merkmale Kopf, Brust und Oberseite schwarz, Unterseite weiß; langer orangeroter Schnabel, Beine und Augen rot.

Vorkommen In ganz England, Schottland und Wales an den Küsten, lokal auch im Binnenland. Brutvogel in offenem Gelände, außerhalb der Brutzeit hauptsächlich in sandig-schlickigen Wattgebieten.

Wissenswertes Besonders eindrucksvoll sind die „Trillerturniere" der Austernfischer: Dabei trippeln zwei oder mehrere Vögel mit vorgestrecktem Hals und abwärts gerichtetem Schnabel umeinander herum und steigern sich in eine immer schneller werdende Abfolge von lauten „Kewick kewick kwick kwick kwick"-Rufen. Unverkennbar sind auch die im Singflug vorgetragenen „Delü..."- oder die häufig zu hörenden „Kwiewiep"-Rufe. Die Nahrung der Austernfischer besteht aus Muscheln, Schnecken, Krebsen und Ringelwürmern.

4 **Kiebitz** Lapwing *Vanellus vanellus (Charadriidae)*

L 28–31 cm G 150–300 g

Merkmale Relativ groß, oben schwärzlich, grünlich schillernd, unten weiß, schwarzes Brustband, lange Federhaube auf dem Kopf; charakteristisches Flugbild mit breit gerundeten Flügeln.

Vorkommen Häufiger Brutvogel in England, Schottland, Wales; Feuchtgebiete.

Wissenswertes Eindrucksvoll ist der akrobatisch taumelnde Balzflug der Kiebitze, der durch laute Rufe wie „ki-wi", „chiu-witt" oder auch „wit-wit-wit-wit" begleitet wird: Zunächst steigt der Vogel steil auf und lässt sich dann kopfüber in die Tiefe fallen, wobei er regelrechte Drehungen um die eigene Körperachse vollführt und sich erst dicht vor dem Boden abfängt. Durch plötzliches Herumwerfen wird abwechselnd die dunkle Ober- und die weiße Unterseite sichtbar. Kiebitze sind sehr gesellig, neigen bereits in der Brutzeit zur Koloniebildung und treten nach der Jungenaufzucht meist in großen Trupps auf.

1

2

3

4

1 **Flussregenpfeifer** Little Ringed Plover *Charadrius dubius (Charadriidae)*

L 13–15 cm G 35–45 g

Merkmale Oben braun, unten weiß; schwarzes Stirn- und Halsband, schwarzer Schnabel, gelber Augenring.

Vorkommen England; v.a. an Süßgewässern, Brutvogel auf Schotter-, Kies- und Sandufern; in Kiesgruben mit Wasserflächen.

Wissenswertes Flussregenpfeifer legen ihre Eier direkt in eine kleine Bodenmulde. Das Gelege ist so perfekt getarnt, dass man die Eier für Kieselsteine hält. Auch die Küken sind durch ihre Gefiederfärbung gut dem Untergrund angepasst. Die Eltern stoßen bei Gefahr einen Warnruf aus, woraufhin sich die Jungen dicht an den Boden drücken oder geeignete Deckung aufsuchen. Bei der Jagd nach Insekten und anderen Kleintieren auf dem Boden laufen die Flussregenpfeifer schnell hinter ihren Beutetieren her. Heute sind durch Hochwasser überspülte und dadurch vegetationsfreie Flussschotterbänke selten. Den Verlust dieser Biotope konnte die Art durch die Besiedlung künstlicher Lebensräume (Kiesgruben etc.) z.T. ausgleichen.

2 **Sandregenpfeifer** Ringed Plover *Charadrius hiaticula (Charadriidae)*

L 18–20 cm G 60–70 g

Merkmale Ähnlich Flussregenpfeifer, aber etwas größer, im Flug mit weißer Flügelbinde, ohne gelben Augenring und mit gelbem Schnabel, der eine schwarze Spitze hat. Behält auch im Ruhekleid die schwarze Gesichtszeichnung.

Vorkommen In England, Schottland und Wales; nistet an der Meeresküste, am Strand und im Binnenland in der Tundra.

Wissenswertes Regenpfeifer haben eine bemerkenswerte Taktik entwickelt, um Feinde ihrer Küken abzulenken: Bei Gefahr ducken sich die Küken dicht an den Boden und vertrauen auf ihr tarnfarbenes Gefieder. Die Altvögel lenken den Räuber ab: Scheinbar flügellahm und schwer verletzt ziehen sie alle Aufmerksamkeit auf sich und locken den Feind von ihren Jungen weg, um schließlich blitzschnell fortzufliegen.

3 **Mornellregenpfeifer** Dotterel *Charadrius morinellus (Charadriidae)*

L 20–22 cm G 90–120 g

Merkmale Oben schiefergrau, weißes Band zwischen bräunlicher Brust und rostrotem Bauch; weißer, im Nacken V-förmig zusammenlaufender Überaugenstreif.

Vorkommen Brutvogel Schottlands auf Bergwiesen, in der Tundra.

Wissenswertes In den großen Bergregionen des Schottischen Hochlands und hier insbesondere in den Cairngorm Mountains haben die Mornellregenpfeifer ihr Hauptverbreitungsgebiet. Sie haben die übliche Rollenverteilung der Geschlechter vertauscht: Das größere und buntere Weibchen übernimmt den aktiveren Teil bei der Balz und führt Singflüge aus, um die Aufmerksamkeit eines Männchens auf sich zu ziehen. Das Männchen bebrütet die Eier und führt die Küken. Mornellregenpfeifer sind Langstreckenzieher und verlassen ihre Brutgebiete im September und Oktober, um in großen Trupps in die nordafrikanischen Winterquartiere zu ziehen.

4 **Goldregenpfeifer** Golden Plover *Pluvialis apricaria (Charadriidae)*

L 26–28 cm G 160–210 g

Merkmale Dunkle, reich goldgelb gefleckte Oberseite, im Sommer Gesicht und Unterseite schwarz; Ober- und Unterseite durch weißen Streif getrennt; im Ruhekleid Unterseite weißlich.

Vorkommen England, Wales, Schottland; Brutvogel auf Heide- und Moorflächen und in tundraähnlichen Gebieten. Außerhalb der Brutzeit oft in großen Trupps auf Wiesen, Feldern und an der Küste.

Wissenswertes Auffällig ist der flötende, melancholische „Tlü-i"-Ruf, der gerne von etwas erhöhten Singwarten aus vorgetragen wird. Als Wintergast kommt aus nördlicheren Brutgebieten der **Kiebitzregenpfeifer** *(Pluvialis squatarola)* an die Küsten Großbritanniens, hält sich dort aber im Gegensatz zum Goldregenpfeifer eher im Watt und auf Sandflächen auf. Weitere Unterschiede sind im Flug die schwarzen Achselflecke, eine weiße Flügelbinde sowie der weiße Bürzel.

1

2

3

4

1 **Alpenstrandläufer** Dunlin *Calidris alpina* *(Scolopacidae)*

L 17–19 cm G 40–60 g

Merkmale Im Sommerkleid Bauch schwarz, Brust hell, fein gestreift, Oberseite rostfarben gesprenkelt **(1a)**; im Winter unterseits schmutzig weiß **(1b)**.

Vorkommen Brütet in Schottland und Nordengland in Mooren und Marschen. Nach der Brutzeit an Küsten, Flussmündungen und Binnengewässern ganz Großbritanniens.

Wissenswertes Der Paarbildung geht ein auffälliger Balzflug der Männchen voraus: Sie steigen in eine Höhe von etwa 20–50 m, rütteln auf der Stelle und zeigen dann einen Zickzackflug mit Gleitphasen, bei denen die Flügel nach unten gebogen werden oder kräftig zittern; dabei lässt das Männchen laute, lange Triller hören. Außerhalb der Brutzeit versammeln sich weitere Strandläufer-Arten an den Küsten und bilden z.T. gemischte Trupps. Da die Vögel zu dieser Zeit ihr Ruhekleid tragen, ist eine Bestimmung der einzelnen Arten nicht immer einfach.

2 **Bekassine** Snipe *Gallinago gallinago* *(Scolopacidae)*

L 26–28 cm G 90–150 g

Merkmale Schnabel sehr lang, gerade, Beine relativ kurz; Gefieder oben bräunlich mit heller Längsstreifung, unten hell.

Vorkommen Brutvogel in England, Schottland und Wales; in Mooren, auf Feuchtwiesen und in Sumpfgebieten.

Wissenswertes Bekassinen suchen meist auf feuchten Böden nach Nahrung: Oft bis zur vollen Länge des extrem langen Schnabels wird im weichen Grund nach Fressbarem gestochert. Regenwürmer machen gebietsweise den Hauptanteil der Nahrung aus, dazu kommen Insekten, deren Larven, Schnecken, Krebstiere und Pflanzen. Charakteristisch ist im Frühjahr der Balzflug, der dem Vogel auch den Namen „Himmelsziege“ einbrachte: Die Männchen steigen mit raschen Flügelschlägen empor, um dann im Sturzflug mit speziell konstruierten Schwanzfedern einen „meckernden“ Laut zu erzeugen. Ihre Rufe tragen die Bekassinen gerne von erhöhten Warten vor, am Boden sind sie dank ihrer perfekten Tarnung kaum zu entdecken.

3 **Waldschnepfe** Woodcock *Scolopax rusticola* *(Scolopacidae)*

L 33–35 cm G 200–400 g

Merkmale Groß, gedrungen, Schnabel lang; perfekt tarnfarbenes bräunliches Gefieder (Falllaub- bzw. Baumrindenfärbung).

Vorkommen Brutvogel in England, Schottland und Wales; in Wäldern.

Wissenswertes Die Wälder dürfen für eine Besiedlung durch Waldschnepfen nicht zu dicht sein, damit genügend Flugraum für die Vögel vorhanden ist und sich eine deckungsreiche Kraut- und Strauchschicht ausbilden kann. Waldschnepfen verlassen sich weitgehend auf ihre perfekte Tarnung durch ihr Gefieder und fliegen meist erst vom Waldboden ab, wenn man schon fast auf sie getreten ist. Auffällig ist lediglich der im Frühjahr in der Morgen- und Abenddämmerung vorgetragene Balzflug, der so genannte „Schnepfenstrich“ mit eindrucksvollen Rufen, einem dumpfen „Quorren“ und dem nachfolgenden hohen „Pfuitzen“.

4 **Uferschnepfe** Black-tailed Godwit *Limosa limosa* *(Scolopacidae)*

L 39–41 cm G 250–400 g

Merkmale Groß; Beine lang; Schnabel sehr lang, fast gerade; im Sommer Kopf und Brust rotbraun, Flanken und Bauch weiß mit dunklen Flecken; im Winter graubraun, Bauch ungefleckt. Im Flug weiße Flügelbinde und weißer Schwanz mit schwarzer Endbinde auffällig.

Vorkommen Lückenhaft in Südengland und Wales; nistet in Feuchtgebieten.

Wissenswertes Außerhalb der Brutzeit überwintern an den Meeresküsten Großbritanniens die etwas kleineren **Pfuhlschnepfen** *(Limosa lapponica)*, die mit den Uferschnepfen im Ruhekleid verwechselt werden könnten. Deren Schnabel ist schwach aufwärts gebogen, außerdem fehlt die im Flug sichtbare weiße Flügelbinde und der Schwanz ist eng schwarz gebändert.

1a

1b

2

3

4

1 Großer Brachvogel Curlew *Numenius arquata (Scolopacidae)*

L 53–59 cm G 600–1000 g

Merkmale Größter europäischer Watvogel; Schnabel sehr lang, abwärts gebogen; oben bräunlich bis grau, dicht schwärzlich gemustert, unten heller.

Vorkommen Brutvogel in England, Schottland und Wales auf offenen Flächen.

Wissenswertes Während der Brutzeit leben Große Brachvögel paarweise über ihr Brutareal zerstreut, sammeln sich auf dem Zug und im Winterquartier aber in oft riesigen Schwärmen, um im Schlickwatt der Küsten, seltener im Binnenland nach Nahrung zu suchen. Mit ihrem langen Schnabel stochern sie im weichen Boden nach Würmern, kleinen Krebsen, Insekten und Muscheln. Die Küsten Großbritanniens sind ein wichtiges Überwinterungsgebiet für sie und sind das Hauptwinterquartier für die Brutvögel Skandinaviens. Allein auf den Orkney-Inseln rasten und überwintern alljährlich etwa 10 000 der eindrucksvollen Watvögel.

2 Rotschenkel Redshank *Tringa totanus (Scolopacidae)*

L 27–30 cm G 120–180 g

Merkmale Beine lang, leuchtend rot; oben graubraun, dunkel gefleckt; unten hell und dunkel gefleckt. Im Flug breiter, weißer Flügelhinterrand, Bürzel und Hinterrücken weiß.

Vorkommen Brutvogel in England, Schottland und Wales auf offenen Flächen.

Wissenswertes Rotschenkel legen ihr Nest gut versteckt in kleinen Pflanzenbüscheln am Boden an. Die Nahrung besteht aus verschiedenen Kleintieren – im Winter an den Küsten sind dies überwiegend Wattbewohner wie Ringelwürmer, Krebschen und Muscheln, an ihren Brutplätzen machen Insekten den Hauptanteil aus. Auffällig sind die wohltönenden Rufe der Rotschenkel, ein absteigendes „Djü-dü-dü", das insbesondere auch im Flug vorgetragen wird.

3 Grünschenkel Greenshank *Tringa nebularia (Scolopacidae)*

L 29–31 cm G 180–220 g

Merkmale Beine lang, grünlich; Schnabel lang, an der Spitze leicht aufwärts gebogen; oben graubraun, unten weißlich, Kopf, Hals und Brust schwarz gestrichelt. Im Flug weißer Keil vom Bürzel bis auf den Rücken.

Vorkommen Brutvogel Schottlands; in offener Gras-, Moor- und Tundralandschaft.

Wissenswertes Grünschenkel verlassen ihre Brutgebiete bereits im Juli und August, um den Herbst und Winter in Westengland oder Irland zu verbringen. Sie sind bei der Nahrungssuche auffallend lebhaft und rennen ständig auf und ab. Dies wird darauf zurückgeführt, dass sie ihre Nahrung überwiegend optisch ausmachen und auch schnellen Beutetieren (kleine Fische, Kaulquappen, Insektenlarven) folgen und sie mit dem langen Schnabel fassen. Erhöhte Plätze (z.B. auch Einzelbäume) werden von Grünschenkeln gerne als Ruf- und Sichtwarten genutzt.

4 Flussuferläufer Common Sandpiper *Actitis hypoleucos (Scolopacidae)*

L 20 cm G 40–60 g

Merkmale Klein, Schnabel und Beine kurz; Oberseite, Kopf und Brust olivbraun, unten weißlich; weißer Keil zwischen Flügelbug und Brust. Im Flug weiße Flügelbinde.

Vorkommen Brütet in Schottland, Wales, Nordengland an Binnengewässern, gerne auf locker bewachsenen Flussbänken.

Wissenswertes Flussuferläufer fallen durch ihr Verhalten auf: Der Vogel läuft schnell an Gewässerufern entlang, wobei er ständig mit dem Schwanz wippt und mit dem Kopf nickt. Dazwischen fliegt er mit ruckartigen Flügelschlägen niedrig über das Wasser, unterbrochen von kurzen Gleitphasen. Flussuferläufer fressen v.a. Insekten, außerdem Spinnen, Krebstierchen, Würmer, Kaulquappen und kleine Frösche sowie gelegentlich pflanzliche Kost. Von anderen Wasserläufern sind sie durch die geringe Größe sowie den dunklen Bürzel unterschieden. **Waldwasserläufer** *(Tringa ochropus)*, die außerhalb der Brutzeit in Großbritannien vorkommen, haben einen weißen Bürzel.

1

2

3

4

1 **Odinshühnchen** Red-necked Phalarope *Phalaropus lobatus (Scolopacidae)*

L 16–18 cm G 30–40 g

Merkmale Im Brutkleid schwärzlicher Kopf, weiße Kehle und Unterseite sowie orangerotes Band an den Halsseiten; gräuliche Oberseite mit hellen Längsstreifen. Im Ruhekleid grau und schwarz gemusterter Rücken, Kopf hell mit dunklem Augenstreif.

Vorkommen Brütet in Schottland (Schwerpunkt Shetland-Inseln) meist an wassergefüllten Torfstichen, an kleinen Teichen oder an seichten Buchten von Seen.

Wissenswertes Odinshühnchen gehören zu den wenigen Watvögeln, die häufig schwimmen. Das Brutkleid der Weibchen, die den aktiveren Teil der Balz und Paarbildung übernehmen, ist deutlich farbiger und kontrastreicher als das der Männchen, die alleine verantwortlich sind für das Bebrüten der Eier und das Führen der Küken. Bei einem Überschuss an männlichen Odinshühnchen konnte mehrfach beobachtet werden, dass die Weibchen nach erfolgter Eiablage das Revier verlassen, um sich mit einem anderen Männchen erneut zu paaren. Während sich in der Tierwelt viele Arten finden, in denen die so genannte Polygynie („Vielweiberei", Paarung eines Männchens mit mehreren Weibchen) verbreitet ist, geben die Odinshühnchen eines der wenigen Beispiele von Polyandrie („Vielmännerei"). Außer der Brutzeit schließen sie sich in Verbänden aus mehreren tausend Vögeln zusammen. Sie überwintern in tropischen Meeren, meist weit vom Land entfernt auf dem offenen Ozean.

2 **Skua (Große Raubmöwe)** Great Skua *Stercorarius skua (Stercorariidae)*

L 56–60 cm G 1,2–1,4 kg

Merkmale Größte Raubmöwe, Gefieder dunkel graubraun; im Flug auffallend weiße Flügelflecken, relativ breite, abgerundete Flügel und kurzer, schwach keilförmiger Schwanz; kräftiger, hakenförmiger Schnabel.

Vorkommen Nistet in verstreuten Kolonien auf den Shetland- und Orkney-Inseln, vereinzelt auch in Nordschottland. Brutplätze auf Moor- und Grasflächen; überwintert auf dem offenen Meer.

Wissenswertes V.a. auf den Shetland- und Orkney-Inseln leben große Kolonien der „Bronxies", wie die Skuas in Schottland genannt werden. Allein auf der Insel Foula (Shetland-Insel) brüten mit mehr als 5000 Paaren etwa 40 Prozent der weltweit vorkommenden Skuas. Bemerkenswert ist die enorme Zunahme der Bestände: Nachdem sowohl Eier als auch Jungvögel als Nahrungsmittel eine Rolle spielten und in großem Maßstab eingesammelt wurden, brüteten im Jahre 1774 auf den Shetlands nur noch zehn Paare. Nachdem diese unter Schutz gestellt wurden und sich die Nahrungsgrundlagen aufgrund zunehmender Fischerei und den damit anfallenden Fischabfällen deutlich verbessert haben, stieg der Bestand auf mittlerweile etwa 6000 Paare. Die zweitgrößte Population mit etwa 1500 Paaren lebt auf der Orkney-Insel Hoy. Skuas fressen Fische, Vögel, Eier, kleine Säugetiere und Aas. Skuas verfolgen andere Vogelarten, um sie zur Herausgabe ihrer Beute zu zwingen: Mit gewandten Flugmanövern werden die Verfolgten so lange attackiert, bis sie ihre Nahrung herauswürgen, die die Raubmöwen dann meist noch in der Luft auffangen. Skuas bauen kein Nest, sondern legen ihre Eier direkt auf den Boden, gerne etwas erhöht auf trockene Bulten.

3 **Schmarotzer-Raubmöwe** Arctic Skua *Stercorarius parasiticus (Stercorariidae)*

L 40–50 cm G 300–500 g

Merkmale Flügel lang, spitz, die beiden mittleren Steuerfedern ragen aus dem Schwanz; dunkle Form dunkelbraun **(3a)**, helle Form mit weißer Unterseite, schwärzlichem Scheitel, hellem Hals und Nacken **(3b)**.

Vorkommen Nordschottland, v.a. Shetland- und Orkney-Inseln und Hebriden.

Wissenswertes Das bei allen Raubmöwen zu beobachtende aggressive Verteidigen des Brutreviers ist bei dieser Art besonders ausgeprägt: Eindringlinge werden von hinten im Sturzflug attackiert und wenn möglich mit heftigen Schnabelhieben vertrieben. Der deutsche und der wissenschaftliche Name dieser Raubmöwe verweist auf das Beuteräubertum, v.a. Papageitauchern wird regelmäßig die Nahrung abgenommen. Außerdem werden Kleinvögel gejagt und Fische gefangen.

1

2

3a

3b

1 Dreizehenmöwe Kittiwake *Larus tridactylus* *(Laridae)*

L 40–42 cm G 350–500 g

Merkmale Gefieder im Sommer weiß, Flügeldecken und Rücken grau, Flügelspitzen schwarz; Jungvögel mit schwarzem Nackenband.

Vorkommen Brütet an Felsküsten und auf Inseln in England, Schottland und Wales, meist direkt am Meer.

Wissenswertes Dreizehenmöwen bilden riesige Kolonien. Schon von weitem kann man ihre lauten „Kitti-week"-Rufe hören – wie ein Chor jammernder und schreiender Babies klingt es aus der Kolonie, und so kommen sie zu ihrem englischen Namen Kittiwake – das Baby ist wach. Ihr Nest bauen sie auf kleinsten Felssimsen und Vorsprüngen.

2 Lachmöwe Black-headed Gull *Larus ridibundus* *(Laridae)*

L 35–38 cm G 200–300 g

Merkmale Brutkleid: Kopf, Kinn, Kehle schwarz, oben hellgrau, schwarze Flügelspitzen, übriges Gefieder weiß. Im Ruhekleid Kopf weiß mit dunklem Fleck an der Ohrregion.

Vorkommen In ganz England, Schottland und Wales; brütet in Sümpfen, auf Wiesen und Inseln in Binnengewässern.

Wissenswertes Von allen Möwenarten ist die Lachmöwe am ehesten auch im Binnenland anzutreffen, wo sie selbst Stadtparks erobert hat. Während die Art in der Auswahl ihrer Nahrungsgebiete sehr flexibel ist (z.B. Mülldeponien, Hafen- und Industrieanlagen, Kläranlagen, Äcker beim Pflügen), stellt sie hohe Ansprüche an ihren Brutplatz.

3 Sturmmöwe Common Gull *Larus canus* *(Laridae)*

L 40–42 cm G 300–450 g

Merkmale Ähnlich Silbermöwe, deutlich kleiner; im Brutkleid Kopf, Unterseite und Schwanz weiß, Rücken und Flügeloberseite gräulich, Flügelspitze schwarz mit weißem Fleck. Jungvögel oberseits bräunlich, weißer Schwanz mit dunkelbrauner Endbinde.

Vorkommen Brutvogel in Schottland, nur vereinzelt in Wales und England. Nistet in Küstennähe, in Mooren und Sümpfen oder auf Inseln und Landzungen. Im Winter an Küsten, Binnengewässern und auch in Großstädten.

Wissenswertes Außerhalb der Brutzeit zeigen viele Möwenarten eine Tendenz zur Vergesellschaftung: Sturmmöwen treten dann beispielsweise oft gemeinsam mit Lach- und Silbermöwen auf.

4 Silbermöwe Herring Gull *Larus argentatus* *(Laridae)*

L 55–60 cm G 800–1400 g

Merkmale Weiß, Rücken und Flügel silbergrau, Flügelspitzen schwarz mit weißen Flecken; Schnabel kräftig, gelb mit rotem Fleck. Jungvögel bräunlich.

Vorkommen Häufigste Großmöwe an den Küsten von England, Schottland, Wales.

Wissenswertes Das Nahrungsspektrum der Silbermöwen ist sehr breit gefächert und reicht von Krebsen, Muscheln und Fischen bis hin zu Abfall und dem Raub von Eiern und Küken bei anderen Vögeln. Silbermöwen nisten gewöhnlich kolonieweise auf Felsenklippen, Inseln und am Strand.

5 Mantelmöwe Great Black-backed Gull *Larus marinus* *(Laridae)*

L 64–79 cm G 1,5–2 kg

Merkmale Sehr groß, weiß, Rücken und Flügeloberseite schwarz; Flügelspitzen mit weißen Flecken, Beine fleischfarben.

Vorkommen Brütet an Felsküsten und Felsinseln Schottlands, Westenglands, Wales'.

Wissenswertes Mantelmöwen leben räuberisch, u.a. von Meeresvögeln, Mäusen und Kaninchen. Sie verfolgen auch andere Meeresvögel, um ihnen die Beute abzujagen. Fische werden oberflächlich abgefischt oder im Stoßflug in bis zu 1 m Wassertiefe erbeutet. Sie fressen gerne Aas, Fischereiabfälle und Müll. Ähnlich ist die britische Rasse der **Heringsmöwe** (*Larus fuscus graellsii*), die deutlich kleiner ist und gelbe Beine hat. Oft ist der Größenunterschied ohne direkten Vergleich aber ein schwieriges Bestimmungsmerkmal.

1

2

3

4

5

1 **Brandseeschwalbe** Sandwich Tern *Sterna sandvicensis (Sternidae)*

L 40–42 cm G 220–280 g

Merkmale Weiß; schwarze, struppige Kopfhaube, Flügeldecken hellgrau; Beine kurz, schwarz; Schnabel lang, schwarz mit gelber Spitze. Im Winterkleid mit weißer Stirn.

Vorkommen Vereinzelte Brutgebiete an der Küste in England, Wales und Schottland. Nistet in großen Kolonien auf vegetationslosen Sand- und Kiesstränden sowie auf felsigen oder sandigen Inseln.

Wissenswertes Bedeutende Vorkommen der Brandseeschwalbe finden sich an der Ostküste Englands auf den Farne Islands, in Wales auf der Insel Anglesey und in Schottland auf den Orkneys. Brandseeschwalben sind sehr gesellig und brüten in oft riesigen Kolonien. Die Nester – flache Mulden im Boden – liegen z.T. sehr dicht beieinander: Die Dichte ist im Zentrum einer Kolonie am höchsten und kann dort sogar bis zu zehn oder elf Nester pro Quadratmeter erreichen; am Rand nimmt die Dichte deutlich ab. Hauptnahrung sind kleine Fische, die durch Stoßtauchen in bis zu 1,5 m Wassertiefe erbeutet werden. Ein wichtiger Bestandteil des Balzverhaltens und der Paarbildung ist die Übergabe eines Fischchens durch das Männchen an das Weibchen. Während der ersten Woche nach dem Schlupf werden die Küken ständig von einem der Elternteile bewacht. Danach kommt es zur Bildung von „Kindergärten", was erhebliche Vorteile für die Vögel mit sich bringt: Während einige wenige Altvögel eine ganze Schar von Küken beaufsichtigen, kann ein Großteil der Brandseeschwalben Nahrung suchen. Da die Erwachsenen in der Regel nur ihre eigenen Jungen füttern, müssen die Jungvögel die Rufe ihrer von der Jagd wiederkommenden Eltern individuell erkennen und um Futter bettelnd auf sich aufmerksam machen. Brandseeschwalben überwintern an der Atlantikküste von Südeuropa bis Südafrika.

2 **Küstenseeschwalbe** Arctic Tern *Sterna paradisaea (Sternidae)*

L 34–38 cm G 100–120 g

Merkmale Überwiegend weiß, Flügeldecken grau; Kopfhaube schwarz, Beine rot; Schnabel bis zur Spitze rot.

Vorkommen Küstenvogel in Schottland, verstreut in England und Wales. Nistet kolonieweise am Strand, auf Dünen und kleinen felsigen Inseln. Allein auf den Shetland- und den Orkney-Inseln brüten jeweils mehr als 30 000 dieser Seeschwalben.

Wissenswertes Küstenseeschwalben gehören zu den Langstreckenziehern und halten den Weltrekord unter den Zugvögeln: Ihr Winterquartier liegt an den Küsten Südamerikas und Südafrikas und sogar am Rand des antarktischen Packeises, somit legen die Vögel im Jahr über 20 000 km zurück. Sehr ähnlich ist die **Flussseeschwalbe** *(Sterna hirundo)*, die in Großbritannien weit verbreitet ist und auch an Binnengewässern vorkommt. Ihr Schnabel hat eine schwarze Spitze, die Beine sind länger. Im Flug wirken die Handschwingen der Küstenseeschwalben im Gegensatz zu denen der Flussseeschwalben durchscheinend. Als weitere, relativ seltene Seeschwalbenart lebt die **Rosenseeschwalbe** *(Sterna dougallii)* in einigen Gegenden Großbritanniens. Sie ist in ihrem Vorkommen eng ans Meer gebunden und nistet gerne in Gesellschaft mit Küsten- und Flussseeschwalben. Sie ist heller als diese, ihre Unterseite ist im Frühjahr rosa überzogen, ihr Schnabel ist weitgehend schwarz und ihre Schwanzspieße länger als bei anderen Seeschwalben.

3 **Zwergseeschwalbe** Little Tern *Sterna albifrons (Sternidae)*

L 22–25 cm G 50–60 g

Merkmale Kleiner als andere Seeschwalben; Schnabel gelb mit schwarzer Spitze, Beine gelb; Scheitel und Augenstreif schwarz, scharf abgehobene weiße Stirn.

Vorkommen Brutvogel in zerstreuten Kolonien in England, Wales und Schottland. Nistet auf vegetationsarmen Stellen der Küste und des Binnenlandes.

Wissenswertes Zwergseeschwalben nisten gerne in Nachbarschaft anderer Seeschwalben-Kolonien. Ihre Nahrung, v.a. kleine Fische und Krebse, suchen sie im Flachwasser der Küsten. Dabei stehen sie häufig rüttelnd in der Luft, um dann im Stoßflug ins Wasser abzutauchen und die Beute zu greifen. Die Brutvögel Großbritanniens überwintern im tropischen Afrika.

1

2

3

1 Trottellumme Guillemot *Uria aalge (Alcidae)*

L 41–43 cm G 700–1000 g

Merkmale Schnabel schlank, spitz, einfarbig; Hals dünn (vgl. Tordalk); Oberseite, Kopf und Kehle schwarzbraun, unten weiß; im Ruhekleid Kopfseiten und Kehle weißlich.

Vorkommen Brutvogel in großen Kolonien auf Vogelfelsen und steilen Felsklippen an den Meeresküsten Englands, Schottlands und Wales'; sonst auf dem offenen Meer.

Wissenswertes Der Bestand der Trottellummen in Großbritannien wird mit mehr als 1 000 000 Vögeln angegeben. Besonders große Kolonien finden sich in Schottland, Wales und an Englands Ostküste entlang der Bampton Cliffs. Trottellummen nisten in dichten Kolonien auf schmalsten Felssimsen steiler Klippen. Sowohl für das Ei als auch für die Küken besteht ständig die Gefahr des Abstürzens: Deshalb hat das Ei eine Form, die schwer rollt, und die Küken halten ständig körperlichen Kontakt zu ihren Eltern oder zur Felswand. Eine Sensation ist der „Lummensprung": Von den Eltern gelockt, springen die etwa drei Wochen alten flugunfähigen Küken von den Felsvorsprüngen in die Tiefe, gebremst nur durch ihre winzigen Flügel. Im Wasser finden Eltern und Junge, die sich an den Rufen erkennen, wieder zusammen.

2 Tordalk Razorbill *Alca torda (Alcidae)*

L 41–43 cm G 600–800 g

Merkmale Kopf, Kehle und Oberseite schwarz, unten weiß; anders als Trottellumme relativ dicker Hals, seitlich zusammengedrückter Schnabel mit weißer Querlinie sowie weiße Linie vom Schnabel zum Auge.

Vorkommen Vogelfelsen Großbritanniens; außerhalb der Brutzeit auf dem Meer.

Wissenswertes Tordalke sind wie die Lummen Vögel der Hochsee, die nur zur Brutzeit an Land gehen. Auch sie sind sehr geschickte Taucher: Ihre Beute, die v.a. aus Fischen besteht, können sie durch kräftige Flügelschläge gewissermaßen „unter Wasser fliegend" jagen. Im Gegensatz zu den Trottellummen brüten Tordalke nur relativ selten frei auf den Gesimsen der Vogelfelsen und bevorzugen als Neststandort etwas geschütztere Bereiche wie kleine Höhlen, überdachte Nischen und Felsspalten.

3 Gryllteiste Black Guillemot *Cepphus grylle (Alcidae)*

L 33–35 cm G 400–500 g

Merkmale Im Sommer einfarbig schwarz mit großem weißen Flügelfeld und leuchtend roten Füßen. Im Ruhekleid unten weißlich, schwarze Oberseite weiß gefleckt.

Vorkommen An Felsküsten Schottlands und den vorgelagerten Inseln. Nistet einzeln oder in kleinen Gruppen in Höhlen, unter Felsblöcken und Klippenvorsprüngen.

Wissenswertes In den gemischten Kolonien der Vogelfelsen gibt es eine Höhenverteilung der Arten. Das unterste Stockwerk am Fuß der Klippen bewohnen die Gryllteisten, es folgen Krähenscharben und im mittleren Bereich Dreizehenmöwen und Trottellummen. Nach oben hin, wo der Felsabsturz weniger steil ist, haben Basstölpel, Papageitaucher und Sturmtaucher ihre Brutplätze.

4 Papageitaucher Puffin *Fratercula arctica (Alcidae)*

L 30 cm G 300–500 g

Merkmale Schnabel groß, seitlich zusammengedrückt, im Brutkleid prächtig rot, gelb und blau gestreift; Oberseite schwarz, Unterseite und Wangen weiß.

Vorkommen Brutvogel auf der Oberkante von Vogelfelsen und steilen Felsklippen an den Meeresküsten Englands, Schottlands und Wales'. Sonst auf dem offenen Meer.

Wissenswertes Papageitaucher brüten nicht wie die anderen Alken an Steilklippen, sondern bauen auf der Oberkante grasbewachsener Klippen Bruthöhlen im Boden oder beziehen verlassene Kaninchenbaue. Der auffällige Schnabel hat mehrere Funktionen: Er dient dem Ergreifen relativ kleiner Fische wie dem Sandaal sowie dem Transport mehrerer erbeuteter Fische gleichzeitig zu den Jungen, er spielt als Signalgeber in der Kommunikation mit Artgenossen und Partner eine große Rolle und ist ein wichtiges Werkzeug zum Graben der Bruthöhlen.

1

2

3

4

1 Türkentaube Collard Turtle Dove *Streptopelia decaocto (Columbidae)*

L 28–30 cm G 180–240 g

Merkmale Relativ klein, hell gefärbt, schwarzes Nackenband; im Flug schwarze Schwanzunterseite mit weißer Endbinde.

Vorkommen Besiedelt in den Dörfern und Städten ganz Großbritanniens Gärten, Parks und Hausfassaden; lebt fast ausnahmslos in der Nähe des Menschen.

Wissenswertes Eindrucksvoll ist die Geschichte der Türkentaube in Europa: In wenigen Jahrzehnten ist es dieser Art gelungen, sich von Südosteuropa über ganz Europa auszubreiten. Zunächst wurde die Balkanhalbinsel von der Taube besiedelt, dann zog sie über Ungarn und Österreich weiter und wurde 1944 zum ersten Mal in Deutschland beobachtet. In den nächsten Jahren erreichte sie Dänemark und die anderen skandinavischen Länder und im Jahre 1955 kam es in England zu den ersten Bruten. Längst besiedelt sie in Zigtausend Brutpaaren Großbritannien, außerdem auch Spanien und Portugal.

2 Felsentaube Rock Dove *Columba livia (Columbidae)*

L 33 cm G 250–350 g

Merkmale Gefieder blaugrau, an den Halsseiten glänzend grün und lila; Flügel hellgrau mit zwei breiten, dunklen Querbinden, Bürzel weißlich.

Vorkommen Brutvogel in Schottland und den Inseln an Klippen felsiger Küsten.

Wissenswertes Felsentauben sind die Stammform aller Haus- und Straßentauben. Vor Hunderten von Jahren wurden Haustauben aus der Wildform gezüchtet und es kam zu bizarren Rassen, deren bekannteste vielleicht die Brieftaube ist. Verwilderte Haustauben wiederum ergaben die in allen Städten Europas z.T. zur Plage gewordenen Straßentauben. Was den scheuen, koloniebrütenden Felsentauben ein höhlenreicher Felsen ist, das ist den geselligen Straßentauben ein Gebäude mit reichlich Fassadenvorsprüngen.

3 Hohltaube Stock Dove *Columba oenas (Columbidae)*

L 33 cm G 250–300 g

Merkmale Schlanker als Felsentaube und ohne weißlichen Bürzel; oben blaugrau, Halsseiten grün schillernd; auf den zusammengelegten Flügeln sind nur zwei winzige, schwarze Flügelstreifen zu sehen.

Vorkommen Brütet in England, Schottland, Wales; in Laub- und Mischwäldern, Parkanlagen; nistet in Höhlen alter Bäume, seltener in Felsnischen oder Gebäuden.

Wissenswertes In Großbritannien beginnen Hohltauben oft bereits im Februar mit der ersten Brut und können bis in den September drei bis vier Bruten großziehen. Außerhalb der Brutzeit halten sie sich gerne gesellig auf Äckern auf und suchen dort nach Samen, Früchten und frischen Blättern. Dabei kommt es zum Zusammenschluss mit Ringeltaubenschwärmen, mitunter mischen sie sich auch zwischen Straßentauben (Bestimmung dann sehr schwierig!). Als weitere Wildtaubenarten leben in Großbritannien **Ringeltauben** *(Columba palumbus)* sowie in England **Turteltauben** *(Streptopelia turtur)*.

4 Kuckuck Cuckoo *Cuculus canorus (Cuculidae)*

L 32–34 cm G 100–120 g

Merkmale Langschwänzig, spitzflügelig, ähnlich Sperber, der aber breite, gerundete Flügel hat; im Sitzen auffällig kurzbeinig, unten gebändert, Oberseite und Kehle blaugrau, Weibchen z.T. in rotbraunen Varianten.

Vorkommen Brutvogel in England, Schottland, Wales; in Mooren, Feuchtgebieten, Wäldern, Parks, Feldern und Wiesen.

Wissenswertes Ihre Anwesenheit verraten die Vögel durch die bekannten „Kuckuck"-Rufe. Sie sind Brutschmarotzer, die ihre Eier in die Nester anderer Singvögel legen und das Brüten sowie die Aufzucht der Jungen den Wirtsvögeln überlassen. Pro Nest legt das Kuckuck-Weibchen ein Ei; das schlüpfende Küken wirft die anderen Eier oder bereits geschlüpfte Junge der Nestbesitzer aus dem Nest und lässt sich von den meist erheblich kleineren „Eltern" füttern. Die Nahrung der Kuckucke besteht v.a. aus Schmetterlingsraupen. Kuckucke überwintern in Afrika.

1

2

3

4

1 Steinkauz Little Owl *Athene noctua* *(Strigidae)*

L 21–23 cm G 150–200 g

Merkmale Klein, kurzschwänzig; oben braungrau, weiße Flecken, unten weißlich, dunkelbraun gestreift; große, gelbe Augen.

Vorkommen Brutvogel in England, Wales und Südschottland; in offenem, reich strukturiertem Kulturland, auch Obstgärten und Dörfer, meidet Wälder. Nistet in Baumhöhlen, Kopfweiden, Felsen und Gebäuden, z.T. Spezialnistkästen.

Wissenswertes Steinkäuze wurden 1843 in Großbritannien eingebürgert: Heute sind sie in ganz England und Wales verbreitete Brutvögel und besiedeln auch den Süden Schottlands. Für Großbritannien wird der Brutbestand für 1991 mit etwa 9000 Paaren angegeben. Steinkäuze sind auch am Tage aktiv. Die Nahrung besteht aus Mäusen, Kleinvögeln, größeren Insekten, Regenwürmern und anderen wirbellosen Tieren.

2 Waldohreule Long-eared Owl *Asio otus* *(Strigidae)*

L 33–35 cm G 250–350 g

Merkmale Schlank, bräunlich, kräftig gestrichelt; lange Federohren.

Vorkommen Bewohnt in England, Schottland und Wales bevorzugt Nadelwälder, kleine Baumgruppen und Parks.

Wissenswertes Die Waldohreule ist ausgesprochen nachtaktiv und ruht bei Tage meist gut getarnt nahe an Baumstämmen. Sie legen ihre Eier in verlassene Krähen-, Elster-, Greifvogel- oder Taubennester. Der Reviergesang der Männchen besteht aus relativ leisen, monoton aneinander gereihten „Huh"-Rufen. Außerhalb der Brutzeit finden sich Waldohreulen häufig zu kleinen Gruppen zusammen und in harten Wintern kommt es zur Bildung von „Schlafgemeinschaften" von 20–40 Vögeln, die abends gemeinsam zur Jagd gehen. Ebenfalls in ganz Großbritannien verbreitet ist der **Waldkauz** *(Strix aluco)*. Er ist mehr rundlich, und ihm fehlen die Federohren. Die lauten „Huu-hu-uuuuu"-Rufe der Männchen hört man v.a. im Herbst und zeitigen Frühjahr. Beide Arten ernähren sich von Mäusen, die sie nachts mit Hilfe ihres guten Gehörs und der guten Augen erspähen.

3 Sumpfohreule Short-eared Owl *Asio flammeus* *(Strigidae)*

L 36–38 cm G 350–400 g

Merkmale Gedrungener, heller und fleckiger als Waldohreule, nur kurze Federohren; Bauch deutlich heller als die Brust.

Vorkommen In Schottland, England und Wales; hohe Bestandsdichte auf den Orkney-Inseln; in Moor-, Heide- und Sumpfgebieten, mitunter auch in Sanddünen.

Wissenswertes Da Sumpfohreulen auch am Tage und in der frühen Dämmerung aktiv sind, lassen sie sich bei ihrem falkenähnlichen Rütteln oder weihenartigen Flug beobachten. Auffällig ist ihr großer, rundlicher Kopf, der sie von Greifvögeln unterscheidet. Sie jagen v.a. Wühlmäuse, ihre Häufigkeit schwankt mit den Bestandsdichten ihrer Beutetiere. Auf den Shetland- und Orkney-Inseln sowie den Äußeren Hebriden leben wenige **Schnee-Eulen** *(Nyctea scandiaca)*, deren Verbreitungsschwerpunkt weiter nördlich liegt. Sie sind deutlich größer als Sumpfohreulen mit überwiegend weißem Gefieder.

4 Ziegenmelker Nightjar *Caprimulgus europaeus* *(Caprimulgidae)*

L 26–28 cm G 70–90 g

Merkmale Graubraun, rindenartig gesprenkelt und gebändert, dadurch hervorragend getarnt. Langschwänzig und langflügelig mit großem Kopf und kleinem Schnabel.

Vorkommen England, Wales, Schottland; Heidegebiete, Kiefern- und Laubwälder.

Wissenswertes Da Ziegenmelker dämmerungs- und nachtaktiv und außerdem hervorragend auf dem Untergrund getarnt sind, bekommt man sie kaum zu Gesicht. Auffällig ist aber der Balzgesang der Männchen, ein lautes, schnelles Schnurren, das ansteigt und abfällt, mitunter minutenlang anhalten kann und durch geräuschvolles Flügelklatschen noch untermalt wird. Die auch als Nachtschwalben bezeichneten Vögel jagen im Flug nach nachtaktiven Insekten wie Mücken, Nachtfaltern und verschiedenen Käfern. Den Winter verbringen sie im südlichen Afrika.

1

2

3

4

1 **Mauersegler** Swift *Apus apus (Apodidae)*

L 15–17 cm G 35–50 g

Merkmale Flügel lang, sichelförmig, Schwanz kurz, gegabelt **(1a)**; Gefieder oben und unten rußfarben, Kehle weißlich.

Vorkommen England, Wales, Südschottland; nistet in Städten und Ortschaften an Gebäuden, z.T. an steilen Küstenfelsen.

Wissenswertes Mauersegler gehören zu den am besten an den Luftraum angepassten Vögeln und verbringen den Großteil ihres Lebens fliegend: Selbst die Nacht verbringen sie gelegentlich in großer Höhe, wobei sie im Fliegen schlafen. Insekten erbeuten und fressen sie im Flug. Häufig beobachten lassen sich ihre in rasantem Tempo vollzogenen Flugspiele **(1b)**, untermalt von schrillen Rufen. In Großstädten gehören Mauersegler neben den Straßentauben zu den auffälligsten Vögeln. Sie sind gesellig, jagen meist in größeren Trupps und brüten in lockeren Kolonien. Im Winter ziehen sie bis nach Äquatorial- und Südafrika.

2 **Eisvogel** Kingfisher *Alcedo atthis (Alcedinidae)*

L 14–17 cm G 35–40 g

Merkmale Oben metallisch blau und türkis leuchtend, Wangen und Unterseite rotbraun, Kehle und Halsfleck weiß; langer, dolchförmiger Schnabel.

Vorkommen In England und Wales an Flüssen, Seen und Teichen.

Wissenswertes Eisvögel graben ihre 50–90 cm langen Bruthöhlen an senkrechten Abbruchkanten, gerne an den Prallhängen und Steilufern von Flüssen und Bächen. Sie fliegen flach, pfeilschnell, geradlinig und mit markantem Pfiff über die Gewässer. Sie fressen v.a. kleine Fische, Insektenlarven und Kaulquappen; diese werden stoßtauchend von einer Sitzwarte aus oder auch direkt aus dem Flug erbeutet. Die maximalen Eintauchtiefen liegen bei 1 m. Größere und kräftig zappelnde Fische werden auf einen Zweig oder eine andere harte Unterlage geschlagen.

3 **Grünspecht** Green Woodpecker *Picus viridis (Picidae)*

L 30–33 cm G 150–200 g

Merkmale Oben olivgrün, unten gelbgrün; Scheitel bis zum Nacken rot, gelblicher Bürzel; Gesicht um das Auge schwarz. Männchen mit rotem, Weibchen mit schwarzem Bartstreif.

Vorkommen In England, Wales, Südschottland; in Laub- und Mischwäldern, Parks, Streuobstwiesen und Kulturlandschaften.

Wissenswertes Eine Reihe von lauten, weichen „Klü"-Rufen, die wie schallendes Gelächter klingen, verraten oftmals die Anwesenheit des Grünspechts. Da er im Gegensatz zu anderen Spechten seine Nahrung am Boden sucht (Ameisen und deren Brut), trägt er auch den Namen „Erdspecht". Von allen europäischen Spechten hat er die längste Zunge, die er bis zu 10 cm weit herausstrecken kann. An ihrer Spitze ist die Zunge klebrig und hat winzige Widerhaken – ideal, um kleine Insekten sowie deren Eier, Larven und Puppen aus den Bauten zu angeln. Bei Schnee gräbt der Grünspecht bis zu 30 cm tief, um die Ameisen unter dem Schnee zu erbeuten.

4 **Buntspecht** Great Spotted Woodpecker *Picoides major (Picidae)*

L 22–24 cm G 70–90 g

Merkmale Oben schwarz, weiße Schulterflecken und weiße Bänderung über den Handschwingen, unten weiß; Unterschwanzdecken rot; Bart- und Ohrstreif schwarz, Wangen weiß. Männchen mit rotem Nackenfleck.

Vorkommen Weit verbreitet in England, Schottland, Wales; in Laub- und Nadelwäldern, Parks, Gärten und Feldgehölzen.

Wissenswertes Mit seinem kräftigen Meißelschnabel hämmert der Buntspecht Bruthöhlen in die Stämme von Bäumen und holt Insekten und deren Larven unter der Rinde hervor. Dabei nutzt er auch seine etwa 4 cm lange Zunge, die an der Spitze mit kleinen Widerhaken versehen ist. Nahrung dieser häufigsten Spechtart sind Insekten, Blutungssaft der Bäume, gelegentlich auch Eier und Jungvögel; im Winter auch Samen von Nadelbäumen, Buchen und anderen Bäumen. Er frisst dann auch an Futterplätzen an Meisenringen und anderem Fettfutter.

1a

1b

2

3

4

1 Heidelerche Woodlark *Lulula arborea (Alaudidae)*

L 15 cm G 25–30 g

Merkmale Oben bräunlich, gelblich gestreift, helle Überaugenstreifen treffen im Nacken zusammen; Schwanz kurz ohne weiße Kanten; nahe des Flügelbugs mit schwarz-weißen Abzeichen.

Vorkommen In Südengland und Wales in offener Landschaft, z.B. auf Trockenrasen, Heiden, Kahlschlägen, Waldlichtungen.

Wissenswertes Heidelerchen tragen ihren etwas schwermütigen „Lülülülü"-Gesang im Singflug vor, bei dem sie in weiten Spiralen emporsteigen, oder von Baumspitzen aus, bei ungünstiger Witterung auch direkt vom Erdboden aus. Sie nisten am Boden in einer kleinen Mulde. Im Frühjahr fressen sie v.a. Insekten, Spinnen und andere Wirbellose, ansonsten Samen und Knospen.

2 Feldlerche Skylark *Alauda arvensis (Alaudidae)*

L 16–18 cm G 35–40 g

Merkmale Oben braun, schwärzlich gefleckt; unten hell, Brust längs gestreift; Schwanz länglich mit auffallenden weißen Außenkanten; am Hinterkopf kleine, aufrichtbare Federhaube.

Vorkommen Brutvogel in England, Schottland und Wales; in offenen, weiträumigen Landschaften wie Felder, Weiden, Marschen, Moore und Sanddünen.

Wissenswertes Feldlerchen tragen ihren bis zu 15 Min. langen Gesang im Singflug vor („Skylark"). Dieses Verhalten ist typisch für viele Bodenbrüter der offenen Landschaften, wie z.B. auch für andere Lerchen und Pieper. Die Vögel können dadurch das Fehlen exponierter Singwarten ausgleichen und ihr Revier eindrucksvoll gegenüber Konkurrenten abgrenzen. Manchmal singen Feldlerchen auch leise am Boden, wo sie aufgrund ihrer Färbung hervorragend getarnt sind. Im Herbst finden sie sich zu Schwärmen zusammen und ziehen zum Überwintern größtenteils nach Südeuropa.

3 Uferschwalbe Sand Martin *Riparia riparia (Hirundinidae)*

L 12 cm G 13–16 g

Merkmale Kleinste Schwalbe Europas; oben braun, unten weiß mit braunem Brustband; Schwanz nur schwach gegabelt.

Vorkommen In England, Schottland und Wales in offenem Gelände.

Wissenswertes Uferschwalben brüten in Kolonien in selbst gegrabenen Röhren, die etwa 60–100 cm lang sind und am Ende das Nest enthalten. Dafür sind sie auf steile Lehmwände, Sandgruben oder sandige Steilküsten angewiesen. Wie alle anderen Schwalbenarten ernähren sie sich von fliegenden Kleininsekten. Uferschwalben kommen im April und Mai aus ihrem afrikanischen Winterquartier zurück. Den beiden anderen Schwalbenarten Großbritanniens fehlt das braune Brustband, außerdem haben **Rauchschwalben** *(Hirundo rustica)* einen langen, gegabelten Schwanz und **Mehlschwalben** *(Delichon urbica)* einen weithin sichtbaren weißen Bürzel.

4 Wiesenpieper Meadow Pipit *Anthus pratensis (Motacillidae)*

L 14–15 cm G 18–22 g

Merkmale Oben gestreift, olivbraun, unten weißlich und an Brust und Flanken tropfenförmig gefleckt; äußere Schwanzfedern weiß gesäumt.

Vorkommen In ganz England, Schottland und Wales; in Mooren, Dünen, Heiden, auf Bergwiesen und offenen Weideflächen.

Wissenswertes Wiesenpieper verstecken ihr am Boden liegendes Nest gut in der Vegetation. Ihre Nahrung besteht v.a. aus Insekten. Ebenfalls in Großbritannien weit verbreitet ist der **Baumpieper** *(Anthus trivialis)*. Beide lassen sich am ehesten anhand der Biotope und dem Verhalten unterscheiden: Baumpieper bevorzugen lichte Wälder und Flächen, die locker mit Bäumen und Büschen bestanden sind. Ihre Singflüge beginnen sie auf einer höheren Baumspitze und landen nach kurzer Zeit erneut auf diesem Platz. Wiesenpieper sitzen selten auf Bäumen und starten ihren Singflug meist direkt vom Boden oder einer niedrigen Warte aus; sie kehren nicht an den Ausgangspunkt zurück.

1

2

3

4

1 Gebirgsstelze Grey Wagtail *Motacilla cinerea (Motacillidae)*

L 17–19 cm G 20–25 g

Merkmale Schwanz sehr lang, dunkel mit weißen Außenfedern; unten gelb, Kopf und Rücken grau; Kehle beim Männchen schwarz, beim Weibchen weißlich.

Vorkommen In England, Wales und Schottland an schnell fließenden Flüssen und Bächen im Gebirge und im Flachland.

Wissenswertes Die rastlosen Gebirgsstelzen sind mit ihrem überdimensional lang wirkenden Schwanz unverkennbar. Sie bauen ihr Nest nahe Fließgewässern in Höhlungen und Nischen an der Uferböschung, an Gebäuden, Wehren und Brücken. Während der Suche nach Nahrung (Insekten, Spinnen und Würmern) wippen die Stelzen unaufhörlich mit ihrem langen Schwanz. Sie fliegen wellenförmig, meist niedrig über dem Wasser. Aufgrund der relativ milden Winter in Großbritannien zieht die Population nicht in den Süden, sondern streift allenfalls als Strichvogel in einem begrenzten Gebiet umher.

2 Schafstelze Yellow Wagtail *Motacilla flava (Motacillidae)*

L 15–17 cm G 17–20 g

Merkmale Schlank, in Großbritannien beim Männchen Unterseite, Kehle und Überaugenstreif kräftig gelb, Weibchen blasser; Oberkopf und Wangen gelblich grün; langer, weiß gesäumter Schwanz.

Vorkommen In England, Wales und Südschottland; brütet nahe Gewässern.

Wissenswertes Schafstelzen haben zahlreiche geografische Unterarten gebildet, bei denen sich v.a. die Männchen während der Brutzeit in ihrer Kopfzeichnung deutlich unterscheiden. Insgesamt wurden bislang 18 Unterarten beschrieben, davon sechs in Europa. In Großbritannien lebt die **Englische Schafstelze** *(Motacilla flava flavissima)*, deren Männchen durch die überwiegend gelbe Kopfzeichnung im Vergleich zu den anderen Rassen Europas am gelbsten wirken. Schafstelzen verstecken ihr Bodennest in der Vegetation und fressen v.a. Insekten. Sie überwintern südlich der Sahara.

3 Wasseramsel Dipper *Cinclus cinclus (Cinclidae)*

L 17–19 cm G 50–70 g

Merkmale Zum größten Teil bräunlich schwarz mit auffallend weißem Kehl- und Brustlatz; relativ plump, Schwanz kurz.

Vorkommen Brutvogel in England, Wales und Schottland an rasch fließenden, klaren Flüssen und Bächen.

Wissenswertes Wasseramseln sind die einzigen europäischen Singvögel, die regelmäßig im Wasser schwimmen und tauchen. Dabei erreichen sie Tauchzeiten von bis zu 30 Sekunden, Wassertiefen bis zu 1,5 m und Tauchstrecken bis zu 20 m. Mit ihren relativ kurzen, abgerundeten Flügeln können sie sich ruderartig im Wasser abstoßen. Sie können sogar unter Wasser auf dem Bachgrund laufen, um auch dort nach Nahrung zu suchen (Köcher-, Eintags- und Steinfliegenlarven, kleine Krebstiere, Wasserschnecken). Mitunter erbeuten sie Insekten im Flug. Ihr Nest bauen sie in Wassernähe in Spalten unter Wasserfällen, Brücken oder Baumwurzeln.

4 Steinschmätzer Wheatear *Oenanthe oenanthe (Muscicapidae)*

L 15 cm G 20–25 g

Merkmale Männchen im Brutkleid mit grauem Scheitel und Rücken, weißem Überaugenstreif, schwarzen Kopfseiten; Unterseite, Kehle und Brust hell; Weibchen und Männchen im Ruhekleid bräunlich rahmfarben. Schwanzzeichnung: Endbinde und Mittelstück bilden ein schwarzes „T" auf dem weißen Schwanz und Bürzel.

Vorkommen In ganz England, Schottland und Wales in offenem, steinigem Gelände, Ödland, Dünen, Kiesgruben, Bergwiesen und Heide- und Moorgebieten.

Wissenswertes Steinschmätzer nisten in Felsspalten, Erdlöchern (z.B. in verlassenen Kaninchenbauten), Holzstapeln oder zwischen Steinen. Sie ernähren sich von Insekten und anderen Wirbellosen. Gerne sitzen sie auf leicht erhöhten Warten, um von dort Ausschau zu halten oder ihren kurzen Gesang vorzutragen. Den Winter verbringen Steinschmätzer in den afrikanischen Savannen.

1

2

3

4

1 **Braunkehlchen** Whinchat *Saxicola rubetra (Muscicapidae)*

L 13 cm G 16–20 g

Merkmale Oben dunkel, unten hell, Brust und Kehle gelbbraun; Männchen mit dunkelbraunen Wangen, weißem Überaugenstreif und im Flug mit Schwarz und Weiß in Flügel und Schwanz; Weibchen heller und matter, Überaugenstreif nur angedeutet.

Vorkommen Sommervogel in England, Schottland, Wales; auf Wiesen, Weiden, Brachen, Sümpfen, Mooren und Heiden.

Wissenswertes Braunkehlchen sitzen gerne erhöht auf Halmen, Weidezäunen usw. Von dort spähen sie nach Beute. Der Gesang der Männchen ist ein kurzes, etwas metallisch klingendes Lied mit rauen und pfeifenden Tönen. Damit ihr Gesang weitergetragen wird, singen sie auf exponierten Warten oder im Flug. Nahrung sind kleine Insekten. Ihr Nest legen sie gut versteckt direkt auf dem Boden an. Sie überwintern in Afrika.

2 **Schwarzkehlchen** Stonechat *Saxicola torquata (Muscicapidae)*

L 13 cm G 14–17 g

Merkmale Gestalt und Verhalten ähnlich Braunkehlchen; Männchen mit schwarzem Kopf, Kehle und Rücken, Halsseiten weiß, Unterseite kräftig rostrot; Weibchen blasser und bräunlicher; Im Gegensatz zum Braunkehlchen kein Weiß im Schwanz, ohne weißen Überaugenstreif.

Vorkommen Brutvogel in England, Schottland, Wales; in Heide- und Moorgebieten, Brachen, Lichtungen, Sandgruben etc.

Wissenswertes Auf den vielen von verschiedenen Ginsterarten bestandenen Flächen Großbritanniens kommen Schwarzkehlchen oft in großer Zahl vor. V.a. beim Singen sitzen sie exponiert auf Buschspitzen oder anderen Sitzwarten. Auch Schwarzkehlchen sind Bodenbrüter und verstecken ihr napfförmiges Nest in der Vegetation. Während die Schwarzkehlchen Mitteleuropas in Mittelmeerländern überwintern, bleibt die Population Großbritanniens in ihren Brutgebieten.

3 **Ringdrossel** Ring Ouzel *Turdus torquatus (Muscicapidae)*

L 23–25 cm G 90–120 g

Merkmale Amselähnlich; Männchen mit weißem halbmondförmigen Brustband; Weibchen bräunlich, Brustband unauffälliger.

Vorkommen In Schottland, Wales und Teilen West- und Nordenglands einschließlich vieler Inseln. Brütet in Bergmooren zwischen Heide und Felsen, auf Gebirgshängen und in höher gelegenen Nadelwäldern.

Wissenswertes Ihren Gesang, der entfernt an den der Singdrossel erinnert, tragen Ringdrosseln gerne von einer Warte auf einem Baum oder einem größeren Fels aus vor. Als Nahrung dienen Regenwürmer, Insekten und andere bodenlebende Wirbellose sowie im Herbst reife Beeren. Im Winter verlassen die Vögel ihre Brutgebiete und ziehen hauptsächlich nach Spanien und Nordafrika.

4 **Rotdrossel** Redwing *Turdus iliacus (Muscicapidae)*

L 20–22 cm G 50–70 g

Merkmale Relativ klein, ähnelt der Singdrossel, aber mit auffallend hellem Überaugenstreif, rotbraunen Flanken und Unterflügeln, die besonders im Flug sichtbar sind.

Vorkommen Brutvogel in Nordschottland in Birken-, Weiden- und Erlenwäldern, gelegentlich auch in relativ jungen Nadelwäldern. Außerhalb der Brutzeit in ganz Großbritannien in lichten Wäldern und Parks.

Wissenswertes Auch die Rotdrosseln ernähren sich von Regenwürmern und anderen Kleintieren, im Herbst spielen die reifen Früchte der Eberesche (Vogelbeeren) eine wichtige Rolle. Im Winter leben weitaus mehr Rotdrosseln in Großbritannien, da Großteile der skandinavischen Population zuwandern. Außerhalb der Brutzeit leben sie gesellig in oft großen Schwärmen und fallen dann besonders durch ihren lauten, schwätzenden Gesang auf. Häufig sind sie dann mit **Wacholderdrosseln** *(Turdus pilaris)* vergesellschaftet, die ebenfalls in Trupps die Wintermonate in Großbritannien verbringen. Kopf und Bürzel der Wacholderdrossel sind grau, Rücken und die Flügel braun, die Unterseite hell mit auffälliger schwarzer Fleckung. Als Brutvogel fehlt sie in Großbritannien.

1

2

3

4

1 Feldschwirl Grasshopper Warbler *Locustella naevia (Sylviidae)*

L 13 cm G 13–15 g

Merkmale Oben olivbraun, dunkel gestreift, unten bräunlich weiß mit feinen Strichen an Brust und Flanken; Schwanz abgerundet; lebt sehr heimlich, aber durch den Gesang auszumachen und zu bestimmen: ein oft über zwei Minuten anhaltendes „Sirrr" auf gleich bleibender Tonhöhe, ähnlich dem Gesang der Grünen Laubheuschrecke.

Vorkommen In England, Wales und Schottland; in Sümpfen, Wiesen, Heiden.

Wissenswertes Feldschwirle ernähren sich v.a. von Insekten. Ihren Gesang tragen die Feldschwirle besonders intensiv in der Morgen- und Abenddämmerung sowie nachts vor. Das Schwirren besteht aus bis zu 45 Elementen pro Sekunde. In Röhrichten Südostenglands brütet als weitere Art der **Rohrschwirl** *(Locustella luscinoides)*, dessen Gesang noch schneller ist und der dadurch schnurrend klingt. Beide Arten überwintern im tropischen Afrika.

2 Teichrohrsänger Reed Warbler *Acrocephalus scirpaceus (Sylviidae)*

L 13 cm G 12–15 g

Merkmale Oben einfarbig braun, unten weißlich, Flanken gelblich braun; ungestreift. Gesang aus zwei- bis dreimal wiederholten Motiven „Tiri tiri tiri tek tek tek".

Vorkommen Sommervogel in England und Wales; in Schilfgürteln und ufernahen Weidengebüschen.

Wissenswertes Teichrohrsänger haben im Vergleich zu anderen Singvögeln relativ größere Füße mit einer besonders langen Hinterzehe. Mit diesem Klammerfuß können sie sich an den Halmen des Schilfs festhalten und emporklettern. Das Nest der Teichrohrsänger ist ein kunstvoll geflochtener Napf, der zwischen Schilfhalmen aufgehängt wird. Im gleichen Lebensraum brütet der **Schilfrohrsänger** *(Acrocephalus schoenobaenus)*, der im Gegensatz zum Teichrohrsänger eine kräftig gestreifte Oberseite sowie einen auffälligen weißlichen Überaugenstreif hat. Nur in einigen Gebieten Südenglands lebt der **Sumpfrohrsänger** *(Acrocephalus palustris)*, der kaum vom Teichrohrsänger zu unterscheiden ist, aber einen sehr abwechslungsreichen Gesang hat und oft andere Vogelarten imitiert. Anders als Teichrohrsänger leben Sumpfrohrsänger in Dickichten, Hecken und Feldern.

3 Dorngrasmücke Whitethroat *Sylvia communis (Sylviidae)*

L 13–15 cm G 13–15 g

Merkmale Schwanz lang; Männchen oben braun, unten weißlich, leicht rosa angehaucht; Kopf und Wangen hellgrau, Kehle weiß; auffallend rostbraune Flügel; Weibchen mit braunem Kopf.

Vorkommen Sommervogel in England, Wales und Schottland; in relativ offenem Gelände mit Dorngestrüpp und dornigen Hecken sowie Waldlichtungen.

Wissenswertes Dorngrasmücken ernähren sich überwiegend von Insekten, im Spätsommer und Herbst aber auch von Beeren. Die Männchen starten kleine Singflüge von Buschspitzen aus. Ähnlich im Aussehen ist die **Klappergrasmücke** *(Sylvia curruca)*, die in England und Wales brütet. Ihre Oberseite ist aber grau, außerdem fehlt die rostbraune Färbung der Flügel. Beide Arten verbringen den Winter südlich der Sahara.

4 Waldlaubsänger Wood Warbler *Phylloscopus sibilatrix (Sylviidae)*

L 13 cm G 8–12 g

Merkmale Oben leuchtend gelblich grün, Kehle und Brust schwefelgelb, Bauch weiß; breiter, gelblicher Überaugenstreif.

Vorkommen Brutvogel in England, Wales und Schottland; in Laubwäldern (seltener auch Nadelwäldern) mit Unterwuchs.

Wissenswertes Charakteristisch für den Waldlaubsäger, der meist im Blätterdach der Wälder verborgen bleibt, ist ein trillernder Singflug, der in einem wehmütigen „Dü-dü-dü" endet. Wie die meisten Laubsänger baut auch diese Art ein gut verstecktes, kugelförmiges Nest am Boden. Weitere Laubsänger Großbritanniens sind die einander im Aussehen sehr ähnlichen Arten **Fitis** *(Phylloscopus trochilus)* und **Zilpzalp** *(Phylloscopus collybita)*.

1

2

3

4

1 **Schwanzmeise** Long-tailed Tit *Aegithalos caudatus* *(Aegithalidae)*

L 14–15 cm G 8–10 g

Merkmale Sehr langer Schwanz, Körper klein, kugelig, unten weiß, Flanken und Bauch rosa, oben rot-schwarz-weiß. Britische Rasse *Ae. c. rosaceus* mit weißem Kopf und breitem schwarzen Augenstreif.

Vorkommen England, Wales, Schottland; in Wäldern, Auwäldern, Parks, Gärten.

Wissenswertes Schwanzmeisen bauen ihr Kugelnest niedrig im Gebüsch, aber auch hoch in Bäumen. Es besteht aus verflochtenen Haaren, Spinnweben, Flechten und Moos und hat einen seitlichen Eingang. Von innen wird es mit Federn ausgepolstert. Das in bis zu drei Wochen gebaute Nest hat sehr gute Isolationseigenschaften, so dass es auch bei Brutpausen und kaltem Wetter für die Eier und Küken angenehm warm bleibt. Außerhalb der Brutzeit sind sie gesellig, fliegen in Trupps umher und schlafen sogar eng aneinander geschmiegt. Sie fressen Insekten und Spinnen, die sie oft an den äußersten Zweigenden suchen, wo ihnen kräftigere Arten kaum Konkurrenz machen können.

2 **Kleiber** Nuthatch *Sitta europaea* *(Sittidae)*

L 13–15cm G 22–25 g

Merkmale Kurzschwänzig, gedrungen, kräftiger, spitzer Schnabel; Scheitel und Oberseite blaugrau, unten rostfarben; auffälliger, schwarzer Augenstreif.

Vorkommen England und Wales; in Laub- und Mischwäldern, Parks und Gärten.

Wissenswertes Treffend ist der deutsche Familienname „Spechtmeisen", da Kleiber einerseits in Größe und Lebhaftigkeit den Meisen ähneln, durch ihren kräftigen Schnabel, mit dem sie Insekten und andere Kleintiere aus Baumrinden und Spalten holen, andererseits den Spechten in ihrer Lebensweise gleichen. Kleiber können an Stämmen auf- und ab- und sogar auf der Unterseite waagerechter Äste klettern. Der Name Kleiber kommt von „kleben" und bezieht sich darauf, dass sie die Eingänge zu ihren Bruthöhlen mit Lehm und Erde verkleben. Das Einflugloch wird so weit zugemauert, dass die Altvögel gerade noch hindurchpassen. So verhindern sie, dass größere Nistplatz-Konkurrenten und Nestfeinde eindringen können.

3 **Waldbaumläufer** Tree Creeper *Certhia familiaris* *(Certhiidae)*

L 11–13 cm G 8–11 g

Merkmale Zierlich; mit langem Stützschwanz; oben rindenfarbig braun, schwarz, weiß und ocker gefleckt, unten weißlich; weißer Überaugenstreif; relativ langer, dünner, nach unten gebogener Schnabel.

Vorkommen Jahresvogel in England, Schottland und Wales; in Laub-, Misch- und sogar reinen Nadelwäldern, Parks und Gärten mit großen Bäumen.

Wissenswertes Der Vogel kann leicht übersehen werden, wenn er perfekt getarnt an Baumstämmen entlangklettert. Ähnlich den Spechten stützt er sich mit seinem Schwanz beim Emporklettern am Stamm ab. Ihr Nest legen Waldbaumläufer hinter abstehender Rinde und in Baumspalten an. Mit ihrem feinen Schnabel suchen sie die Baumrinde nach Insekten und Spinnen ab, fressen aber beispielsweise auch kleine Sämereien.

4 **Neuntöter (Rotrückenwürger)** Red-backed Shrike *Lanius collurio* *(Laniidae)*

L 16–18 cm G 25–30 g

Merkmale Männchen mit kastanienbraunem Rücken, grauem Scheitel und Bürzel, unten hell, auffällig schwarzer Streif von der Schnabelbasis durch das Auge bis zur Ohrgegend; Weibchen oben bräunlich, unten quer gewellt, ohne Augenstreif.

Vorkommen Brütet in Südengland; in offenem Gelände mit Hecken und Dorngebüsch, an Waldrändern, in Moor und Heide.

Wissenswertes Neuntöter sitzen oft auf Büschen oder kleineren Bäumen. Von hier aus spähen sie nach Insekten, seltener nach kleinen Reptilien, ausnahmsweise auch nach Kleinsäugern. Mit ihrem Hakenschnabel gelten sie als die „Singvogelausgabe" der Falken. Ihre Beute spießen sie auf Stacheln und Dornen auf, um sie besser zerkleinern zu können oder um sie als Vorrat aufzubewahren. Sie überwintern im Osten und Süden Afrikas.

1

2

3

4

1 Alpenkrähe Chough *Pyrrhocorax pyrrhocorax* *(Corvidae)*

L 38–40 cm G 290–330 g

Merkmale Gefieder schwarz mit metallischem Glanz; Schnabel rot, lang, nach unten gebogen; Füße rot.

Vorkommen Westküste von England, Wales und Schottland; ganzjährig an Klippen und Felsen.

Wissenswertes Einen wichtigen Verbreitungsschwerpunkt in Schottland haben die Alpenkrähen auf den Inneren Hebriden. In Wales findet man sie an den Steilklippen der Inseln Anglesey, Skomer und Skokholm. Alpenkrähen ernähren sich von Insekten, Würmern und Sämereien. Ihr Nest legen sie in Felshöhlungen oder -spalten an. Sie sind hervorragende Luftakrobaten, die gerne spielerisch in kleineren Gruppen vor steilen Felsklippen kreisen. Auffällig sind ihre dohlenähnlichen „Kja"-Rufe oder auch die eher an Möwen erinnernden „Kuak-ak-ak"-Rufe.

2 Dohle Jackdaw *Corvus monedula* *(Corvidae)*

L 32–34 cm G 230–260 g

Merkmale Etwa taubengroß; oben schwarz mit bläulichem Schimmer, Nacken und Ohrdecken grau, unten dunkelgrau; Iris auffallend hellgrau in schwarzem Gesicht.

Vorkommen England, Wales, Schottland; Berg- und Küstenfelsen, Ruinen, Parks mit altem Baumbestand, Ortschaften.

Wissenswertes Dohlen nisten zumeist kolonieweise; auch außerhalb der Brutzeit leben sie in großen Schwärmen, oft vergesellschaftet mit Saatkrähen. Die Paare bleiben häufig ein Leben lang zusammen. Wie andere Rabenvögel auch, gelten Dohlen als besonders lernfähig und man schreibt ihnen eine außergewöhnliche Schläue zu. Kennzeichnend sind ihre klangvollen „Kiack"- oder „Kja"-Rufe, durch die sie auch in großen gemischten Rabenvogel-Schwärmen leicht auszumachen sind.

3 Saatkrähe Rook *Corvus frugilegus* *(Corvidae)*

L 44–47 cm G 400–500 g

Merkmale Gefieder schwarz mit blauem Schimmer; unbefiederte, weißliche Schnabelbasis; langer, schlanker Schnabel.

Vorkommen In England, Schottland und Wales; brüten in Laub- und Nadelwäldern, auf Kulturland, in oder nahe Städten.

Wissenswertes Saatkrähen brüten in großen Kolonien, meist hoch oben im Geäst einzelner Baumgruppen. Im Winter finden sich durch den Zuzug nordischer und östlicher Saatkrähen riesige Schwärme zusammen. Besonders beeindruckend ist dann die allabendliche Versammlung zu Schlafplatzgemeinschaften, die mitunter aus Zehntausenden von Vögeln bestehen. Ebenfalls in Großbritannien weit verbreitet ist die ähnliche **Rabenkrähe** *(Corvus corone corone)*. Ihrem Gefieder fehlt der Glanz, die Schnabelbasis ist schwarz befiedert. In Schottland leben außerdem **Nebelkrähen** *(Corvus corone cornix)*, deren Rücken und Unterseite grau ist. Raben- und Nebelkrähe gehören trotz ihres unterschiedlichen Aussehens zu einer Art, die als **Aaskrähe** *(Corvus corone)* bezeichnet wird. Wo sich die Brutgebiete der beiden überschneiden, kommt es zur Bildung von Mischlingen. Saat- und Aaskrähen sind Allesfresser.

4 Kolkrabe Raven *Corvus corax* *(Corvidae)*

L 62–66 cm G 1100–1300 g

Merkmale Größter Rabenvogel mit kräftigem, schwarzem Schnabel. Gefieder schwarz; im Flug mit keilförmigem Schwanzende; ruft wiederholt „krok" oder „kroa".

Vorkommen Brutvogel in Schottland, Wales und Westengland; Berge, Steilküsten und offene Laub- und Nadelwälder.

Wissenswertes Besonders im Flug erinnern die großen Kolkraben mit ihren langsamen Flügelschlägen und dem Segeln im Aufwind an Greifvögel, doch sie gehören zu den Singvögeln. Während der Balzzeit ab Winterende führen die Raben akrobatische Flugspiele auf. Kolkraben brüten an der Küste und im Gebirge auf Vorsprüngen in Felswänden, in der Ebene auch auf Baumnestern. Sie fressen Insekten, Mäuse, Schnecken, Würmer, Aas, sogar Müll, aber auch Samen und Früchte.

1

2

3

4

1 Schottischer Kreuzschnabel Scottish Crossbill *Loxia scotica (Fringillidae)*

L 16–18 cm G 42–49 g

Merkmale Relativ groß; gekreuzter Ober- und Unterschnabel. Männchen rot mit dunklen Flügeln und Schwanz; Weibchen olivgrün; Schwanz kurz, tief eingekerbt.

Vorkommen Schottisches Hochland; bei Anerkennung des Artstatus die einzige ausschließlich in Großbritannien vorkommende (endemische) Vogelart.

Wissenswertes Der taxonomische Status des Schottischen Kreuzschnabels ist nicht geklärt. Während ihn einige britische Autoren als eine eigene Art bezeichnen, sehen andere in ihm eine Unterart des **Fichtenkreuzschnabels** *(Loxia curvirostra)*, der ebenfalls in Schottland und in Teilen Englands lebt. Der Schottische Kreuzschnabel ist jedoch geringfügig größer und hat einen etwas kräftigeren Schnabel. Die Form des gekreuzten Schnabels ist eine Anpassung an den Nahrungserwerb: Sie können damit die Schuppen von Tannen- und Kiefernzapfen öffnen und die Samen herausholen. Kreuzschnäbel bauen ihr Nest hoch in Kiefern.

2 Birkenzeisig Redpoll *Carduelis flammea (Fringillidae)*

L 13 cm G 12–16 g

Merkmale Kleiner als ein Spatz; oben bräunlich, dunkelbraun oder schwarz gestreift, Bürzel heller; leuchtend roter Scheitel, schwarzes Kinn; Männchen mit rosa gefärbter Brust. Wichtig: die hohen, metallisch klingenden „Dschädsch-ädsch-ädsch“-Rufe.

Vorkommen In England, Schottland, Wales; in Wäldern, Gebüsch und Heidegebieten, Ortschaften und Parkanlagen.

Wissenswertes Den Reviergesang tragen die Birkenzeisige im Flug oder von einer möglichst hohen Singwarte aus vor. Birkenzeisige sind lebhafte und gesellige Finkenvögel, gerne nisten sie gemeinsam auf Bäumen und Büschen. Oft treten sie mit **Erlenzeisigen** *(Carduelis spinus)* auf und turnen mit ihnen bei der Suche nach Sämereien meisenartig an den äußeren Zweigspitzen von Birken, Erlen und Weiden. In Großbritannien verbreitet ist der **Bluthänfling** *(Carduelis cannabina)*, deren Männchen mit ebenfalls rotem Scheitel und roter Brust. Sie sind weniger gestreift und suchen ihre Nahrung meist am Boden.

3 Berghänfling Twite *Carduelis flavirostris (Fringillidae)*

L 13–15 cm G 14–18 g

Merkmale Ähnlich dem Bluthänfling, aber ohne rote Zeichnung; überwiegend braun, kräftige Strichelung auf der Oberseite; Kinn und Kehle bräunlich gelb und nicht gestrichelt. Männchen mit rötlichem, Weibchen mit gelbbraunem Bürzel.

Vorkommen In Schottland in Mooren, Heiden, Gebirgen; im Winter in Schwärmen auf Feldern und Wiesen nahe der Küste.

Wissenswertes Häufig nisten Berghänflinge in Gruppen und bauen ihre Nester bodennah in die Vegetation. Finkenarten bilden im Winter gemischte Schwärme. Regelmäßig wird man daher außer der Brutzeit Berghänflinge mit Bluthänflingen, Erlen- und Birkenzeisigen und anderen Finken antreffen. Dann ist die Bestimmung nicht leicht, da die Männchen ihr Ruhekleid tragen und Weibchen und Jungvögel schlichter gefärbt sind.

4 Kernbeißer Hawfinch *Coccothraustes coccothraustes (Fringillidae)*

L 18 cm G 52–60 g

Merkmale Oben braun, unten hell rötlich braun; Nacken grau; auffälliges weißes Flügelfeld und weiße Endbinde am Schwanz. Kennzeichnend: mächtiger Schnabel, im Sommer silbrig, im Winter eher hornfarben.

Vorkommen England, Wales und Südschottland; in Mischwäldern, Parks, Gärten.

Wissenswertes Kernbeißer halten sich meist hoch in den Baumkronen auf und nisten auch dort. Daher sind sie oft nur aufgrund ihrer scharfen „Zieh“- oder „Zick“-Rufe zu entdecken. Mit Hilfe des kräftigen Schnabels und in Zusammenarbeit mit einer ebenfalls extrem kräftigen Muskulatur sind Kernbeißer in der Lage, auch große, harte Körner und Nüsse zu knacken, u.a. auch die Steine von Kirschen und Pflaumen. Als Nahrung spielen außerdem Knospen und junge Triebe eine wichtige Rolle.

1

2

3

4

1 **Schneeammer** Snow Bunting *Plectrophenax nivalis* *(Emberizidae)*

L 16–18 cm G 30–40 g

Merkmale Männchen im Brutkleid schneeweiß, Handschwingen und Schwanzmitte schwarz; beim Weibchen Rücken bräunlich. Beide Geschlechter im Flug leicht an den großen weißen Flecken in Flügel und Schwanz zu erkennen.

Vorkommen Brutvogel in Schottland in baumloser Landschaft, an felsigen Bergen und in karger Tundra. Im Winter oft in Schwärmen an der Küste Großbritanniens.

Wissenswertes Schneeammern fressen im Winter v.a. Sämereien und müssen sich noch im Frühjahr in ihren kargen Brutgebieten mit den Samen des Vorjahres begnügen. Sie brüten erst spät im Jahr, und so fällt das Füttern der Jungen in die kurze Zeitspanne, in der die notwendigen Insekten zu finden sind.

2 **Goldammer** Yellowhammer *Emberiza citrinella* *(Emberizidae)*

L 15–17 cm G 25–30 g

Merkmale Männchen unten zitronengelb, oben gelblich braun mit dunkler Längsfleckung; Bürzel rotbraun; Kopf gelb mit dunkler Streifenzeichnung. Im Flug weißer Außenrand des Schwanzes auffällig. Weibchen weniger gelb, mehr dunkle Zeichnung.

Vorkommen Ganz Großbritannien; offenes Gelände, Waldränder, Gebüsch, Hecken.

Wissenswertes Ihren Gesang tragen die Männchen von einer erhöhten Warte aus vor. Das Lied besteht aus einer Reihe von Einleitungstönen, die mit einem tieferen, gezogenen Schlußton enden und in etwa wie „zi-zi-zi-zi-zi–zieh“ klingen. Goldammern fressen Sämereien, Knospen und andere Pflanzenteile, während der Jungenaufzucht kommen Insekten als eiweißreiche Nahrung dazu. In der Brutsaison sind Goldammern streng territorial und verteidigen ihr Revier gegen fremde Artgenossen, im Winter schließen sie sich zu oft großen Schwärmen zusammen.

3 **Zaunammer** Cirl Bunting *Emberiza cirlus* *(Emberizidae)*

L 16–18 cm G 22–28 g

Merkmale Männchen mit rotbraunem Rücken und gelblicher Unterseite; Kopf schwarz und gelb gestreift, Kinn und Kehle schwarz; Weibchen und Jungvögel matter gefärbt, olivbraune Bürzel.

Vorkommen Südengland; in offenem Gelände mit Büschen, Hecken, in Gärten.

Wissenswertes Die Zaunammer ist eine Wärme liebende Art, die in Südengland geschützte, klimatisch bevorzugte Gebiete bewohnt.

4 **Rohrammer** Reed Bunting *Emberiza schoeniclus* *(Emberizidae)*

L 15–16 cm G 18–22 g

Merkmale Auf den ersten Blick mit Spatzen zu verwechseln. Oben rotbraun, schwärzlich längs gefleckt, unten weißlich; beim Männchen im Brutkleid Kopf und Kehle schwarz mit weißem Bartstreif; Weibchen und Jungvögel mit braunem Kopf und schwarz-weißem Bartstreif.

Vorkommen England, Wales, Schottland; in Feuchtgebieten.

Wissenswertes Ihr kurzes Lied tragen die Männchen meist von einem Schilfhalm aus vor. Das napfförmige Nest verstecken die Rohrammern auf oder niedrig über dem Erdboden in Grasbüscheln. Sie fressen v.a. Grassamen sowie im Sommer kleine Insekten.

5 **Grauammer** Corn Bunting *Emberiza calandra* *(Emberizidae)*

L 18–19 cm G 45–55 g

Merkmale Größte Ammer Europas; plump, gedrungen; unscheinbar bräunlich, oben und unten gestreift; Schnabel kräftig.

Vorkommen England, Schottland, Wales; in offenen Landschaften mit Hecken, Büschen und Bäumen.

Wissenswertes Der auffällige Gesang der Grauammern ist eine schnelle Folge kurzer, metallisch klingender Töne, die mit einem schrillen Klirren enden. Häufig sieht man die Vögel auf Drähten und Pfosten sitzen, die ihnen auch als Singwarte dienen. Sie fressen Sämereien, grüne Pflanzenteile und Insekten.

1

2

3

4

5

1 Waldeidechse (Bergeidechse) Viviparous Lizard *Lacerta vivipara* *(Lacertidae)*

KR 6,5 cm, Schwanz 1,5- bis 2-mal so lang

Merkmale Relativ klein und gedrungen; Kopf auffallend klein und rundlich, kaum vom dicken Hals abgesetzt; Grundfarbe des Rückens bräunlich oder gräulich, mitunter bronzefarben; Rückenmitte mit dunklem Streif; Bauch beim Männchen gelblich mit schwarzen Flecken, beim Weibchen weißlich.

Vorkommen England, Wales, Schottland; Feuchtgebiete, Waldränder, Wiesen.

Wissenswertes Großbritanniens Reptilienfauna ist sehr artenarm. So lebt hier mit der kräftigeren **Zauneidechse** *(Lacerta agilis)* lediglich eine weitere Eidechsenart im äußersten Süden Englands. Waldeidechsen zeichnen sich durch Ovoviviparie aus: Die in den Eiern stattfindende Embryonalentwicklung wird bereits im Mutterleib abgeschlossen und es werden voll entwickelte Jungeidechsen geboren. Dadurch sind die Tiere – wie übrigens auch die in Großbritannien lebenden Blindschleichen und Kreuzottern – in der Lage, klimatisch relativ ungünstige Lebensräume zu besiedeln.

2 Blindschleiche Slow Worm *Anguis fragilis* *(Anguidae)*

L 40–45 cm einschließlich Schwanz

Merkmale Schlangenähnlich; oben bräunlich, gräulich oder kupferfarben; Schuppen glänzend; Jungtiere oben gold- oder silberfarben mit schwarzem Längsstrich auf dem Rücken, Flanken und Bauch schwärzlich.

Vorkommen In England, Wales und Schottland; Wiesen, Moore, Wälder, Parks.

Wissenswertes Wegen ihrer fehlenden Beine werden Blindschleichen häufig mit Schlangen verwechselt, sind aber völlig harmlose Echsen. Sie leben relativ verborgen. Die Nahrung der Blindschleichen besteht vor allem aus Nacktschnecken und Regenwürmern. Ihre Winterruhe verbringen sie meist gesellig in frostfreien Unterschlupfen.

3 Ringelnatter Grass Snake *Natrix natrix* *(Colubridae)*

L max. 100 cm einschließlich Schwanz

Merkmale Gräulich, Rücken und Flanken mit schwarzen Flecken; unten weißlich mit Muster aus dunklen, rechteckigen Flecken; gelbe, schwarz gesäumte halbmondförmige Flecken beiderseits des Hinterkopfes.

Vorkommen England und Wales; Feuchtgebiete, Ufer stehender und fließender Gewässer, Moore und lichte Wälder.

Wissenswertes Ringelnattern können hervorragend schwimmen und tauchen. Sie erbeuten v.a. Frösche, Molche und kleine Fische, die sie im Ganzen verschlucken. Dem Menschen gegenüber sind sie völlig harmlos und sondern zur Abwehr allenfalls eine stinkende Flüssigkeit ab. Im Süden Englands lebt die **Glatt- oder Schlingnatter** *(Coronella austriaca)*, die oben bräunlich ist und auf dem Rücken dunkle, gegeneinander versetzte Rechteckflecken aufweist. Auf dem Kopf und Nacken haben sie eine U-förmige, nach hinten geöffnete, dunkle Zeichnung.

4 Kreuzotter Adder (Common Viper) *Vipera berus* *(Viperidae)*

L 60–80 cm einschließlich Schwanz

Merkmale Braun, grau, oliv bis sandfarben mit markantem Zickzack-Band auf dem Rücken und X- oder V-förmiger Zeichnung auf dem Hinterkopf. Daneben auch zeichnungslose, völlig schwarze Exemplare.

Vorkommen England, Wales, Schottland; Moor, Heide, Sumpf, Waldlichtungen.

Wissenswertes Die Kreuzotter ist die einzige Giftschlange Großbritanniens. Es kommt nur sehr selten zu Bissunfällen mit Menschen. Der Giftbiss ist zwar äußerst schmerzhaft, er verläuft aber meist nicht tödlich, eine Antiserumbehandlung ist aber dringend angeraten. In Moorgebieten kommt es regelmäßig zum Auftreten völlig schwarzer Kreuzottern, auch Höllenottern genannt. In der Paarungszeit im Frühjahr lassen sich so genannte Kommentkämpfe der Männchen beobachten, bei denen sich die Schlangen umschlingen, aufrichten und den Gegner niederdrücken. Kreuzottern fressen Mäuse, Eidechsen, Frösche, Vogeleier und -küken. Die Beute wird kurz gebissen, um das tödliche Gift zu injizieren. Das tote Beutetier wird dann mit dem Kopf voran im Ganzen verschluckt.

1

2

3

4

1 Teichmolch (Streifenmolch) Smooth Newt *Triturus vulgaris (Salamandridae)*

L bis 11 cm einschließlich Schwanz

Merkmale Männchen in Wassertracht oben mit großen dunklen Flecken und Kopfstreifen; mit hohem, gewelltem Kamm auf Rücken und Schwanz, ohne Einbuchtung an der Schwanzbasis; Schwanzsaum blau und rötlich; Bauch orange mit kräftigen dunklen Flecken. Weibchen oben gelblich oder oliv, Flecken kleiner; Bauch gelb oder orange. Landtracht weniger farbig mit samtartiger, Wasser abweisender Haut, Kamm zurückgebildet.

Vorkommen England, Wales, Schottland; in kleineren, vegetationsreichen Teichen.

Wissenswertes Alle Molche legen ihre Eier im Wasser ab, wo sich auch die Larvenentwicklung vollzieht. Außer der Laichzeit leben sie meist an Land an schattigen, feuchten Orten. Dort überwintern sie auch. Mit der Lebensweise der Teichmolche ändert sich auch die Nahrung: Während ihrer Zeit im Wasser erbeuten sie Wasserflöhe, Insektenlarven und Kaulquappen, an Land fressen sie kleine Insekten, Würmer und Schnecken. In weiten Teilen Großbritanniens leben zwei weitere Arten: Der **Kammmolch** *(Triturus cristatus)* ist größer und dunkler, der hohe gezackte Rücken- und Schwanzkamm des Männchens hat an der Schwanzbasis eine tiefe Einbuchtung. Dem Männchen des kleineren **Fadenmolchs** *(Triturus helveticus)* fehlt ein Rückenkamm; er hat einen deutlichen Faden am Ende des abgestumpften Schwanzes. Die Weibchen von Teich- und Fadenmolch können leicht miteinander verwechselt werden.

2 Erdkröte Common Toad *Bufo bufo (Bufonidae)*

L bis 12 cm

Merkmale Oben bräunlich oder gräulich, unten heller; relativ trockene, warzige Haut; große Ohrdrüsen; Weibchen größer und massiger als Männchen.

Vorkommen England, Wales, Schottland; in den unterschiedlichsten Lebensräumen: Wiesen, Wälder, Gebirge, Siedlungen.

Wissenswertes Erdkröten leben nachtaktiv, aber nach kräftigen Regenfällen oder während der Paarungszeit begegnet man ihnen auch am Tag. Außerhalb der Paarungszeit leben die Kröten an Land, als Verstecke dienen selbst gegrabene Höhlen, Steine oder morsches Holz. Bekannt sind die Krötenwanderungen im Frühjahr, wenn die Tiere von ihren Winterquartieren zu den Gewässern unterwegs sind, in denen die Paarung stattfindet. Erdkröten sind ortstreu und kehren immer wieder an den Ort ihrer Geburt zurück. Die Weibchen legen im Wasser lange Laichschnüre ab, die das huckepack auf dem Rücken des Weibchens sitzende Männchen befruchtet. Die 3–5 m langen Laichschnüre enthalten 3000–8000 gallertige Eier, aus denen sich schwarze Kaulquappen entwickeln. Nach der etwa zwei bis drei Monate dauernden Larvenentwicklung findet eine Metamorphose statt, und aus den Kaulquappen werden 7–12 mm große Jungkröten. Die Kaulquappen ernähren sich von Algen, während die ausgewachsenen Kröten Insekten, Spinnen, Würmer und Schnecken fressen. Als weitere Art lebt in einigen Gebieten Großbritanniens die **Kreuzkröte** *(Bufo calamita)*, auf deren Rücken eine gelbliche Längslinie verläuft.

3 Grasfrosch Common Frog (Gras Frog) *Rana temporaria (Ranidae)*

L 7–9 cm

Merkmale Einzige Braunfrosch-Art in Großbritannien. Oben grau, braun oder gelblich, meist mit dunkelbraunem Fleckenmuster; unten weißlich oder gräulich.

Vorkommen In England, Wales und Schottland; in fast allen feuchten Biotopen.

Wissenswertes Grasfrösche leben außerhalb der Paarungszeit an Land, wo sie sich von Schnecken, Regenwürmern, Käfern und anderen Wirbellosen ernähren. Bereits sehr früh im Jahr wandern sie zu ihren Laichgewässern, in denen es zur Paarung kommt. Während dieser Zeit sind die häufig im Chor vorgetragenen Rufe der Frösche zu hören: Mit ihren Schallblasen erzeugen sie dabei ein dumpfes Knurren oder Grunzen. Die Eier werden in großen Laichballen im flachen, vegetationsreichen Randbereich der Gewässer abgelegt. Im Süden Englands wurden die zu den „Grünfröschen" zählenden, relativ großen **Seefrösche** *(Rana ridibunda)* ausgesetzt; sie haben eine fortpflanzungsfähige Population gebildet

1

2

3

1 **Blauflügel-Prachtlibelle** Beautiful Demoiselle *Calopteryx virgo (Calopterygidae)*

L 50 mm Sp 60–70 mm

Merkmale Männchen metallisch blaugrün, Flügel nahezu vollständig blauschwarz schillernd; Flügel der Weibchen durchscheinend bräunlich mit braunem Geäder.

Vorkommen England, Wales und Westschottland an Fließgewässern, v.a. an schnell fließenden, sauberen, unverbauten Bächen.

Wissenswertes Bei Libellen findet die Larvalentwicklung im Wasser statt: Die Weibchen legen ihre Eier direkt ins Wasser ab oder stechen sie in Pflanzen (und anderes Substrat) in Nähe des Gewässers. Aus den Eiern schlüpfen Larven, die sich ein oder auch mehrere Jahre räuberisch im Wasser ernähren und nach etlichen Häutungen ihre volle Größe erreichen. Im Frühjahr oder Sommer klettern sie aus dem Wasser und verwandeln sich während einer letzten Häutung in die erwachsenen Libellen. In Teilen Großbritanniens lebt die **Gebänderte Prachtlibelle** *(Calopteryx splendens)*; die Männchen haben eine breite blauschwarze Flügelbinde, die Weibchen grünlich gefärbte Flügel.

2 **Becher-Azurjungfer** Common Blue Damselfly *Enallagma cyathigerum (Coenagrionidae)*

L 30–35 mm Sp 40–45 mm

Merkmale Männchen leuchtend blau mit schwarzer Zeichnung auf Kopf, Brust und Hinterleib; schwarze Zeichnung auf dem zweiten Hinterleibssegment erinnert an einen gestielten Becher. Weibchen bräunlich, grünlich oder blau mit schwarzer Zeichnung, erinnert an vorn zugespitzte Lanzen.

Vorkommen In England, Wales und Schottland; an größeren Seen, Teichen, auch an Gräben und langsam fließenden Bächen.

Wissenswertes In Großbritannien gibt es aus der Familie der **Schlanklibellen** *(Coenagrionidae)* neben der Becher-Azurjungfer noch weitere Vertreter aus der Gattung *Coenagrion*. Die Männchen sind alle auffällig blau gefärbt und unterscheiden sich v.a. in der schwarzen Zeichnung auf dem zweiten Hinterleibssegment. Die Form der Zeichnung begründet meist den deutschen Artnamen: Helm-, Speer- und Hufeisen-Azurjungfer fliegen an unterschiedlichen Gewässertypen.

3 **Torf-Mosaikjungfer** Common Hawker *Aeshna juncea (Aeshnidae)*

L 70–80 mm Sp 85–100 mm

Merkmale Thorax der Männchen braun, zwei gelbe Seitenbinden; Abdomen mosaikartig gefärbt, pro Segment oben zwei blaue Flecke, davor zwei gelbe Streifen; Weibchen braun, Abdomen gelbgrün gefleckt.

Vorkommen England, Wales, Schottland; Moor, z.T. auch an anderen Gewässern.

Wissenswertes Zur Familie der **Edellibellen** *(Aeshnidae)* zählen einige der größten europäischen Libellenarten. Die erwachsenen Libellen sind sehr ausdauernde Flieger, die ständig über ihr Revier patrouillieren und dabei sowohl Beute machen als auch Rivalen vertreiben und Weibchen suchen. Nur selten lassen sich die Tiere in der Vegetation nieder. Die Flugzeit der Torf-Mosaikjungfer reicht von Juni bis Oktober. In Großbritannien leben weitere, z.T. recht ähnliche Mosaikjungfern.

4 **Schwarze Heidelibelle** Black Darter *Sympetrum danae (Libellulidae)*

L 32–36 mm

Merkmale Männchen **(4a)** fast ganz schwarz; junge Männchen und Weibchen gelb **(4b)**, schwarze Seitenbinden am Brustsegment, schwarze Abdomenunterseite.

Vorkommen England, Wales, Schottland; in stehenden Gewässern, häufig an vegetationsreichen Moorgewässern.

Wissenswertes Libellen bilden zur Befruchtung ein Paarungsrad, bei dem das Männchen das Weibchen mit seinen Hinterleibszangen am Nacken packt. Das Weibchen krümmt dann seinen Hinterleib weit nach vorne, so dass das Sperma vom männlichen Begattungsorgan zur Genitalöffnung des Weibchens übertragen werden kann. Heidelibellen können sogar im Paarungsrad fliegen. Auffällig ist auch das „Tandem“, bei dem das Männchen das Weibchen am Nacken packt und vorne fliegt. Das Weibchen stößt dann seine Hinterleibsspitze regelmäßig ins Wasser und legt so auch die Eier ab.

1

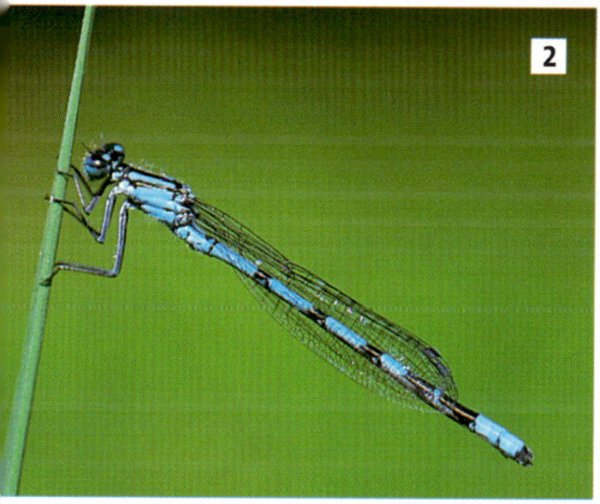
2

3

4a

4b

1 **Gelbrandkäfer** Great Diving Beetle *Dytiscus marginalis* *(Dytiscidae)*

L 28–35 mm

Merkmale Grünbrauner Schwimmkäfer; Halsschild gelb umrandet, Flügeldecken seitlich mit gelbem Rand; Flügeldecken beim Männchen glatt, beim Weibchen gefurcht.

Vorkommen Britische Inseln; in stehenden oder langsam fließenden Gewässern mit reichlich Bewuchs.

Wissenswertes Die Käfer verbringen ihr Leben meist im Wasser, können aber auch fliegen und so neue Gewässer besiedeln. Zum Atmen müssen sie an die Wasseroberfläche und tauchen mit einem Luftvorrat unter ihren Flügeldecken wieder ab. Die Männchen tragen an ihren Vorderbeinen winzige Saugnäpfe, mit denen sie sich während der Paarung am Halsschild der Weibchen festheften. Die Eier werden vom Weibchen mit einem Legebohrer in frische Wasserpflanzen eingestochen. Die Käfer und auch die bis zu 8 cm langen Larven leben räuberisch von Krebsen, Insekten, Kaulquappen und kleinen Fischen.

2 **Maikäfer** Cockchafer *Melolontha melolontha* *(Scarabaeidae)*

L 20–30 mm

Merkmale Flügeldecken, Fühler und Beine meist rotbraun, Halsschild und Kopf schwarz; an den Seiten des Hinterleibes kleine, weiße Dreiecke; Fühler auffällig gefächert.

Vorkommen Britische Inseln; in Wäldern, Wiesen, Parkanlagen und Gärten.

Wissenswertes Die Käfer fressen Blätter von Eichen, Buchen, Ahorn, Kastanie u.a. Beim Massenauftreten können sie ganze Bäume kahl fressen. Nach der Paarung fliegen die Weibchen auf geeignete Wiesen, graben sich tief in den Boden ein und legen dort ihre Eier ab. Die im Boden lebenden Larven, die Engerlinge, können durch ihren Fraß an Wurzeln Pflanzen erheblich schädigen. Die Larven brauchen je nach Temperatur bis zu fünf Jahre für ihre Entwicklung. Ist sie abgeschlossen, formen sie sich eine kleine Höhle und häuten sich zur Puppe. Im Herbst schlüpft dann der fertige Käfer, überwintert im Boden und erscheint dann im Frühjahr, v.a. im Mai.

3 **Hirschkäfer** Stag Beetle *Lucanus cervus* *(Lucanidae)*

L Männchen 40–70 mm, Weibchen 30–45 mm

Merkmale Groß, kräftig, bräunlich; Männchen mit riesigen geweihähnlich geformten, rotbraunen Mandibeln.

Vorkommen Lokal verbreitet in England und Wales; v.a. in Eichenwäldern mit ausreichend Tot- und Altholzbeständen.

Wissenswertes Im Frühsommer werden die männlichen Hirschkäfer durch einen Sexuallockstoff der Weibchen angezogen; v.a. in den Abendstunden kann man dann mit etwas Glück die mächtigen Tiere mit lautem Brummen durch die Luft fliegen sehen. Werden mehrere Männchen von einem Weibchen angelockt , kommt es meist zum Kampf. Ziel eines Männchens ist es, den Rivalen mit dem „Geweih“ anzuheben und vom Ast zu werfen. Nach der Paarung legt das Weibchen die Eier in alte Bäume oder vermodernde Baumstümpfe. Darin entwickeln sich in fünf bis acht Jahren die Larven, sie fressen morsches Holz und erreichen schließlich eine Länge von bis zu 11 cm. Die erwachsenen Käfer nehmen zur Ernährung ausfließende Baumsäfte auf.

4 **Eichen-Heldbock** Great Capricorn Beetle (Oak Cerambyx) *Cerambyx cerdo* *(Cerambycidae)*

L 26–50 mm

Merkmale Großer, mächtiger Käfer; schwärzlich, am Hinterende rotbraun; kräftige Fühler, beim Männchen etwa doppelte Körperlänge, beim Weibchen körperlang.

Vorkommen Besiedelt in England Wälder und Parks mit alten Eichenbeständen.

Wissenswertes Eine der größten europäischen Käferarten. Die dämmerungs- und nachtaktiven Bockkäfer lecken den Baumsaft von Eichen, tagsüber verstecken sie sich unter lockerer Baumrinde oder im Falllaub. Auch die Larvenentwicklung ist auf Eichen angewiesen: Das Weibchen legt die Eier in der Baumrinde ab, die Larven fressen zunächst in den äußeren Bereichen des Stammes und stoßen in ihrer etwa fünfjährigen Entwicklung weit ins Innere vor. Am Ende sind sie bis zu 10 cm lang und fingerdick. Auffällige Spuren sind die großen Fraßgänge an alten Eichenstämmen.

1

2

3

4

1 Rote Waldameise Wood Ant *Formica rufa* *(Formicidae)*

L 6–11 mm

Merkmale Große Ameisenart, Kopf und Hinterkörper schwarz, Brust und Rücken rotbraun. Einige weitere ähnliche Arten.

Vorkommen In England, Wales und Schottland weit verbreitet; in Wäldern.

Wissenswertes Ameisen gehören zu den Staaten bildenden, sozialen Insekten. Ein Volk besteht aus mehreren Kasten, die sich sowohl in ihrem Äußeren als auch in ihren Aufgaben unterscheiden: Rein weiblich sind die Arbeiterinnen, deren Geschlechtsorgane in der Regel nicht funktionsfähig sind. Sie sind die zahlenmäßig stärkste Gruppe, sorgen für Nahrung, verteidigen den Staat und pflegen die Brut. Die größeren und langlebigeren Königinnen gründen neue Staaten und legen die Eier. Sie bilden Flügel aus, die erst nach der Begattung abbrechen. Auch die Männchen besitzen Flügel, aber nach erfolgreicher Kopulation mit einer Königin endet ihr kurzes Leben. Eindrucksvoll sind die oft riesigen, bis zu 1,5 m hohen Nester (Ameisenhaufen) der Roten Waldameisen, in denen 100 000 Tiere und mehr leben können. Sie bestehen meist aus Nadeln und kleinen Zweigen.

2 Gemeiner Bläuling (Hauhechelbläuling) Common Blue *Polyommatus icarus* *(Lycaenidae)*

Sp 25–30 mm

Merkmale Männchen oberseits blau mit feinem schwarzen Rand und weißem Fransensaum **(2a)**; Weibchen braun; Unterseite der Vorderflügel mit schwarzen Flecken nahe der Flügelwurzel **(2b)**.

Vorkommen England, Wales, Schottland; gehört zu den häufigsten Bläulingen, besiedelt fast alle Lebensräume, auch in Gärten und Parks.

Wissenswertes Bläulinge sind eine Familie relativ kleiner Tagfalter und besiedeln in großer Artenvielfalt die unterschiedlichsten Lebensräume. Während etliche Bläulingsarten aber nur jeweils in ganz speziellen Biotopen überleben können, ist der Gemeine Bläuling eine „Allerweltsart". Auch seine Raupen sind in der Wahl ihrer Fraßpflanzen relativ unspezialisiert und kommen an den verschiedensten Schmetterlingsblütlern vor.

3 Distelfalter Painted Lady *Vanessa cardui* (syn. *Cynthia cardui)* *(Nymphalidae)*

Sp 45–60 mm

Merkmale Flügeloberseiten rötlich mit schwarzer Zeichnung, Vorderflügelspitzen schwarz-weiß gefleckt; Unterseite des Hinterflügels weiß-braun marmoriert.

Vorkommen England, Wales, Schottland; Wald-, Wegränder, auf Wiesen, in Gärten und Parks, häufig an Stellen mit Disteln.

Wissenswertes Disteln sind für den Distelfalter von großer Bedeutung: Für die Falter sind sie eine ergiebige Nektarquelle, für die Raupen die wichtigste Nahrungspflanze. Distelfalter sind Wanderfalter: Sie können die relativ kalten Winter in Mitteleuropa nicht überstehen und wandern alljährlich im Frühjahr aus Nordafrika ein. Nun kommt es zwar zur Eiablage und zur Entwicklung der Raupen und Puppen bis zum Falter, überleben können aber nur diejenigen, die rechtzeitig nach Süden fliegen. Nah verwandt ist der **Admiral** *(Vanessa atalanta)*, der ebenfalls hier nicht überwintern kann und jedes Jahr neu einfliegt. Er ist braunschwarz, über die Vorder- und Hinterflügel verläuft ein rotes Band.

4 Kleines Nachtpfauenauge Emperor Moth *Saturnia pavonia* *(Saturniidae)*

Sp 40–60 mm

Merkmale Auf allen Flügeln ein deutlicher Augenfleck; Hinterflügel beim Weibchen grau, beim Männchen gelbbraun.

Vorkommen England, Wales, Schottland; Heidegebiete, lichte Kiefernwälder.

Wissenswertes Die weiblichen Falter haben eher fadenförmige Fühler, die der Männchen sind auffällig gefiedert: Mit ihnen können sie die von den Weibchen ausgesandten Sexuallockstoffe über etliche Kilometer wahrnehmen. Anfangs sind die Jungraupen schwarz, erreichen als ausgewachsene Raupen eine Länge von etwa 6 cm und sind dann mit schwarzen Querbändern leuchtend grün gefärbt. Im Spätsommer verpuppt sich die Raupe und überdauert so den Winter. Bereits im zeitigen Frühjahr schlüpfen die Falter.

1

2a

2b

3

4

1 **Bartflechte** Beard Moss *Usnea* spec. *(Lichenes)*

L bis zu 2 m, oft aber kürzer

Merkmale Hängt bartförmig an Rinde, Ästen, Holz und Gestein; von anderen bartförmigen Gattungen dadurch unterschieden, dass beim vorsichtigen Zerreißen eines Stückes ein zäher, weißer Strang sichtbar wird.

Vorkommen England, Wales, Schottland; Wälder mit hoher Luftfeuchtigkeit.

Wissenswertes Flechten bilden eine Lebensgemeinschaft aus Algen (Grün- oder Blaualgen) und Pilzen (meist Schlauchpilze). Die beiden Partner dieser Symbiose profitieren von der Zusammenarbeit: Die Pilze nutzen die von den Algen bei der Photosynthese produzierten Kohlenhydrate für ihre eigene Ernährung und bieten den empfindlichen Algen im Gegenzug als eine Art Rinde Schutz gegen Trockenheit, Hitze und zu intensives Licht. Gemeinsam besiedeln sie so extremste Lebensräume, in denen weder Pilz noch Alge auf sich alleine gestellt vorkommen könnten. Bartflechten sind sehr empfindlich gegenüber Luftverschmutzung, ihr Vorkommen gilt daher als Zeiger relativ guter Luft.

2 **Rentierflechte** Reindeer Moss *Cladonia stellaris* *(Lichenes)*

H bis 15 cm

Merkmale Strauchförmig, in dichten Teppichen; ohne Hauptstamm, Ästchen gleichmäßig in alle Richtungen verzweigt.

Vorkommen In Schottland Massenbestände, in England und Wales seltener.

Wissenswertes Die Flechten werden wirtschaftlich genutzt und beispielsweise zur Herstellung von Trockenkränzen geerntet. Im Gebiet kommen etliche weitere *Cladonia*-Arten vor, sie unterscheiden sich z.B. in der Ausrichtung der Ästchen und der Farbe.

3 **Torfmoos** Bog Moss *Sphagnum* spec. *(Sphagnaceae)*

H bis 25 cm

Merkmale Typische schopfige, köpfchenförmige Verzweigungen am oberen Stängelende und kleine, am Stängel herablaufende Seitenzweige; wurzellos, meist dichte Polster bildend.

Vorkommen England, Wales, Schottland; in Mooren, Sümpfen, auf nassen und sauren Waldböden und in feuchten Heiden.

Wissenswertes Torfmoose wachsen an ihrem oberen Ende ständig weiter, während sie unten absterben. Aufgrund der sauren, anaeroben (sauerstofffreien) Bedingungen im Untergrund und der damit zusammenhängenden ungenügenden Zersetzung durch Pilze und Bakterien kommt es zur Vertorfung der abgestorbenen Pflanzenteile. Torfmoose sind die entscheidende Voraussetzung für die Ausbildung von Hochmooren, u.a. aufgrund ihrer Fähigkeit, riesige Mengen von Wasser (je nach Art das 20–40fache des eigenen Gewichts) zu speichern. Die Sporen der Torfmoose befinden sich in kleinen, rundlichen Kapseln, die bei der Reife aufspringen und die Sporen bis zu 10 cm weit schleudern. Durch schlanke Sprosse im Kronenbereich vermehren sich die Torfmoose auch vegetativ, außerdem wachsen abgebrochene Seitenzweige zu neuen Pflanzen heran. Die einzelnen Arten der Gattung *Sphagnum* lassen sich nur mikroskopisch voneinander unterscheiden.

4 **Meeresstreifenfarn** Sea Spleenwort *Asplenium marinum* *(Polypodiaceae)*

Blätter 10–30 cm lang

Merkmale Mehrjährige Farnpflanze; Blätter in Rosetten, einfach gefiedert, glänzend grün und ziemlich derb.

Vorkommen England, Wales, Schottland; an Küstenfelsen über der Spritzwasserzone, im Einflussbereich des Salzwassers.

Wissenswertes Der Meeresstreifenfarn oder auch Klippen-Streifenfarn ist die einzige Farnart Europas, die an die Meeresküste gebunden ist. Auf Mauern und an trockenen Felsen des Binnenlandes ist der **Braunstielige Streifenfarn** *(Asplenium trichomanes)* verbreitet, er hat einen glänzend braunen Blattstiel. Streifenfarngewächse sind an den lang gestreckten, oft strichförmigen Sori (gehäufte Ansammlung der Sporen bildenden Sporangien auf den Blättern) zu erkennen, die stets längs der Blattseitennerven ausgebildet sind.

1

2

3

4

1 Gelbe Teichrose (Mummel) Yellow Water-lily *Nuphar lutea (Nymphaeaceae)*

H 0,5–2,5 m Juni–Sept.

Merkmale Blüten gelb, einzeln auf Stielen, meist etwas aus dem Wasser ragend, 3,5–6 cm groß; Schwimmblätter eiförmig, 10–30 cm lang, 8–20 cm breit.

Vorkommen Im ganzen Land; stehende und langsam fließende Gewässer.

Wissenswertes Teichrosen wurzeln im Gewässergrund mit einem 3–10 cm dicken Rhizom, aus dem salatblattähnliche Unterwasserblätter sowie die lang gestielten Schwimmblätter treiben. Mit der **Weißen Seerose** *(Nymphaea alba)* bildet die Teichrose oft größere Schwimmblattbestände. Die gelben Blüten der selteneren **Kleinen Teichrose** *(Nuphar pumila)* sind nur 2–3 cm groß. Die Pflanzen eines Teiches oder Sees zeigen eine von der Wassertiefe abhängige Zonierung: In den tieferen Bereichen wachsen v.a. Algen, es folgen in Richtung Ufer untergetaucht lebende Wasserpflanzen. Es schließt sich ein Gürtel aus Laichkraut an, Pflanzen mit untergetauchten Blättern und Schwimmblättern. An geschützten Stellen folgt die Zone der Schwimmblattpflanzen mit See- und Teichrose. Im flachen Wasser und Uferbereich finden wir den Röhrichtgürtel mit Teichbinse, Schilf, Rohrkolben und anderen Blütenpflanzen.

2 Gletscher-Hahnenfuß Glacier Buttercup *Ranunculus glacialis (Ranunculaceae)*

H 5–15 cm Juli–Aug.

Merkmale Blüten weiß oder rosa überzogen, 1,5–3 cm; fünf Blüten- und fünf Kelchblätter; Blätter dunkelgrün, fleischig, bis zum Grund dreiteilig, einzelne Blattabschnitte nochmals tief zwei- bis fünfteilig.

Vorkommen England, Wales, Schottland; in Hochlagen der Gebirge.

Wissenswertes Der Gletscher-Hahnenfuß gehört zu den Blütenpflanzen, die hervorragend mit den extremen Witterungsbedingungen der Gebirge sowie subarktischer Gegenden zurechtkommen. Er erträgt sehr lange Schneebedeckung und tiefste Temperaturen. Als Pionierpflanze besiedelt er oftmals als einer der ersten neu durch Erosion entstandene Felsschutt-Flächen. In den Alpen hält der Gletscher-Hahnenfuß mit einem Vorkommen auf 4270 m einen Höhenrekord.

3 Wasser-Hahnenfuß Common Water-crowfoot *Ranunculus aquatilis (Ranunculaceae)*

H 0,5–2 m Mai–Juli

Merkmale Wasserpflanze; die Blüten 1–5 cm über dem Wasser, weiß, 0,8–1,8 cm; Schwimmblätter tief dreiteilig; untergetauchte Blätter mehrfach fädig geteilt.

Vorkommen In tieferen Lagen Großbritanniens in stehenden oder langsam fließenden Gewässern bis zu einer Tiefe von 2 m.

Wissenswertes Der Wasser-Hahnenfuß ist ein Paradebeispiel für Heterophyllie, d.h., je nach Umweltbedingungen besitzen die Blätter dieser Art unterschiedliche Formen. Höhere Lagen und schneller fließende Gewässer besiedelt der **Flutende Hahnenfuß** *(Ranunculus fluitans)*. Seine bis zu 6 m langen Stängel fluten im Wasser, nur die weißen Blüten erheben sich über die Oberfläche. Dieser Art fehlen Schwimmblätter, die gleich gestalteten Blätter sind in fadenförmige Zipfel zerteilt.

4 Rundblättriger Sonnentau Round-leaved Sundew *Drosera rotundifolia (Droseraceae)*

H 5–25 cm Juni–Aug.

Merkmale Grundblätter rosettig, rundlich, oben mit langstieligen Drüsenhaaren; Blütenstiel blattlos, kleine weiße Blüten.

Vorkommen England, Wales, Schottland; in Hoch- und Flachmooren sowie anmoorige Bereichen in Dünen und Heiden.

Wissenswertes Die Sonnentau-Arten gehören zu den Insekten fressenden Pflanzen: Mit dem Sekret auf den Drüsenhaaren der Blätter („Tentakel") locken sie Insekten an, die daran festkleben und durch Verdauungsdrüsen zersetzt werden. Durch diese zusätzliche Ernährung (die Pflanze betreibt auch Photosynthese) wird der Stickstoffmangel im Lebensraum ausgeglichen. Der **Langblättrige Sonnentau** *(Drosera anglica)* hat spatelförmige 1–4 cm lange und 2–5 mm breite Blätter, der **Mittlere Sonnentau** *(Drosera intermedia)* nur 0,5–1 cm lange und 2–4 mm breite.

1

2

3

4

1 Rosenwurz Roseroot *Sedum rosea (Rhodiola rosea)* *(Crassulaceae)*

H 10–35 cm Mai–August

Merkmale Fleischig, graugrün, gelegentlich rötlich angehaucht; zahlreiche Blüten dicht gedrängt am Stängelende; Einzelblüte 4–6 mm, gelb, an der Spitze zuweilen rötlich, mitunter sogar fast gänzlich rot. Blätter wechselständig, dem Stängel ansitzend.

Vorkommen England, Wales, Schottland; zwischen Gestein und in beschatteten Felsspalten von der Küste bis in die Gebirge.

Wissenswertes Die Pflanzenfamilie der *Crassulaceae* (Dickblattgewächse) gehört zu den Blattsukkulenten, die in der Lage sind, größere Mengen an Wasser in ihren fleischig wirkenden Blättern zu speichern. So können sie auch extreme Lebensräume besiedeln. Häufig findet man die Rosenwurz an den Küstenfelsen, in denen auch riesige Vogelkolonien brüten. Hier profitiert die Pflanze von dem stickstoffhaltigen Kot der Seevögel. Der Name Rosenwurz leitet sich von den nach Rosen duftenden Wurzeln ab. Die Art wird auch gerne als Zierpflanze in Steingärten angepflanzt.

2 Scharfer Mauerpfeffer Biting Stonecrop *Sedum acre* *(Crassulaceae)*

H 3–15 cm Juni–Aug.

Merkmale Ein bis sieben sternförmige, gelbe Blüten in lockerem Blütenstand; fleischige, oben abgeflachte, unten gewölbte, stumpfe Blätter mit scharfem Geschmack; kissenartiger oder rasenförmiger Wuchs.

Vorkommen In ganz Großbritannien außer einigen nördlichen Gegenden Schottlands; Felsfluren, humusarme Sandböden.

Wissenswertes Das Wasserspeichergewebe in den Blättern des Mauerpfeffers ermöglicht die Besiedlung auch extrem trockener Standorte. Er ist eine alte Heilpflanze, die bei Wunden, Hämorrhoiden und Knochenbrüchen äußerlich eingesetzt wurde. Im Gebiet kommen u.a. auch der größere **Felsen-Mauerpfeffer** *(Sedum reflexum)* mit 15–20 Blüten am Stängelende und schmalen, 1–2 cm langen Blättern und der **Weiße Mauerpfeffer** *(Sedum album)* mit sechs bis neuen weißen Blüten und waagerecht abstehenden, fleischigen Blättern vor.

3 Gegenblättriger Steinbrech Purple Saxifrage *Saxifraga oppositifolia* *(Saxifragaceae)*

H 1–5 cm April–Juni

Merkmale Niedrige, dichtrasige Polsterpflanze. Nur eine dunkelrosa bis weinrote, 0,8–2 cm große Blüte am Stängelende; Blätter eiförmig, gegen die Spitze am breitesten, bläulich grün, 1–6 mm lang, oberseits mit ein bis fünf Gruben, am Grunde behaart.

Vorkommen Arktisch-alpine Zonen der Gebirge Nordschottlands; feuchte Böden in Felsspalten, steinigen Mulden.

Wissenswertes Sowohl der deutsche als auch der wissenschaftliche Gattungsname rühren von der Vorstellung her, die Pflanzen seien in der Lage, die Felsen, auf denen sie wachsen, zu zersprengen. Die Wuchsform als Polsterpflanze ist eine Anpassung an die extremen Bedingungen des Lebensraumes: Unter anderem schützt sie vor starkem Wind und ermöglicht den Halt auf rutschigem Felsschutt.

4 Fetthennen-Steinbrech Yellow Saxifrage *Saxifraga aizoides* *(Saxifragaceae)*

H 5–20 cm Juni–Sept.

Merkmale Lockerrasige oder Polster bildende Staude aus kriechenden Haupttrieben mit aufsteigenden, reich beblätterten Sprossen; pro Stängel vier bis zehn Blüten in lockeren Trauben, gelb oder orange, manchmal rot getupft. Blätter fleischig, 1–2,5 cm lang, schmal-lanzettlich.

Vorkommen In Großbritannien in gebirgigen Zonen sowie in Nordschottland; feuchte Felsspalten, Kiesbänke, Quellfluren.

Wissenswertes Der Artname „aizoides" leitet sich aus dem Griechischen ab und bedeutet „immer lebend": Dies bezieht sich auf die immergrünen Blätter. Ebenfalls feuchte Standorte der Gebirge besiedelt der **Stern-Steinbrech** *(Saxifraga stellaris)*. Seine gezähnten Blätter stehen in einer grundständigen Rosette, aus deren Mitte sich der Stängel mit 5–15 weißen Blüten erhebt. Seine Blütenblätter haben am Grund je zwei gelbe Punkte. Wo er vorkommt, bildet er meist dichte Rasen.

1

2

3

4

1 **Echtes Mädesüß** Meadowsweet *Filipendula ulmaria (Rosaceae)*

H 60–150 cm Juni–Aug.

Merkmale Zahlreiche gelblich weiße Blüten in dichtem Blütenstand, stark duftend; Einzelblüte 6–9 mm; Blätter lang, gestielt und zwei- bis fünffach gefiedert.

Vorkommen Ganz Großbritannien; Nasswiesen, Ufer von Fließgewässern und Gräben; Verlandungszonen.

Wissenswertes So genannte Mädesüß-Hochstaudenfluren stehen auf grundwassernahen, nährstoffreichen Böden, häufig als Übergangszone zwischen einem flussbegleitenden Auwald und einer feuchten Wiese. Regelmäßige Überflutungen verträgt die Pflanzengesellschaft nicht nur gut, sondern sie wird durch den Eintrag nährstoffreichen Schlammes sogar gefördert. Der Name Mädesüß bezieht sich darauf, dass man dem Honigwein „Met" früher Blüten dieser Pflanze zusetzte, um ihn zu süßen. Trockenrasen, trockene Gebüsche und Wälder besiedelt das **Kleine Mädesüß** *(Filipendula vulgaris)*. Es wird nur 30–80 cm hoch, die Einzelblüten sind mit 0,8–1,8 cm deutlich größer.

2 **Silberwurz** Mountain Avens *Dryas octopetala (Rosaceae)*

H 5–15 cm Juni–Aug.

Merkmale Kriechender Zwergstrauch mit bis zu 50 cm langen, verholzten, dem Boden eng anliegenden Trieben; Blüten einzeln, weiß, 2–4 cm groß; Blütenkrone meist achtblättrig; Blätter oben dunkelgrün, unten dicht weißfilzig behaart.

Vorkommen In Gebirgen bzw. im Norden Großbritanniens; felsige Standorte.

Wissenswertes Die Silberwurz ist die namensgebende Leitart der so genannten „Dryas-Flora", die sich neben dieser Art u.a. aus Zwergsträuchern wie der Zwergbirke und kriechenden Weiden zusammensetzt und als erste Pflanzengesellschaft die glazialen Ablagerungen nach Rückgang der Eiszeit besiedelte. Die Silberwurz gilt als sehr winterhart.

3 **Gänse-Fingerkraut** Silverweed *Potentilla anserina (Rosaceae)*

H 5–15 cm Mai–Aug.

Merkmale Stängel kriechend, bis zu 80 cm lang, bildet verwurzelte Tochterrosetten; Blüten goldgelb, 2–2,5 cm; Blätter unpaarig gefiedert, bis 15 cm, unten silbrig behaart.

Vorkommen England, Wales, Schottland; v.a. Wegränder, Ufer und andere vegetationsfreie Flächen.

Wissenswertes Da das Gänse-Fingerkraut salzverträglich ist, kommt es auch an den Küsten vor und wächst am Spülsaum, auf den Salzwiesen und in den Dünen. Es gilt als Heilpflanze und soll bei Magen-Darm-Problemen und Menstruationsbeschwerden Linderung schaffen. Frische, weich gekochte Blätter ergeben ein schmackhaftes Wildgemüse.

4 **Alpen-Frauenmantel** Alpine Lady's-mantle *Alchemilla alpina (Rosaceae)*

H 10–25 cm Juni–Aug.

Merkmale Blätter bis zum Grund fünf- bis siebenlappig geteilt, unten dicht silbergrau behaart; Blütenstand rispig; unscheinbare Einzelblüten, 3–4 mm; aus vier bis fünf gelbgrünen Kelchblättern.

Vorkommen Arktisch-alpine Verbreitung in den Gebirgen bzw. im Norden Großbritanniens; in der Zwergstrauchheide auf humusreichen, eher trockenen Böden.

Wissenswertes In den niedrigeren Lagen Großbritanniens weit verbreitet ist der **Gewöhnliche Frauenmantel** *(Alchemilla vulgaris)*, dessen Blätter höchstens bis zur Hälfte gelappt sind. Sowohl beim Alpen-Frauenmantel als auch beim Gewöhnlichen Frauenmantel spricht man jeweils von einer Sammelart. Mit diesem taxonomischen Begriff fasst man etliche „Kleinarten" zusammen, die sich äußerlich kaum unterscheiden. Der Grund für die Bildung so zahlreicher Kleinarten liegt bei den Frauenmantel-Arten in der apomiktischen Fortpflanzung: Bei dieser Form der ungeschlechtlichen Fortpflanzung entstehen die Samen direkt aus den diploiden Zellen der Mutterpflanze und nicht wie üblich durch Befruchtung je einer männlichen und weiblichen haploiden Zelle. Dadurch unterbleibt der Austausch von Erbgut und es entstehen relativ merkmalsstabile Kleinarten.

1

2

3

4

1 Moltebeere Cloudberry *Rubus chamaemorus* *(Rosaceae)*

H 8–25 cm Juni–Aug.

Merkmale Blüte weiß, 3 cm, einzeln am Zweigende; ein bis vier wechselständige, fünf- bis siebenfach gelappte Blätter; Frucht brombeerähnlich, zur Reife gelborange.

Vorkommen Im Norden Großbritanniens und in höheren Gebirgslagen.

Wissenswertes Die Früchte der Moltebeere schmecken nicht nur sehr gut, sondern stellen seit Urzeiten eine wichtige Quelle für das lebensnotwendige Vitamin C dar, zumal sie gerade an ihren meist extremen Standorten das einzige wild wachsende Obst sind.

2 Blut-Weiderich Purple Loosestrife *Lythrum salicaria* *(Lythraceae)*

H 50–130 cm Juni–Sept.

Merkmale Purpurrote Blüten quirlig in endständiger Ähre am Stängel und an den oberen Ästen; Stängel kantig, Blätter lanzettlich, gegenständig oder zu dritt in Quirlen.

Vorkommen England, Wales, Südschottland; auf nassen Böden.

Wissenswertes Bei Nektar suchenden Insekten ist der Blut-Weiderich sehr beliebt. Die etwas schleimigen Samen des Blut-Weiderichs kleben an den Schnäbeln verschiedener Wasservögel fest und werden auf diese Weise verbreitet. So werden neue Standorte schnell besiedelt.

3 Schmalblättriges Weidenröschen

Rosebay Willowherb *Epilobium angustifolium* *(Onagraceae)*

H 50–180 cm Juli–Sept.

Merkmale Blüten rot, in langen endständigen Trauben; Einzelblüte 2–3 cm; Griffel mit vier sternförmig ausgebreiteten Narben; Blätter wechselständig, lanzettlich, 5–15 cm lang und 1–2,5 cm breit.

Vorkommen Großbritannien; Waldränder, Ödland, lichte Nadelwälder, Gebüsche.

Wissenswertes Das Schmalblättrige Weidenröschen besiedelt künstlich entstandene Kahlschlagflächen in Forsten oder durch Windwurf entstandene Freiflächen im Naturwald. Nach zwei bis drei Jahren werden sie von Pioniergehölzen wie z.B. dem Schwarzen Holunder, Birken oder Weiden verdrängt. Das **Zottige Weidenröschen** *(Epilobium hirsutum)* besiedelt feuchtere Standorte an Ufern, Gräben und in lichten Auwäldern. Diese Staude ist zottig und drüsig behaart, die Blütenstände haben deutlich weniger Blüten.

4 Dornige Hauhechel Spiny Restharrow *Ononis spinosa* *(Fabaceae)*

H 20–60 cm Juni–Aug.

Merkmale Dornig, verholzte Stängelbasis; Blüten einzeln oder bis zu dritt an Kurztrieben in den Blattachseln; Blüten rosarot, 1–2 cm; Blätter dreiteilig, kahl, gezähnt; Stängel ab der Mitte zweireihig behaart, rötlich. Frucht aufgeblasene, drüsig behaarte Hülse.

Vorkommen Weite Teile Großbritanniens; nährstoffarme, kalkige, trockene Böden.

Wissenswertes Die Inhaltsstoffe der Dornigen Hauhechel gelten als zuverlässig harntreibend und werden bei rheumatischen Erkrankungen sowie Blasen- und Nierenleiden verwendet. Weit verbreitet in England, Wales und Südschottland ist auch die **Kriechende Hauhechel** *(Ononis repens)*. Diese Art ist stark zottig behaart, hat weniger Dornen und fast immer einzeln stehende Blüten.

5 Gewöhnliche Kreuzblume Common Milkwort *Polygala vulgaris* *(Polygalaceae)*

H 10–30 cm Mai–Aug.

Merkmale 5–30 blaue, selten weißliche Blüten; Blütenblätter verwachsen, vorn mit hellen Fransen; zwei Kelchblätter zu blütenblattartig zu „Flügeln" umgewandelt.

Vorkommen Ganz Großbritannien; Heide, Magerwiesen, Hügel, Gebüsche.

Wissenswertes Sowohl der wissenschaftliche Gattungsname (*Polygala*) als auch der englische (Milkwort) weisen auf den Aberglauben hin, Weidevieh, das von der Kreuzblume fresse, produziere viel Milch. Im Gebiet sind weitere, ähnliche Arten verbreitet.

1

2

3

4

5

1 **Schwedischer Hartriegel** Dwarf Cornel *Cornus suecica (Cornaceae)*

H 2–20 cm Juni–Aug.

Merkmale Dolde aus 8–25 winzigen Einzelblüten, umstanden von vier etwa 1 cm großen, weißlichen Hochblättern; Blätter eiförmig, gegenständig; Stängel vierkantig, aufrecht; rote Beeren als Früchte.

Vorkommen England, Wales, Schottland; Heide, Moore, lichte Gebüsche, Wälder.

Wissenswertes Die Zwergstrauchheiden des Nordens sind das Hauptverbreitungsgebiet des Schwedischen Hartriegels. Für sich genommen sind die Einzelblüten des Schwedischen Hartriegels sehr unscheinbar und für Insekten optisch von geringem Reiz. Gemeinsam aber in einer Dolde und mit Unterstützung der blumenblattartigen Hochblätter wirken sie wie eine große, äußerst attraktive Blüte und locken so potenzielle Bestäuber an. Bei den meisten Vertretern der Gattung Hartriegel handelt es sich um Büsche oder Bäume, der Schwedische Hartriegel bildet hier eine Ausnahme.

2 **Stranddistel** Sea-Holly *Eryngium maritimum (Apiaceae)*

H 20–60 cm Juni–Aug.

Merkmale Zahlreiche kleine, violette Einzelblüten in kugeligen, etwa 2 cm großen Köpfchen, umgeben von fünf bis acht dornigen, langen Hochblättern; derbe, weiß-bläulich bereifte Blätter, sehr dornig.

Vorkommen England, Wales und Südschottland; Sandküsten und Dünen.

Wissenswertes Die an den Küsten verbreitete Art erinnert wegen ihrer dornigen Blätter und Blütenhüllblätter an Disteln und trägt daher auch den Namen Stranddistel. Verwandtschaftlich gehört sie allerdings nicht wie die Disteln in die Familie der Korbblütler, sondern zu den Doldenblütlern. Das weit reichende Wurzelsystem der Stranddistel festigt den Sand, die derben Blätter verhindern eine zu starke Verdunstung, Übersandung kann sie durch schnelles Wachstum junger Sprosse begegnen und die distelartigen Blätter schützen sie vor Verbiss.

3 **Gemeiner Seidelbast (Kellerhals)** Mezereon *Daphne mezereum (Thymelaeaceae)*

H 40–120 cm Febr.–April

Merkmale Rosa, stark duftende Blüten, erscheinen vor den Blättern direkt am Stamm bzw. den Ästen; Blätter schmal-lanzettlich, an den Zweigenden gehäuft; beerenartige, rote Frucht.

Vorkommen England, Wales; in Laub- und Mischwäldern.

Wissenswertes Die Blüten des Seidelbastes sind fast vollständig reduziert. Es sind die Kelchblätter, die, kräftig rosarot gefärbt, das Anlocken der Insekten übernehmen. Alle Teile der Pflanze sind außerordentlich giftig. V.a. der Verzehr der Früchte kann für den Menschen tödlich sein, unbeschadet hingegen werden sie von Vögeln gefressen, die so die Samen verbreiten. Der Seidelbast gehört zu den ersten Frühjahrsblühern, der die besseren Lichtverhältnisse vor dem Laubaustrieb der Bäume nutzt. Der **Lorbeer-Seidelbast** *(Daphne laureola)* hat immergrüne, ledrige, lanzettliche Blätter. Er wächst nur sehr selten in einigen Laubwäldern Südenglands, sein Hauptverbreitungsgebiet liegt in Südeuropa.

4 **Gemeines Sonnenröschen** Common Rock-Rose *Helianthemum nummularium (Cistaceae)*

H 5–30 cm Juni–Sept.

Merkmale Niederliegender, am Grunde verzweigter und verholzter Stängel, Blüten 1,5–2,5 cm, gelb, in endständiger Traube; Blätter länglich oval, ledrig, Rand nach unten gerollt, unten graufilzig.

Vorkommen England, Wales; sonnige, trockene Standorte, kalkhaltiger Boden.

Wissenswertes Die Art wächst in Felsspalten und auf Trockenrasen. Ähnliche Standorte werden auch vom weißblütigen **Apenninen-Sonnenröschen** *(Helianthemum apenninum)* besiedelt. Das **Sandröschen** *(Tuberaria guttata)* wächst auf offenen Sandböden, in lichten Kiefernwäldern und in Heiden. Es ist einjährig, also nie verholzt. Der aufrechte Stängel, an dessen Ende 5–15 Blüten sitzen, entspringt einer Blattrosette. Die fünf gelben Blütenblätter haben am Grund meist einen schwarzbraunen Fleck.

1

2

3

4

1 Kleines Wintergrün Common Wintergreen *Pyrola minor (Pyrolaceae)*

H 10–20 cm Juni–Juli

Merkmale Immergrüne Staude, rundlich ovale Blätter in Rosette; 5–20 weiße oder blassrosa gefärbte Blüten in lockerer Traube, 5–9 mm im Durchmesser, kugelig-glockenförmig. Blütenstiele abwärts gebogen.

Vorkommen England, Wales, Schottland; in lichten Kiefern- und Laubwäldern, Mooren, Dünen, Heiden; saure Böden.

Wissenswertes Der deutsche Name Wintergrün erinnert daran, dass alle Vertreter dieser Gattung immergrüne Blätter haben. Im Gebiet gibt es weitere Wintergrün-Arten: Das **Mittlere Wintergrün** *(Pyrola media)* hat an der Spitze abstehende Kelchblätter, die die halbe Länge der Blütenblätter erreichen; der Griffel ragt im Gegensatz zum Kleinen Wintergrün aus der Blüte hervor. Die Blüten des **Rundblättrigen Wintergrüns** *(Pyrola rotundifolia)* sind weiter geöffnet und die Blätter rundlicher. Beim **Nickenden Wintergrün** *(Orthilia secunda)* stehen 8–30 weißliche Blüten in einer einseitswendigen Traube, die ebenfalls immergrünen Blätter sind nicht rosettig angeordnet, sondern stehen über das untere Drittel des Stängels verteilt.

2 Schottische Schlüsselblume (Primel) Scottish Primrose *Primula scotica (Primulaceae)*

H 5–10 cm Mai–Juni

Merkmale Pro Stängel ein bis sechs Blüten, purpurrot mit gelblicher Mitte; Stängel und Blätter (oben und unten!) mehlig weiß; Blätter elliptisch.

Vorkommen Schottland; auf feuchten Weiden in Meeresnähe, auf Küstenwiesen und in Dünenbereichen.

Wissenswertes Schottische Schlüsselblumen sind in Schottland endemisch, das heißt, sie kommt natürlicherweise nur dort vor. Rosa bis purpur gefärbt sind auch die Blüten der **Mehl-Primel** *(Primula farinosa)*. Bei dieser Art sind Stängel und Blattunterseiten mehlig weiß bestäubt, die Blattoberseiten kahl und dunkelgrün.

3 Europäischer Siebenstern Chickweed Wintergreen *Trientalis europaea (Primulaceae)*

H 7–20 cm Mai–Aug.

Merkmale Ein bis vier weiße, sternförmige Blüten einzeln auf bis zu 5 cm langen Stielen, Blütenkrone nur an der Basis verwachsen, meist in sieben (selten fünf bis neun) blütenblattähnliche Zipfel zerteilt. Am oberen Teil des Stängels fünf bis zwölf lanzettliche, nahezu quirlig stehende Blätter.

Vorkommen Großbritannien; lichte Fichten- und Kiefernwälder, Birkenmoore.

Wissenswertes Ansonsten in der Natur höchst ungewöhnlich ist die Siebenzahl vieler Organe bei dieser Art: Meist hat sie eine siebenteilige Blütenkrone, sieben Staubgefäße und eine mit sieben Zähnen aufspringende Kapsel, oft sogar noch einen siebenteiligen Kelch. Einst wurden dem Europäischen Siebenstern deshalb magische Kräfte zugesprochen. Man nannte die Art „Heil aller Welt“ und meinte, dieses Kraut sei gegen den Tod gewachsen. Die Pflanze bildet lange, unterirdische Ausläufer, aus denen neue Pflanzen entspringen. Die Verbreitung durch Samen spielt eine untergeordnete Rolle.

4 Sumpf-Wasserfeder Water Violet *Hottonia palustris (Primulaceae)*

H 20–90 cm Mai–Juli

Merkmale Wasserpflanze mit untergetauchten, bis zum Mittelnerv fiederteiligen Blättern; Blütenschaft blattlos, ragt 10–30 cm aufrecht aus dem Wasser, daran quirlig angeordnet zahlreiche weiße oder schwach rötliche, fünfzählige Blüten mit gelbem Schlund.

Vorkommen In England, Wales, Südschottland; in stehenden oder langsam fließenden Gewässern, auch in Moorseen, Torfstichen und Erlenbrüchen.

Wissenswertes Als einziges Primelgewächs besiedelt diese Art das Wasser. Der deutsche Name leitet sich von den federförmigen Unterwasserblättern ab. Aufgrund dieser Zerteilung kommt es zu einer erheblichen Oberflächenvergrößerung der Blätter, wodurch die Aufnahme von Nährsalzen und Kohlendioxid sowie die Abgabe von Sauerstoff erleichtert wird. Die Fruchtkapseln reifen unter der Wasseroberfläche, die Samen werden durch Wasservögel verschleppt.

1

2

3

4

1 Europäischer Meersenf Sea Rocket *Cakile maritima* *(Brassicaceae)*

H 10–45 cm Juni–Sept.

Merkmale Stängel liegend und leicht aufsteigend mit vielen Ästen; Blüten hellviolett bis weißlich, zu mehreren in gedrängten Trauben; Blätter fleischig, graugrün, kahl.

Vorkommen Sandküsten Großbritanniens; Spülsaum, Strand, Fuß der Weißdünen, bildet z.T. massenhafte Bestände.

Wissenswertes Gemeinsam mit wenigen anderen Arten bildet der Meersenf eine Pflanzengesellschaft im Bereich zwischen Hochwasserlinie und Vordüne und dringt damit am weitesten in Richtung Meer vor. Diese „Meersenf-Gesellschaft" ist kurzlebig und stirbt bereits nach der Fruchtreifung im Herbst ab. Die kräftigen Sturmfluten in den Wintermonaten, die die Strände komplett umwälzen und umlagern, würden den Pflanzen sowieso kein mehrjähriges Überleben ermöglichen. Die Samen aber werden von Wind und Meer verbreitet und können so auch an anderen Küstenabschnitten neue Spülsaumfluren entwickeln. Auch andere Vertreter aus der Familie der Kreuzblütler wachsen etwas weiter landeinwärts gelegen an Sandstränden und Felsküsten: Weißfilzig und am Grunde verholzt ist die rosa blühende **Strand-Levkoje** *(Matthiola sinuata)*. Der **Meerkohl** *(Crambe maritima)* hat große, blaugrün bereifte Blätter und weiße Blüten in einer doldig ausgebreiteten Rispe. Er wurde früher als Wildgemüse gegessen.

2 Arktisches Hornkraut Arctic Mouse-Ear *Cerastium arcticum* *(Caryophyllaceae)*

H 2–15 cm Juni–Aug.

Merkmale Ein bis drei weiße, 2–3 cm große Blüten, Kronblätter vorn eingekerbt. Pflanze mit kurzen, steifen, grauen Haaren; bildet unterirdische Ausläufer.

Vorkommen Arktisch-alpine Verbreitung in Großbritannien; auf Felsen und Schuttflächen.

Wissenswertes Ähnlich ist das **Alpen-Hornkraut** *(Cerastium alpinum)*, das ebenfalls in arktisch-alpinen Bereichen auf steinigen Rasen ganze Matten ausbildet. Diese Art ist graugrün behaart, die Härchen sind lang und weich. Die Behaarung dient beiden Arten als Verdunstungsschutz, der an ihren oft windexponierten Standorten dringend nötig ist.

3 Stengelloses Leimkraut Moss Campion *Silene acaulis* *(Caryophyllaceae)*

H 1–5 cm Juni–Sept.

Merkmale Blüten purpurrot, 8–15 mm, einzeln auf kurzen Stielen; bildet dichte, halbkugelige Polster; Blätter kahl, schmal-lanzettlich, etwa 5–10 mm lang und nur 1 mm breit.

Vorkommen England, Schottland mit arktisch-alpiner Verbreitung; in Felsspalten, auf steinigen Rasen, Felsen und Schutt.

Wissenswertes Blütenpflanzen können sich auf Felsen nur dort ansiedeln, wo sich in kleinen Mulden oder Ritzen geringfügige Mengen Boden befinden. Im Innern der dichten Polster des Stengellosen Leimkrauts kann sich Feinerde ansammeln, womit diese Art ihre Lebensbedingungen ganz entscheidend gegenüber Konkurrenten verbessert. Auf den ersten Blick kann das Stengellose Leimkraut mit dem **Roten Steinbrech** *(Saxifraga oppositifolia)* verwechselt werden. Der Steinbrech hat aber eiförmige Blätter.

4 Kuckucks-Lichtnelke Ragged Robin *Lychnis flos-cuculi* *(Caryophyllaceae)*

H 30–70 cm April–Juli

Merkmale Mehrere rosa Blüten in locker verzweigten Büscheln am Stängelende; fünf Kronblätter tief bis über die Mitte hinaus in je vier Zipfel zerschlitzt; Grundblätter rosettig, Stängelblätter gegenständig.

Vorkommen England, Wales, Schottland; feuchte Wiesen, Flachmoore, Ufer.

Wissenswertes Es gibt zwei Deutungen für den Hinweis auf den „Kuckuck" im deutschen und wissenschaftlichen Namen: Entweder soll er sich darauf beziehen, dass mit dem Aufblühen der Art auch der Kuckuck aus dem Winterquartier zurückkehrt. Eine andere Deutung bezieht sich auf so genannte Schaumnester, auch „Kuckucksspeichel" genannt, die man häufig an dieser Pflanze findet. Sie haben mit dem Kuckuck aber nichts zu tun, sondern stammen von Zikaden, die ihre Eier auf diese Art und Weise ablegen.

1

2

3

4

1 Gemeiner Queller Glasswort *Salicornia europaea* *(Chenopodiaceae)*

H 10–40 cm Aug.–Sept.

Merkmale Armleuchterartig verzweigte, dickfleischige, gegliederte, rundliche Stängel und Zweige; Blätter zurückgebildet, Blüten unscheinbar; grün, im Spätsommer und Herbst oft Umfärbung in intensives Rot.

Vorkommen Küsten Englands, Wales' und Südschottlands; v.a. Schlickwatt-Flächen; an Flachküsten häufig, oft bestandsbildend.

Wissenswertes Als *Salicornia europaea* wird eine Sammelart bezeichnet, die sich aus vielen, sehr schwer bestimmbaren Kleinarten zusammensetzt. Der Queller ist eine ausgesprochene Salzpflanze und erträgt sowohl Überflutung mit Meerwasser als auch extreme Trockenheit auf Salzwiesen. Seine Hauptwachstumszone am Meer liegt im Bereich von der Mittleren Hochwasserlinie bis etwa 40 cm unterhalb dieser. Zweimal am Tag wird dieser Lebensraum von der Flut überspült und zweimal fällt er bei Ebbe wieder trocken. Zwischen seinen Stängeln kann der Queller winzige Schlammpartikel und Sinkstoffe festhalten und trägt damit zur Erhöhung des Wattbodens und zur Landgewinnung bei. Die Pflanze ist reich an Mineralstoffen, soll blutreinigende Substanzen enthalten und wird auch als Wildgemüse oder Salat gegessen.

2 Strandflieder (Halligflieder) Common Sea-Lavender *Limonium vulgare* *(Plumbaginaceae)*

H 20–50 cm Juli–Sept.

Merkmale Mehrjährig, Stängel aufrecht, sparrig verzweigt; blauviolette, selten weißliche Blüten in einseitswendigen Ähren; Blätter grundständig, immergrün, ledrig, spatelförmig, 5–20 cm lang, 1,5–4 cm breit.

Vorkommen Küsten Großbritanniens; Salzwiesen, Schlickwatt; braucht zumindest zeitweise die Überflutung mit Meerwasser.

Wissenswertes Salzwiesen schließen landeinwärts an das Quellerwatt an und liegen infolge der Ablagerung von Sedimenten etwa 30–100 cm höher als die Mittlere Hochwasserlinie. Diese Zone wird nur bei Sturmfluten vierzig- bis siebzigmal im Jahr überschwemmt. Zur Blütezeit überzieht der Strandflieder ganze Salzwiesen wie mit einem lila Teppich. An den Küsten Großbritanniens leben zwei weitere Arten: Bei *Limonium bellidifolium* ist der Stängel zickzackförmig verzweigt. An windexponierten, von der Gischt erreichten Küstenfelsen und Klippen wächst der kleinere **Zweinervige Strandflieder** (*Limonium binervosum*) mit geflügeltem Stiel und 5 cm langen Blättern, die in einer grundständigen Rosette stehen.

3 Gewöhnliche Grasnelke Thrift *Armeria maritima* *(Plumbaginaceae)*

H 15–40 cm April–Sept.

Merkmale Ausdauernd; zahlreiche rosa Blüten in rundlichen Köpfen, von bleichen, trockenhäutigen Hüllblättern umgeben; Blätter grasartig, 1,5–3 mm breit; in grundständiger Rosette, mitunter Polster bildend.

Vorkommen An fast allen Küsten von England, Wales und Schottland; auf Salzwiesen, Graudünen, in meeresnahen Felsspalten.

Wissenswertes Es handelt sich bei der Gewöhnlichen Grasnelke um eine Sammelart, die sich aus etlichen Kleinarten zusammensetzt. Diese lassen sich morphologisch kaum unterscheiden, besiedeln aber unterschiedliche Lebensräume. Wir finden sie außer an den Küsten auf Sandflächen im Binnenland, im Gebirge und in trockenen Kiefernwäldern.

4 Fieberklee Bogbean *Menyanthes trifoliata* *(Menyanthaceae)*

H 15–30 cm Mai–Juli

Merkmale Ausdauernde Wasserpflanze, Stängel lang kriechend; Blüten in dichten Trauben, weiß oder rosa mit langen bärtigen Zipfeln an den Kronblättern; lang gestielte Blätter, kleeartig, über der Wasseroberfläche.

Vorkommen England, Wales, Schottland; Flach- und Hochmoore, Sümpfe, Gräben.

Wissenswertes Der Fieberklee ist ein typischer Vertreter sonniger Verlandungszonen nährstoffarmer Gewässer. Der Name geht auf den Glauben zurück, die Pflanze habe fiebersenkende Wirkung. Dies konnte zwar nicht nachgewiesen werden, ein Tee aus den Blättern soll aber appetitanregend sein und gegen Migräne und Gallenleiden helfen.

1
2
3
4

1 Lungen-Enzian Marsh Gentian *Gentiana pneumonanthe* *(Gentianaceae)*

H 15–45 cm Juli–Okt.

Merkmale Blüten tiefblau; 3–5 cm, glockenförmig, Kronblätter in der Mitte grünlich gestreift; Blätter lineal, ganzrandig.

Vorkommen Großbritannien, Moorwiesen, feuchte Heiden.

Wissenswertes Auf steinigen Rasen in den Gebirgen wächst der **Frühlings-Enzian** *(Gentiana verna)*. Er hat eine einzelne, azurblaue Blüte, wird nur 3–10 cm hoch und blüht von März bis Juni, oftmals bereits direkt nach der Schneeschmelze.

2 Schnee-Enzian Snow Gentian *Gentiana nivalis* *(Gentianaceae)*

H 3–15 cm Juni–Aug.

Merkmale Zierlich, klein, mit je einer leuchtend blauen Blüte am Ende des Stängels und der Seitenzweige; Kelch breit geflügelt; Blätter hellgrün, lanzettlich oder elliptisch.

Vorkommen Alpine Verbreitung in Schottland; besiedelt steinige Böden.

Wissenswertes Die meisten alpin verbreiteten Pflanzenarten sind mehr- oder zumindest zweijährig. Der einjährige Schnee-Enzian bildet hier eine Ausnahme und muss es während der kurzen Vegetationsperiode in den Bergen vom Keimblatt bis zur Samenreife schaffen.

3 Kleines Immergrün Lesser Periwinkle *Vinca minor* *(Apocynaceae)*

H 10–20 cm März–Juni

Merkmale Immergrün, mitunter am Grund verholzt; Stängel niederliegend, wurzelnd; Blüten blauviolett, 2,5–3 cm, fünf Kronblätter auffällig schief gestutzt; Bätter gegenständig, lederartig, 3–5 cm lang, bis 2 cm breit.

Vorkommen England, Wales, Südschottland; lichte Wälder, Gebüsche.

Wissenswertes Das Kleine Immergrün kommt nur sehr verstreut vor, bildet aber an seinen Standorten meist dichte Bestände. Ursprünglich im Mediterranen verbreitet, ist aus Gärten und Parkanlagen mitunter das **Große Immergrün** *(Vinca major)* verwildert. Es hat größere Blüten und Blätter.

4 Echter Baldrian (Arznei-Baldrian) Common Valerian *Valeriana officinalis* *(Valerianaceae)*

H 50–150 cm Juni–Aug.

Merkmale Kräftig; Stängel hohl, gefurcht, glänzend kahl; rosa bis weißliche Blüten in einem endständigen, schirmförmigen Blütenstand; grundständige Blattrosette, vier bis zwölf Blattpaare am Stängel, obere sitzend, untere gestielt, unpaarig gefiedert.

Vorkommen England, Wales, Schottland; an Bächen, Flüssen, in Feuchtgebieten.

Wissenswertes Echter Baldrian wächst häufig mit Blut-Weiderich und Echtem Mädesüß vergesellschaftet. Baldrian ist als Beruhigungsmittel bekannt: Sowohl Untersuchungen im Schlaflabor als auch klinische Studien bestätigen, dass Baldrian die Erregbarkeit des Nervensystems herabsetzt und so zur allgemeinen Beruhigung führt. Genutzt werden v.a. die Wurzeln. Sümpfe, Flachmoore, Gräben und Uferbereiche besiedelt auch der **Sumpf-Baldrian** *(Valeriana dioica)*. Er wird nur etwa 10–30 cm hoch, seine Grundblätter sind breit eiförmig und ganzrandig.

5 Roter Fingerhut Foxglove *Digitalis purpurea* *(Scrophulariaceae)*

H 50–150 cm Juni–Aug.

Merkmale Zahlreiche purpurrote, fingerhutförmige, hängende Blüten in langer, einseitswendiger Traube; unverzweigter Stängel, dicht abstehend behaart; Blätter unten graufilzig, die Grundblätter in einer Rosette, die Stängelblätter wechselständig.

Vorkommen England, Wales, Schottland; Kahlschläge, Lichtungen, Wegränder.

Wissenswertes Die einseitswendigen Blüten des Fingerhuts zeigen nach Süden oder aber in die Richtung, aus der am meisten Licht kommt. Der Fingerhut ist seit dem 5. Jh. als Arzneipflanze bekannt, heute gewinnt man aus ihm herzwirksame Digitalis-Glykoside für Medikamente. Zur Selbstmedikation ist der Fingerhut ungeeignet, da er sehr giftig ist und unangenehm bitter schmeckt.

1

2

3

4

5

1 Sumpf-Läusekraut Marsh Lousewort *Pedicularis palustris* *(Scrophulariaceae)*

H 10–60 cm Mai–Aug.

Merkmale Zahlreiche rosa Blüten in einer kopfigen Traube; Oberlippe der Blüte helmförmig, Unterlippe am Rand bewimpert; Stängel aufrecht, in der unteren Hälfte verzweigt; Blätter bis zur Mittelrippe fiederteilig.

Vorkommen Besiedelt in Großbritannien Flachmoore und Sumpfgebiete.

Wissenswertes Die Arten aus der Gattung der Läusekräuter sind so genannte Halbschmarotzer, die die Wurzeln anderer Pflanzen, insbesondere die von Gräsern, anzapfen, um Wasser und die darin gelösten Nährsalze aufzunehmen. Mit diesen Stoffen sind sie dann selbst in der Lage, in ihren grünen Blättern Photosynthese zu betreiben und die lebensnotwendigen Kohlenhydrate zu produzieren. Ebenfalls in Flachmooren kommt das rosa blühende **Wald-Läusekraut** *(Pedicularis sylvatica)* vor. Es bleibt mit 5–15 cm Höhe deutlich kleiner, seine Unterlippe ist kahl.

2 Schuppenwurz Toothwort *Lathraea squamaria* *(Scrophulariaceae)*

H 5–20 cm April–Mai

Merkmale Ohne Chlorophyll; Stängel und schuppenförmige Blätter weißlich bis rosa; 10–30 kurz gestielte, rosa Blüten in einseitswendiger, etwas überhängender Traube; Unterlippe meist heller als die Oberlippe; Kelch und Blütenstiele drüsig behaart.

Vorkommen England, Wales, Südschottland; Wälder, Gebüsche, Auwälder.

Wissenswertes Die Schuppenwurz ist ein Vollschmarotzer, sie besitzt kein Chlorophyll. Sie parasitiert v.a. auf den Wurzeln von Erle, Hasel und Pappel. Nur in der Nähe potenzieller Wirtspflanzen keimen die Samen der Schuppenwurz. Sie blüht erst mit etwa zehn Jahren und schiebt dann die Blütenstände an die Erdoberfläche. Die frühe Blühzeit der Schuppenwurz wird mit dem beginnenden Saftaufstieg in den Wirtsgehölzen in Zusammenhang gebracht. Um die Wasserleitungen der Bäume überhaupt anzapfen zu können, muss die Schuppenwurz eine Saugkraft aufbauen, die größer ist als die der Wirte. Dies geschieht durch spezielle drüsenartige Zellen, die an den Schuppen sitzen und aktiv Wasser ausscheiden können.

3 Gemeines Fettkraut Common Butterwort *Pinguicula vulgaris* *(Lentibulariaceae)*

H 5–20 cm Mai–Juli

Merkmale Ein bis sechs Blütenstiele pro Blattrosette mit jeweils einer Blüte; Blüten blauviolett mit dünnem, nach hinten gerichtetem Sporn, insgesamt 15–22 mm lang; Blätter oben klebrig, gelbgrün, ganzrandig.

Vorkommen England, Wales, Schottland; Sümpfe, Moore, feuchte Wiesen.

Wissenswertes Das Fettkraut gehört gemeinsam mit den Sonnentau- und Wasserschlauchgewächsen zu den wenigen Pflanzen Europas, die Tiere zur eigenen Ernährung fangen: Drüsen auf der Oberfläche der Blätter sondern einen klebrigen Schleim ab. Auf diesem bleiben kleine Insekten und Spinnen haften, deren Weichteile werden schließlich durch abgegebene Enzyme verdaut. Über spezielle Drüsenhaare mit perforierten Zellwänden erfolgt die Aufnahme der gespaltenen Eiweiße.

4 Gewöhnlicher Wasserschlauch Greater Bladderwort *Utricularia vulgaris* *(Lentibulariaceae)*

H 10–200 cm Juni–Aug.

Merkmale Untergetaucht lebende Wasserpflanze; 3–15 gelbe Blüten in einer Traube, die sich über die Wasseroberfläche erhebt. Blätter 2–8 cm lang, gefiedert, mit zahlreichen Fangblasen (Schläuchen).

Vorkommen Großbritannien; in Tümpeln, Teichen, Gräben, moorigen Gewässern.

Wissenswertes Auch der Wasserschlauch hat sich auf den Fang von Tieren spezialisiert, um so eine zusätzliche Nahrungsquelle zu nutzen: In den unter Wasser befindlichen Fangblasen herrscht ein Unterdruck. Berühren kleine Wassertiere bestimmte Borsten, öffnet sich die Blase blitzartig und die Beute wird ins Innere gesogen. Eine ventilartige Klappe schließt sich daraufhin wieder, das Opfer wird durch Verdauungssekrete aufgelöst und die Abbauprodukte von der Pflanze resorbiert.

1

2

3

4

1 Gewöhnlicher Thymian (Quendel) Breckland Thyme *Thymus serpyllum (Lamiaceae)*

H 5–25 cm Mai–Okt.

Merkmale Kriechend, Rasen bildend, stark aromatisch duftend, vierkantiger Stängel, der an der Basis verholzt sein kann; zahlreiche rosa bis violette Blüten an Stängel- und Zweigenden, Kronblätter 6–7 mm lang; Blätter lineal bis elliptisch, gegenständig.

Vorkommen England, Wales, Schottland; auf meist sandigen Böden, in Magerrasen, lichten, trockenen Wäldern, auf Felsen.

Wissenswertes Unter dem Namen *Thymus serpyllum* werden zahlreiche Kleinarten und Sippen zusammengefasst, die z.T. auch noch untereinander bastardisieren. Eine sichere Bestimmung ist daher meist nur Spezialisten möglich. Aufgrund der aromatischen Inhaltsstoffe werden Thymianblätter als Gewürz verwendet. In der Volksheilkunde wird die Art u.a. als Tee gegen Blasen- und Nierenerkrankungen verabreicht.

2 Wasserdost (Wasserhanf) Hemp Agrimony *Eupatorium cannabinum (Asteraceae)*

H 60–150 cm Juli–Sept.

Merkmale Behaarte Staude mit rötlich überlaufenem Stängel; Blüten röhrenförmig, rot, rosa oder weißlich, in doldenförmigem Gesamtblütenstand; Stängel dicht beblättert; Blätter handförmig drei- bis fünfteilig.

Vorkommen Ganz Großbritannien mit Ausnahme des hohen Nordens; an Ufern und Gräben, in feuchten Wäldern, auf Kahlschlägen und Waldlichtungen.

Wissenswertes Die Blüten des Wasserdostes sind für Insekten außerordentlich attraktiv und man kann fast ständig Tagfalter, Hummeln, Bienen und Schwebfliegen an den Blütenschirmen beobachten. Die Fruchtverbreitung erfolgt durch den Wind. Als Heilpflanze ist die Art unter dem volkstümlichen Namen „Kunigundenkraut“ bekannt. Die Heilwirkung wird auch heute noch bei der Herstellung von Medikamenten zur Linderung von Erkältungen und Rheumabeschwerden genutzt. Auch in der Homöopathie bedient man sich der Inhaltsstoffe des Wasserdostes und stellt daraus Mittel zur Stärkung der körpereigenen Abwehrkräfte her.

3 Strand-Kamille (Meer-Kamille) Sea Mayweed *Tripleurospermum maritimum (Asteraceae)*

H 10–50 cm Juni–Okt.

Merkmale Niederliegend, an den Enden aufsteigende Stängel; Blütenköpfe bis 5 cm, 20–30 weiße Zungenblüten umgeben innere, goldgelbe Röhrenblüten, die halbkugelförmig angeordnet sind. Blätter kahl, etwas fleischig, mehrfach fiederteilig, riechen beim Zerreiben nur schwach nach Kamille.

Vorkommen Großbritannien; Küsten, Strandwälle, Spülsäume, meeresnahe Felsen.

Wissenswertes Die an Wegrändern, auf Ödländern und Getreideäckern weit verbreitete und häufige **Geruchlose Kamille** *(Tripleurospermum inodorum)* hat keine fleischigen Blätter und einen eher aufrechten Wuchs. Von einigen Autoren werden die beiden Arten zu einer Sammelart zusammengefasst. Ähnlich ist die **Echte Kamille** *(Chamomilla recutita)*. Bei ihr ist der von den Röhrenblüten gebildete Köpfchenboden hohl, während er bei den beiden oben erwähnten *Tripleurospermum*-Arten mit Mark gefüllt ist. Außerdem ist die Echte Kamille an ihrem intensiven, aromatischen Geruch zu erkennen.

4 Gewöhnliche Kratzdistel Spear Thistle *Cirsium vulgare (Asteraceae)*

H 60–150 cm Juli–Okt.

Merkmale Blütenköpfe rot oder violett, 2–4 cm breit, 4–8 cm lang; Blätter tief fiederspaltig, Abschnitte stachelig gezähnt und in langen, dornigen Stachel auslaufend, stark stechend; Blätter unten graufilzig; Frucht länglich mit fedrigem Haarkelch (Pappus).

Vorkommen Ganz Großbritannien; Wege, Waldränder, Brachen und Ufer.

Wissenswertes Die Gewöhnliche Kratzdistel ist die Nationalpflanze Schottlands. Die Blüten der Distel werden hauptsächlich durch Käfer, Hummeln, Schmetterlinge und Schwebfliegen bestäubt. Der Pappus an den Früchten ermöglicht die Ausbreitung der Art durch den Wind. Das Vorkommen der Kratzdistel gilt als Zeiger für besonders stickstoffreiche Böden.

1

2

3

4

1 **Wollgras** Cottongras *Eriophorum spec.* *(Cyperaceae)*

H 20–60 cm März–Aug.

Merkmale Dicker, weißwolliger Blütenstand; einige ähnliche Arten, die sich im Vorkommen, in der Ausbildung von Ausläufern und der Anzahl der Ähren unterscheiden.

Vorkommen England, Wales, Schottland; Moore, Sumpfwiesen, Quellgebiete.

Wissenswertes Der namensgebende Wollschopf erscheint erst nach der Blütezeit und besteht aus weißen Härchen, die die Blüten umgeben. Die Haare dienen der Ausbreitung der Früchte. In Großbritannien kommen vier Wollgras-Arten vor; das **Schmalblättrige Wollgras** *(Eriophorum angustifolium)* sowie das **Scheiden-Wollgras** *(Eriophorum vaginatum)* sind besonders auffällig. Während das Schmalblättrige Wollgras drei bis fünf überhängende Ährchen pro Stängel hat, ein bis zwei auffällige Tragblätter besitzt und in lockeren Rasen wächst, hat das Scheiden-Wollgras nur ein aufrechtes Ährchen, keine Tragblätter und bildet dichte Horste. Abgestorbene Wollgräser gehören nach den Torfmoosen zu den wichtigsten Torfbildnern.

2 **Blaues Pfeifengras (Besenried)** Purple Moor-Grass *Molinia coerulea* *(Poaceae)*

H 20–200 cm Juli–Aug.

Merkmale Aufrechte, 10–40 cm lange Blütenrispe; große, dichte Horste, aus denen zahlreiche Halme straußartig hervorstehen. Halme steif und glatt, zwei bis drei dicht übereinander stehende Knoten am Grund, ansonsten knotenlos. Blattspreiten 10–45 cm lang, in eine dünne Spitze auslaufend.

Vorkommen England, Wales, Schottland; Sümpfe, Moore, feuchte Heiden, Dünentäler, feuchte Wegränder, Kahlschläge.

Wissenswertes Wo die Art vorkommt, tritt sie meist in großer Zahl auf und kann aufgrund ihrer Dominanz andere Blütenpflanzen verdrängen. V.a. im Herbst leuchten Pfeifengras-Bestände mit ihrer warmen, rötlich gelben Färbung weithin sichtbar. Der deutsche Name stammt aus den Zeiten, in denen die zähen, knotenlosen Halme zum Reinigen langer Pfeifen genutzt wurden. In Südengland und Wales kommt als weitere Art das **Rohrartige Pfeifengras** *(Molinia arundinacea)* vor. Es wächst ebenfalls in dichten Horsten, ist aber noch etwas höher und hat längere Rispen. Diese Art besiedelt lichte Laub- und Nadelwälder, Waldränder und steile Hänge.

3 **Strandroggen** Lyme-Grass *Leymus arenarius (Elymus arenarius)* *(Poaceae)*

H 50–120 cm Mai–Aug.

Merkmale Mehrjährig, blaugrün bis blaugrau, Stängel aufrecht, steif; Ähre aufrecht, 15–30 cm lang, ca. 2 cm dick; Ährchen sitzend, gewöhnlich in Paaren, abwechselnd auf den sich gegenüberliegenden Seiten der Ährenachse; Blätter flach ausgebreitet, ca. 10 mm breit, bei Trockenheit häufig eingerollt.

Vorkommen Küsten Großbritanniens, v.a. im Osten und Norden.

Wissenswertes Wie der Strandhafer ist der Strandroggen ein wichtiger Sandfestiger, der mit seinen Rhizomen Küstendünen zusammenhält. Da die Wurzelstöcke sehr schnell wachsen, können solche Strandgräser sich wechselnder Sandüberdeckung anpassen und so diesen Lebensraum besiedeln. Da sie zudem salztolerant sind, werden sie auch auf Küsten- und Wanderdünen angepflanzt, um Erosionen vorzubeugen.

4 **Strandhafer** Marram *Ammophila arenaria* *(Poaceae)*

H 50–120 cm Juni–Aug.

Merkmale Ausdauernd, blaugrün; in dichten Horsten; Rispe 10–20 cm, aufrecht; Blattspreiten zusammengerollt, scharf zugespitzt, 1–3 mm im Durchmesser, ausgebreitet 5–6 mm breit; Blatthäutchen schmal, 1,5–3 cm.

Vorkommen Küsten Großbritanniens, Sanddünen, Spülsandflächen größerer Flüsse in Küstennähe, selten im Binnenland.

Wissenswertes Der Strandhafer gilt als noch übersandungsfester als der Strandroggen und wurde daher in großem Umfang angepflanzt. Auf einigen britischen Sanddünen hat man aus den gleichen Gründen die nordamerikanische Art *Ammophila breviligulata* gepflanzt. Diese Art unterscheidet sich von der heimischen u.a. durch die kurzen, stumpfen Blatthäutchen.

1

2

3

4

1 Schwanenblume Flowering Rush *Butomus umbellatus (Butomaceae)*

H 50–180 cm Juni–Sept.

Merkmale Blütenstand doldig, Blüten 2–3 cm, sechs rosa Blütenhüllblätter, die drei äußeren außen oft grünlich; Stängel rund, Blätter grundständig und grasartig.

Vorkommen England, Wales und Südschottland; in Röhrichten stehender Gewässer, Teichen und Gräben, im Süden häufiger.

Wissenswertes Die wunderschöne Schwanenblume bevorzugt nährstoffreiche Schlammböden und braucht für ihr Gedeihen warme, sonnige Standorte. Als Flachwasserpflanze bildet sie mitunter größere Bestände im Verlandungsbereich der Uferzone. Die Schwanenblume, auch Wasserliesch genannt, wird gerne als Zierpflanze in Gartenteichen gezogen. Die fleischigen Rhizome sind essbar und werden mancherorts als stärkereiches Nahrungsmittel genutzt.

2 Herbst-Zeitlose Meadow Saffron *Colchicum autumnale (Liliaceae)*

H 5–25 cm Aug.–Okt.

Merkmale Krokusähnliche Blüten, hellrosa bis violett, zur Blütezeit im Herbst blattlos; Früchte und die 2–4 cm breiten und bis zu 50 cm langen Blätter erscheinen im Frühjahr.

Vorkommen England, Wales, Schottland, im Süden häufiger; feuchte Wiesen, lichte Erlen- und Auwälder.

Wissenswertes Die Herbst-Zeitlose ist wegen des Inhaltsstoffes Colchicin in allen Pflanzenteilen sehr giftig. V.a. in den Samen sind hohe Konzentrationen dieses Alkaloids enthalten und es heißt, dass eine Dosis von 5 g Samen für Erwachsene und von 1–1,5 g für Kinder tödlich ist. In der Homöopathie wird die Art zur Heilung von Gicht, Rheuma sowie Magen- und Darmkrankheiten verwendet.

3 Wald-Gelbstern (Gemeiner Goldstern) Yellow Star-of-Bethlehem *Gagea lutea (Liliaceae)*

H 10–25 cm März–Mai

Merkmale Ein bis sieben gelbe lang gestielte Blüten, im Durchmesser ca. 2–3 cm. Blütenstängel kürzer als das eine grundständige, 7–12 mm breite Blatt, das an der Spitze in einer Art Kapuze ausgezogen ist.

Vorkommen England, Wales, Schottland; Frühjahrsblüher in lichten, feuchten Laubwäldern, Auwäldern, Gebüschen.

Wissenswertes Der Wald-Gelbstern blüht, solange der Waldboden noch relativ sonnenbeschienen ist. Wenn die Blätter an den Bäumen erscheinen, ist die Blütezeit der Frühjahrsblüher bereits beendet. Viele Arten wie z.B. der Wald-Gelbstern haben bis dahin Reservestoffe in ihren Zwiebeln gespeichert, um sich bis zum nächsten Frühling zurückzuziehen. Selten ist in Wales der **Felsen-Gelbstern** *(Gagea bohemica)*: Er braucht relativ warme, trockene und kalkarme Böden. Diese Art hat zwei fast fadenförmige Grundblätter, Stängel und Blütenstiele sind behaart.

4 Beinbrech (Ährenlilie) Bog Asphodel *Narthecium ossifragum (Liliaceae)*

H 10–35 cm Juli–Aug.

Merkmale Blüten gelb, locker in 5–8 cm langen, endständigen Trauben; Staubfäden wollig behaart, Staubbeutel leuchtend rot; grundständige, schwertförmige Blätter.

Vorkommen Großbritannien, v.a. im Norden; Moor, Heide; auf extrem stickstoffarmen Böden; braucht hohe Luftfeuchtigkeit.

Wissenswertes Der Beinbrech gilt wie auch die Glockenheide oder der Stechginster als typischer Vertreter des atlantischen Florengebietes: Dieses ist gekennzeichnet durch relativ milde Winter und eher kühle Sommer, Fröste sind selten und nie streng, es gibt reichlich Niederschläge und hohe Luftfeuchtigkeit. Der Grund für dieses ausgeglichene Klima ist der Golfstrom, der die Küsten West- und Nordeuropas mit warmem Wasser umspült. Da sich Wasser langsamer als die Landluft erwärmt oder abkühlt, bringt der Golfstrom im Sommer Kühlung, im Winter dagegen Wärme. Die Deutung des deutschen als auch des wissenschaftlichen („ossifragum", d.h. Knochenbruch) Artnamens ist nicht geklärt: Möglicherweise diente die Pflanze als Heilmittel bei Knochenbrüchen. Es heißt aber auch, dass die Pflanze die Knochen von Weidevieh brüchig mache, wenn dieses davon frisst.

1

2

3

4

1 Gemeines Hasenglöckchen Bluebell *Hyacinthoides non-scripta (Liliaceae)*

H 20–40 cm April–Juni

Merkmale 15–30 blaue, glockenförmige Blüten an einer lockeren, einseitswendigen und an der Spitze überhängenden Traube; Blätter lineal, gekielt, grundständig, an der Spitze kapuzenförmig ausgezogen.

Vorkommen England, Wales, Schottland; Wälder, Gebüsche, Gebirge, Klippen.

Wissenswertes Zur Blütezeit überzieht das Hasenglöckchen große Flächen wie ein azurblauer Teppich. Die Art wird gerne auch als Zierpflanze in Gärten gehalten.

2 Vielblütige Weißwurz (Salomonsiegel) Solomon's-Seal *Polygonatum multiflorum (Liliaceae)*

H 30–60 cm Mai–Juni

Merkmale Blätter elliptisch, gegenständig; runder Stängel; zwei bis fünf Blüten einseitswendig büschelig in den Blattachsen, Blütenblätter weiß, zu einer länglichen Glocke mit grünlichen Zipfeln verwachsen. Staubfäden behaart; Frucht: dunkelblaue Beere.

Vorkommen England, Wales, Schottland; feuchte Laub- und Mischwälder.

Wissenswertes Beim Salomonsiegel tritt jedes Jahr die Endknospe des waagerecht im Boden kriechenden Erdsprosses an die Oberfläche, während eine Seitenknospe das weiße Rhizom (Weißwurz!) im Boden weiterführt. Darauf ist der deutsche Name Salomonsiegel zurückzuführen: Auf dem Rhizom bleiben von den alten Trieben Narben zurück, die in ihrer Form an den Siegelring des Königs Salomon erinnern sollen. Trockene Gebüsche, Wälder und Wiesen besiedelt die **Wohlriechende Weißwurz** *(Polygonatum odoratum)* mit einzelnen, selten zu zweit stehenden Blüten, kantigem Stängel und kahlen Staubfäden. Bei der **Quirlblättrigen Weißwurz** *(Polygonatum verticillatum)* stehen die lanzettlichen Blätter in drei- bis achtzähligen Quirlen.

3 Vierblättrige Einbeere Herb Paris *Paris quadrifolia (Liliaceae)*

H 10–30 cm Mai–Juni

Merkmale Einzelne, endständige, grüne Blüte, 2–4 cm, Staubblätter herausragend; Frucht schwarze oder blauschwarze, etwa erbsengroße Beere. Meist vier (nur selten drei bis acht) quirlständige, elliptische Blätter.

Vorkommen England, Wales, Schottland; lichte Wälder, Auwälder.

Wissenswertes Die Beeren dieser Art sind für Menschen giftig, nicht jedoch für Vögel, die sie gerne fressen und so die Samen verbreiten. In der Volksheilkunde wurden früher Blätter und Beeren genutzt, der Einbeere wurden starke magische Kräfte zugeschrieben. Heute finden Extrakte aus der Pflanze Verwendung in der Homöopathie.

4 Gelbe Narzisse Wild Daffodill *Narcissus pseudonarcissus (Amaryllidaceae)*

H 20–40 cm Febr.–Mai

Merkmale Blüten blassgelb, nickend auf blattlosem Stängel; Nebenkrone glockenförmig, vier bis sechs graugrüne Laubblätter.

Vorkommen England, Wales; feuchte Böden auf Wiesen und in lichten Wäldern.

Wissenswertes Die Gelbe Narzisse ist die Wildform der als Gartenpflanzen so beliebten und bekannten „Osterglocken". Hummeln bestäuben diese Art, indem sie in die glockenförmige Nebenkrone, auch als „Trompete" bezeichnet, kriechen.

5 Sumpf-Schwertlilie (Gelbe Schwertlilie) Yellow Iris *Iris pseudacorus (Iridaceae)*

H 50–150 cm Mai–Juli

Merkmale Blüten leuchtend gelb, drei äußere Blütenhüllblätter, breit, oval, an der Basis dunkel geädert, nach außen gespreitzt, drei innere, 1–3 cm lange, aufrechte Blütenhüllblätter; Blätter schwertförmig, ca. 1 m lang.

Vorkommen England, Wales, Schottland; Sumpf, Ufer, Verlandungsbereiche.

Wissenswertes Aus den Blüten entwickeln sich lang gestreckte, schotenartige Früchte, in denen die Samen wie in einer Geldrolle angeordnet sind. Diese Samen schwimmen auf der Wasseroberfläche und sichern somit die Verbreitung der Art. Unterirdisch hat die Sumpf-Schwertlilie ein kräftiges Speicherrhizom.

1

2

3

4

5

1 Gefleckter Aronstab Lords-and-Ladies *Arum maculatum (Araceae)*

H 15–40 cm April–Mai

Merkmale Tütenförmiges, hellgrünes Hochblatt, umschließt einen braun-violetten, keulenförmigen Kolben; pfeilförmige, grundständige, oftmals gefleckte Blätter; im Herbst leuchtend rote Beeren.

Vorkommen England, Wales und Südschottland; Wälder, Auwälder, Gebüsche.

Wissenswertes Der Aronstab hat ein ausgeklügeltes Prinzip zur Blütenbestäubung, die „Kesselfalle“: Vom Aasgeruch des Kolbens angelockt, rutschen kleine Fliegen und Mücken entlang des glatten Hochblattes ins Innere, wo sich zuckerhaltiges Wasser befindet, vom dem sich die gefangenen Tiere ernähren können. Unten im Kessel sind die weiblichen Blüten, darüber die männlichen und darüber ein Borstensaum, der ein Herausklettern der Insekten verhindert. In den folgenden Stunden pudern die männlichen Blüten das Insekt mit ihrem Pollen ein. Schließlich beginnen die Borsten zu welken und die pollenbeladenen Tiere können ihr „Gefängnis“ verlassen und die weiblichen Blüten einer anderen Pflanze bestäuben. Die Früchte des Aronstabs sind giftig.

2 Breitblättrige Stendelwurz Broad-leaved Helleborine *Epipactis helleborine (Orchidaceae)*

H 30–80 cm Juli–Sept.

Merkmale 20–80 Blüten in langer Ähre, grünlich, meist rötlich oder violett getönt, ohne Sporn; Blätter breit eiförmig, 10–15 cm lang und 5–10 cm breit.

Vorkommen England, Wales, Schottland; Wälder, Gebüsche, Bergwiesen.

Wissenswertes Auf Feuchtwiesen, in Flachmooren und feuchten Dünentälern wächst die **Sumpf-Stendelwurz** oder **Echte Sumpfwurz** *(Epipactis palustris)*. In ihrer fast einseitswendigen Ähre stehen 8–20 Blüten, die äußeren Blütenblätter sind purpurbraun, die inneren rötlich und weiß. Die Laubblätter dieser Art sind länglich-lanzettlich. Die Blüten der Stendelwurz werden hauptsächlich von Bienen und Wespen bestäubt.

3 Großes Zweiblatt Common Twayblade *Listera ovata (Orchidaceae)*

H 20–60 cm Mai–Juli

Merkmale Blüten grünlich gelb und ohne Sporn, Ähre aus 20–80 Blüten; unten am Stängel zwei eiförmige, gegenständige Blätter, 5–19 cm lang und bis 8 cm breit.

Vorkommen England, Wales, Schottland; in Wäldern, Gebüschen, auf Wiesen, Magerrasen und in Flachmooren.

Wissenswertes Die Blüten des Großen Zweiblatts werden zumeist von Hautflüglern und Käfern bestäubt. In feuchten Nadelwäldern und Mooren wächst das **Kleine Zweiblatt** oder **Herz-Zweiblatt** *(Listera cordata)*. Es wird nur 5–20 cm hoch und die maximal 3 cm langen Blätter sind herzförmig.

4 Vogel-Nestwurz Bird's-nest Orchid *Neottia nidus-avis (Orchidaceae)*

H 20–45 cm Mai–Juli

Merkmale Ohne grüne Blätter, 20–60 bräunliche Blüten als Ähre an braunem Stängel; vier bis sechs farblose Schuppenblätter.

Vorkommen England, Wales, Südschottland; Laub- und lichte Nadelwälder.

Wissenswertes Im Stängel der Pflanze lassen sich Spuren des zur Photosynthese nötigen Chlorophylls nachweisen, jedoch längst nicht in einer Menge, die zur Selbsternährung der Pflanze vonnöten wäre. Man hat herausgefunden, dass die Nestwurz auf einem Wurzelpilz parasitiert, der sich seinerseits der organischen Bestandteile verrottender Blätter und Äste am Waldboden bedient. Der Name dieser Orchidee bezieht sich auf ihre nestartig verflochtenen Wurzeln. In ihrem äußeren Erscheinungsbild ähnelt die Vogel-Nestwurz den **Sommerwurz**-Arten (*Orobanche* spec.). Dabei handelt es sich um eine Pflanzenfamilie, deren Vertreter kein Chlorophyll besitzen und die als so genannte Vollschmarotzer auf den Wurzeln jeweils ganz spezifischer Wirte parasitieren. Auf den Wurzeln von Besenginster und Stechginster beispielsweise parasitiert in England, Wales und Südschottland die **Ginster-Sommerwurz** *(Orobanche rapum-genistae)*.

1

2

3

4

1 Geflecktes Knabenkraut Heath Spotted-Orchid *Dactylorhiza maculata (Orchidaceae)*

H 20–60 cm Juni–Aug.

Merkmale Stängel markig mit fünf bis zehn dunkel gefleckten Blättern; Blütenstand dicht, 20–70 Blüten, purpur bis weiß.

Vorkommen In England, Wales, Südschottland; lichte Wälder, Bergwiesen, Heide.

Wissenswertes Wegen den hodenförmigen Wurzelknollen galt das Knabenkraut bei einigen Völkern als aphrodisisches Mittel. In Schottland, Nordengland und Wales wächst das **Purpurblättrige Knabenkraut** *(Dactylorhiza purpurella)*. Es wird 10–30 cm hoch und hat einen hohlen Stängel mit vier bis acht lanzettlichen, meist ungefleckten Blättern. Die purpurroten Blüten sitzen in einem dichten, 7 cm langen Blütenstand.

2 Spinnen-Ragwurz Early Spider-Orchid *Ophrys sphegodes (Orchidaceae)*

H 10–40 cm April–Juni

Merkmale Zwei bis acht Blüten in lockerer Ähre; rotbraune Lippe ungeteilt, mit bläulicher, meist „H"-förmiger Zeichnung; innere und äußere Blütenblätter grünlich.

Vorkommen Südengland; lichte Wälder, Trockenrasen; auf kalkhaltigen Böden.

Wissenswertes Die Blüten der Orchideen der Gattung Ragwurz *(Ophrys)* erzeugen Duftstoffe, die den Sexuallockstoffen bestimmter weiblicher Bienen und Wespen ähneln: So locken sie die Männchen an. Die Lippe ist so gezeichnet und gebaut, dass sie das Männchen zur Kopulation mit dem vermeintlichen Weibchen veranlasst. Dabei wird Pflanzenpollen auf das Insekt übertragen, das so die nächste Blüte bestäubt. Bestimmte *Ophrys*-Arten „täuschen" nur bestimmte Insektenarten. Die Spinnen-Ragwurz lockt Männchen der Erdbienen-Gattung *Andrena* an.

3 Bienen-Ragwurz Bee Orchid *Ophrys apifera (Orchidaceae)*

H 15–50 cm Mai–Juli

Merkmale Zwei bis acht Blüten; Lippe rotbraun mit gelblichem Muster, zwei wulstige, stark behaarte, bienenähnliche Seitenlappen; äußere Blütenblätter meist rötlich.

Vorkommen Südengland; kalkreiche Laub- und Mischwälder, Trockenrasen.

Wissenswertes Die Bienen-Ragwurz ist darauf spezialisiert, Hornbienen anzulocken. Wo diese fehlen, kommt es zur Selbstbestäubung. Ebenfalls in Südengland kommt die **Hummel-Ragwurz** *(Ophrys holoserica)* vor, deren Lippe einer pelzigen Hummel ähnelt.

4 Großes Knabenkraut Early-purple Orchid *Orchis mascula (Orchidaceae)*

H 20–50 cm Mai–Juni

Merkmale 15–30 Blüten in lockerer Ähre, Blüten rosa bis rot, Lippe dreilappig, zwei helmförmige Blütenblätter, drei aufrechte und seitlich abstehende; langer Sporn; Blätter meist gefleckt, rosettig; Stängel oft violett überlaufen, mit zwei bis drei Blättern.

Vorkommen Südschottland, England, Wales; Wald, Heide, Moore, Magerwiesen.

Wissenswertes Bei Orchideen ist die Entwicklung aus den Samen meist nur möglich, wenn Pilze die Keimlinge infizieren und mit ihnen eine Mycorrhiza (Symbiose zwischen Wurzel und Pilz) bilden. Das **Kleine Knabenkraut** *(Orchis morio)* ist nur 10–30 cm hoch. Die äußeren Blütenblätter sind violett mit einer auffälligen grünen Äderung. Die Blätter dieser Art sind ungefleckt.

5 Pyramidenorchis (Hundswurz) Pyramidal Orchid *Anacamptis pyramidalis (Orchidaceae)*

H 15–60 cm Mai–Juli

Merkmale 30–50 Blüten erst in pyramidenförmiger, später in walzenförmiger Ähre; Blüten rosa bis rot; Lippe tief dreilappig, Sporn dünn, abwärts gebogen, ca. 1 cm lang.

Vorkommen In England, Wales Südschottland; Wälder, Magerrasen, Gebüsche.

Wissenswertes Diese Orchidee wird von tagaktiven Schmetterlingen bestäubt, die vom Nektar angelockt werden. Einzelne Individuen können recht unterschiedlich aussehen, da Größe, Form des Blütenstandes, Spornlänge und Blütenfarbe erheblich variieren.

1

2

3

4

5

1 Schottische Wald-Kiefer Scots Pine (Highland Pine) *Pinus sylvestris* var. *scotica* *(Pinaceae)*

H bis 40 m Mai

Merkmale Nadeln steif, 2,5–4 cm, zugespitzt, grau- oder blaugrün, zu zweit in einer Scheide; Zapfen 3–4 cm, deutlich gestielt; rostrote, schuppige Rinde an den Zweigen.

Vorkommen Isoliert vom Hauptverbreitungsgebiet, diese Rasse kommt nur in Schottland vor; in nur noch inselartigen Restbeständen auf Sandböden, Mooren.

Wissenswertes Die Schottische Wald-Kiefer wird von den Engländern „Scots" oder „Highland Pine" genannt. Sie unterscheidet sich von der in Europa weit verbreiteten Wald-Kiefer u.a. durch deutlich kleinere Nadeln und Zapfen. Einst Wald bildend, dominierte sie auf den nährstoffarmen Böden Schottlands, wurde aber wegen des hohen Holzbedarfs im 18. und 19. Jh. gerodet. Verbiss durch Schafe und Rotwild an den Jungpflanzen verhinderten eine Neubesiedlung, schließlich kam es zur vom Menschen verursachten Umwandlung von Wald in riesige Heideflächen.

2 Gemeiner Wacholder Common Juniper *Juniperus communis* *(Cupressaceae)*

H bis 12m April–Juni

Merkmale Aufrecht, oft säulenförmig, tief angesetzte Krone; Nadeln 1–2 cm lang, zu drei in Quirlen, steif, stachelig, oben mit hellem Mittelstreif; Blüten zweihäusig; Früchte beerenförmig, 6–10 mm, reif violett.

Vorkommen England, Wales, Schottland; in Heiden, lichten Nadelwäldern, auf Magerwiesen und an Felshängen.

Wissenswertes Der Gemeine Wacholder kommt in Großbritannien in zwei Unterarten vor: Der **Heide-Wacholder** *(Juniperus communis* ssp. *communis)* prägt die Heiden in den südlicheren Gebieten durch seinen säulenförmigen Wuchs. Arktisch-alpine Bereiche werden vom niederliegenden **Zwerg-Wacholder** *(J. communis* ssp. *alpina* oder *nana)* besiedelt, der mit einer Höhe von 30–50 cm dichte Bestände bildet und oft mit Krähenbeeren und Bärentrauben vergesellschaftet ist. Vögel fressen die Wacholderbeeren und verbreiten durch das Ausscheiden der unverdaulichen Samen die Art. Die Früchte finden als Gewürz und Heilmittel Verwendung.

3 Netz-Weide Net-leaved Willow *Salix reticulata* *(Salicaceae)*

H 5–30 cm Juni–Aug.

Merkmale Bodenbedeckend; junge Zweige gelbbraun, ältere dunkelbraun; Blätter rundlich, 3–4 cm, unten dicht weißgrau behaart; starkes Blattadernetz (Name!).

Vorkommen Schottland; in Hochlagen der Gebirge, v.a. in Schneetälchen, auf Felsen.

Wissenswertes Die Netz-Weide gehört zu den „Spaliersträuchern", deren Hauptäste und Nebenzweige dem Untergrund dicht angeschmiegt sind. Einen höheren Wuchs erlaubt der extreme Standort nicht – Wind und lang andauernde, schwere Schneedecken würden zum Abbrechen der Zweige führen. Im Schottischen Hochland wächst auch die ähnliche **Kraut-Weide** *(Salix herbacea)*. Ihre Blätter sind grün glänzend und kahl. Die Kraut-Weide wird nur wenige Zentimeter hoch und wurde von Linné als „kleinster Baum der Erde" bezeichnet. Ihre fingerdicken Stämmchen stecken tief im Boden, die Äste kriechen knapp unter der Oberfläche und nur die rundlichen Blätter und die Blütenstände ragen aus dem Boden hervor.

4 Kriech-Weide (Moor-Weide) Creeping Willow *Salix repens* *(Salicaceae)*

H 30–100 cm April–Mai

Merkmale Niedrig, reich verzweigt, Äste kriechen unterirdisch, dünne Zweige steif und bogig über dem Boden aufsteigend; Blätter lanzettlich, 1–4 cm lang, 0,5–2 cm breit, unten behaart.

Vorkommen Großbritannien; Moore, Heiden, nasse Magerwiesen und Dünenbereiche.

Wissenswertes Bei der Kriech-Weide ist die Problematik der Artabgrenzung besonders deutlich: Zum einen ist sie in Wuchsform sowie Blattgröße und -form sehr vielgestaltig. Zum anderen kreuzt sie sich mit anderen Weidenarten, und diese Bastarde sind extrem schwer zu bestimmen. Da die Kriech-Weide Übersandung verträgt, wird sie gelegentlich zur Dünenbefestigung angepflanzt.

1

2

3

4

1 Moor-Birke Downy Birch *Betula pubescens (Betulaceae)*

H bis 25m April–Mai

Merkmale Äste aufsteigend bis waagerecht; junge Zweige behaart; Blätter einfach gesägt, in der Mitte am breitesten, kurze Spitze; männliche und weibliche Blüten getrennt an langen Kätzchen.

Vorkommen Ganz Großbritannien; Moore, nasse Heiden und Bruchwälder.

Wissenswertes Ähnlich ist die **Hänge-Birke** *(Betula pendula)*. Sie hat meist überhängende Zweige, junge Triebe sind mit warzigen Harzdrüsen besetzt. Ihre Blätter sind scharf doppelt gesägt, kahl, in der unteren Hälfte der Spreite am breitesten und haben eine längere Spitze. Hänge-Birke und Moor-Birke bilden leicht Bastarde. An Hochmoorrändern, in Übergangsmooren und auf anderen nassen, nährstoffarmen Böden kommt es zur Ausbildung von Birkenbruchwäldern, in denen die beiden Birkenarten bestandsbildend sind.

2 Zwergbirke Dwarf Birch *Betula nana (Betulaceae)*

H 10–100 cm April–Mai

Merkmale Klein, reich verzweigt, kriechend oder sich nur wenig erhebend; Äste knorrig; Blätter rundlich, 4–12 mm lang, 5–15 mm breit, sehr kurz gestielt, tief gekerbter Rand.

Vorkommen Schottland; nasse, saure Böden, Hochmoore, Moorwiesen, Torfbrüche.

Wissenswertes Im Herbst leuchtet das Laub der Zwergbirke weithin orangerot. Nicht täuschen lassen darf man sich über das Alter einer Zwergbirke: Aufgrund ihrer extrem langsamen Wüchsigkeit kann ein 50 cm hoher Strauch mit einer Stammstärke von gerade mal 5 cm durchaus 90 Jahre und älter sein.

3 Schwarz-Erle Alder *Alnus glutinosa (Betulaceae)*

H bis 25m März–April

Merkmale Mittelhoch; Blätter wechselständig, 2–3 cm lang gestielt, eiförmig, oben dunkelgrün, unten heller; Blüten erscheinen vor Laubaustrieb, männliche Kätzchen zu zwei bis fünf endständig, weibliche reifen zu charakteristischen, verholzten Zapfen heran, die das ganze Jahr am Baum sind.

Vorkommen Ganz Großbritannien; an Bächen, Flüssen, Seen, in Au- und Bruchwäldern oft bestandsbildend.

Wissenswertes Wie kaum eine andere Baumart Europas verträgt die Schwarz-Erle Bodennässe und ist deshalb eine Charakterart der Auwälder. Schwarz-Erlen leben in Symbiose mit einem **Strahlenpilz** *(Frankia alni)*, der an den Wurzeln kleine Knöllchen bildet und Stickstoff aus der Luft binden und für den Baum nutzbar machen kann. Schwarz-Erlen zeichnen sich durch ein besonders hohes Stockausschlag-Vermögen aus: Wird der Stamm einer Erle gefällt, wachsen daraufhin gleich mehrere neue aus dem gemeinsamen Wurzelstock. Diese Fähigkeit kommt den Bäumen auch zugute, wenn reißende Wassermassen in Flüssen, Treibholz, Geröll oder schwerer Eisgang die Stämme abreißen oder zumindest stark verletzen.

4 Gagelstrauch Bog-Myrtle *Myrica gale (Myricaceae)*

H 50–150 cm April–Mai

Merkmale Stark verzweigt, duftend, aufrecht; Blüten erscheinen vor dem Laubaustrieb, sitzen getrenntgeschlechtlich auf aufrecht stehenden Kätzchen. Blätter wechselständig, ledrig, 2–5 cm lang und 1–2 cm breit, oben dunkelgrün, unten heller.

Vorkommen England, Wales, Schottland; in Heidemooren, auf moorigen Waldwiesen, in feuchten Kiefernwäldern.

Wissenswertes Durch seinen starken Duft fällt der Gagelstrauch schon von weitem auf. In einigen Regionen setzte man früher die würzigen Extrakte anstelle von Hopfen dem Bier zu und erhöhte auf diese Weise gleichzeitig die berauschende Wirkung. Die reifen Früchte besitzen luftgefüllte Gewebe, mit denen sie schwimmen und auf diese Weise vom Wasser verbreitet werden können. Der Gagelstrauch gehört zu den zweihäusigen Pflanzen: Bei dieser Gruppe gibt es weibliche Exemplare, die nur weibliche Blüten tragen, und männliche Exemplare, die nur männliche Blüten besitzen.

1

2

3

4

1 **Alpenazalee (Alpenheide)** Trailing Azalea *Loiseleuria procumbens* *(Ericaceae)*

H 1–10 cm Juni–Juli

Merkmale Niederliegend, z.T. alte, knorrige Äste; Blüten 5–6 mm, tiefrosa, am Grund verwachsen, zu zwei bis fünf in endständigen Blütenständen; Blätter klein, 4–7 mm lang, 2 mm breit, derb, immergrün.

Vorkommen Schottland; in überwiegend arktisch-alpinen Gebieten.

Wissenswertes Die Art wächst v.a. an windexponierten Stellen, was zwei extreme Bedingungen mit sich bringt: Zum einen bläst der Wind im Winter den schützenden Schnee weg und es wird dadurch empfindlich kalt, zum anderen wird die Pflanze durch den ständigen Wind ausgetrocknet. Die auch Gämsheide genannte Alpenazalee ist daran perfekt angepasst: Die Sprosse sind dem Erdboden dicht angeschmiegt und bieten dem Wind kaum Angriffsfläche. Ihre kleinen Blätter erzeugen nach oben einen dicht schließenden Schutzmantel, unter dem ein Mikroklima entsteht: Wasserdampf und Wärme werden zurückgehalten und erhalten selbst bei starkem Wind eine Luftfeuchtigkeit von bis zu 80 Prozent. Eine leichte Schneebedeckung ist nötig, damit die Blätter den Winter grün überstehen, sind sie direkt dem Frost ausgesetzt, verfärben sie sich rotbraun.

2 **Alpen-Bärentraube** Alpine Bearberry *Arctostaphylos alpinus* *(Ericaceae)*

H 10–30 cm Mai–Juni

Merkmale Niederliegend, sparrig verzweigt; zwei bis fünf Blüten in Trauben an den Zweigenden, glockenförmig, grün-weißlich; Blätter sommergrün, nicht ledrig, 3–4 cm lang, ca. 1 cm breit, gezähnt; Frucht eine saftige, rote, zur Reife blauschwarze Beere.

Vorkommen In arktisch-alpinen Regionen; schattige, feuchte Bereiche in lichten Wäldern und Zwergstrauchbeständen.

Wissenswertes Beeindruckend schön ist die strahlend rote Herbstverfärbung der Blätter. Die ledrigen Blätter der **Immergrünen** oder **Echten Bärentraube** *(Arctostaphylos uva-ursi)* sind im Sommer und Winter grün, ganzrandig, 2–3 cm lang und 0,7–1,5 cm breit. Ihre Früchte sind zur Reife rot und mehlig. Die Immergrüne Bärentraube besiedelt relativ trockene, lichte Wälder und ist in höheren Lagen Bestandteil der Zwergstrauchheiden.

3 **Preiselbeere** Cowberry *Vaccinium vitis-idaea* *(Ericaceae)*

H 10–25 cm Mai–Aug.

Merkmale Niedrig; zwei bis zehn weiß-rötliche, glockenförmige Blüten in hängenden Trauben am Ende der Zweige; Blätter immergrün, lederartig, am Rand leicht eingerollt, eiförmig, oben dunkelgrün glänzend; Frucht eine leuchtend rote Beere.

Vorkommen England, Wales, Schottland; in lichten Wäldern, Zwergstrauchbeständen sowie Heide- und Moorgebieten.

Wissenswertes Die leuchtend roten Beeren locken zur Reife verschiedene Vogel- und Säugetierarten an. Durch das Ausscheiden der in den Früchten verborgenen Samen tragen diese zur Verbreitung der Art bei. Die leicht säuerlich und herb schmeckenden Früchte sind ein geschätztes Wildobst, reich an Vitamin C sowie Provitamin A. Als Kompott bzw. Marmelade sind sie z.B. an Wildbraten eine köstliche und beliebte Beilage.

4 **Blaubeere (Heidelbeere)** Bilberry *Vaccinium myrtillus* *(Ericaceae)*

H 10–50 cm Juni–Aug.

Merkmale Niedrig, reich verzweigt, mit kantigen Zweigen; Blüten einzeln in den Achseln der oberen Blätter, grünlich und oft rötlich überlaufen, glockenförmig, hängend; hellgrüne Blätter fein gezähnt, sommergrün; Früchte dunkelblau, bereift, mit rotem Saft.

Vorkommen England, Wales, Schottland; sandige, saure Böden in lichten Wäldern, Heiden, Mooren, Zwergstrauchbeständen.

Wissenswertes Die Früchte der Heidelbeere sind sehr vitaminreich und ausgesprochen schmackhaft. Sie können sowohl frisch gepflückt als auch zu Marmelade verarbeitet gegessen werden. Ihre getrockneten Früchte sollen bei Durchfall helfen und gegen verschiedene Ausschläge wirken. Auch bei Wildtieren des Waldes sind die Beeren beliebt, sie werden sogar von Füchsen und Mardern gefressen.

1
2
3
4

1 Gewöhnliche Rauschbeere Bog Bilberry *Vaccinium uliginosum (Ericaceae)*

H 20–80 cm Mai–Juni

Merkmale Niedrig, reich verzweigt, rundliche Zweige (vgl. Blaubeere); zwei bis drei weißliche oder rosa Blüten in den Achseln der oberen Blätter, glockenförmig; Blätter dunkelgrün, 2–3 cm lang, 1–1,5 cm breit; Frucht dunkelblaue Beere, bereift, helles Fleisch und heller Saft (vgl. Blaubeere!).

Vorkommen England, Wales, Schottland; Torfböden in Wald- und Hochmooren.

Wissenswertes Der Verzehr der Beeren, die an Blaubeeren erinnern, soll einen rauschartigen Zustand bewirken. Ebenfalls in Mooren wächst die **Gewöhnliche Moosbeere** *(Vaccinium oxycoccos)*: Ihre dunkelgrünen Blätter sind immergrün, derb-ledrig und nur 0,6–1 cm lang und 3–5 mm breit. Die reifen Beeren sind rot und wirken im Vergleich zu Zweigen und Blättern unverhältnismäßig groß.

2 Besenheide (Heidekraut) Heather *Calluna vulgaris (Ericaceae)*

H 20–80 cm Juli–Sept.

Merkmale Zwergstrauch mit niederliegenden Stämmchen und besenartig aufsteigenden Zweigen; hellrosa bis violette Blüten, in endständiger, 5–15 cm langer Traube; Blätter klein, schuppenartig, immergrün in vier Längszeilen dachziegelartig angeordnet.

Vorkommen Großbritannien; Heide, trockene Flächen in Mooren und Wäldern.

Wissenswertes Massenvorkommen der Besenheide prägen die Landschaft v.a. zur Blüte im Spätsommer: Damit ist die Besenheide die Charakterpflanze der Heidegebiete, etwa ein Viertel der Fläche Schottlands ist von Heidekraut bewachsen. In der Volksheilkunde spielt sie eine Rolle bei der Behandlung von Rheuma und Gicht sowie als harntreibendes Mittel mit blutreinigender Wirkung.

3 Glockenheide Cross-leaved Heather *Erica tetralix (Ericaceae)*

H 15–45 cm Juni–Sept.

Merkmale Verzweigt, niedrig, immergrün, 5–15 rote Blüten in kopfigen Trauben am Ende der Zweige, krugförmig, ca. 7 mm; Blätter 3–5 mm, nadelförmig, sich nicht dachziegelartig überdeckend (vgl. Besenheide), zu viert quirlständig (vgl. Grauheide).

Vorkommen England, Wales, Schottland; auf sauren Böden in Mooren, Heiden, moorigen Kiefernwäldern, v.a. in Küstennähe.

Wissenswertes Oft kommt die Glockenheide gemeinsam mit der Besenheide vor, bevorzugt aber feuchtere Standorte. Sie wird daher auch als Sumpfheide bezeichnet.

4 Grauheide (Graue Glockenheide) Bell Heather *Erica cinerea (Ericaceae)*

H 15–60 cm Juni–Sept.

Merkmale Verzweigt, niedrig, immergrün; 5–20 Blüten in endständiger Traube, rot bis violett, glockenförmig; Blätter 5–7 mm lang, nadelförmig, zu dritt in einem Quirl.

Vorkommen England, Wales, Schottland; Heide, Moore, lichte Wälder, felsige Orte.

Wissenswertes Auf küstennahen Heiden überzieht die Grauheide zur Blütezeit die Landschaft mit einem rot-violetten Teppich.

5 Schwarze Krähenbeere Crowberry *Empetrum nigrum (Empetraceae)*

H 15–50 cm April–Juni

Merkmale Niederliegend, häufig teppichartiges Polster bildend; junge Triebe rötlich; Blüten unscheinbar, blassrot, getrenntgeschlechtig; Blätter immergrün, nadelförmig, 5 mm lang, dunkelgrün; beerenartige, zunächst grüne, dann rote und zur Reife glänzend schwarze Steinfrucht, 5 mm groß.

Vorkommen England, Wales, Schottland; in Mooren, Dünen, Heiden.

Wissenswertes Der deutsche Name kommt von der Vorliebe von Krähenvögeln für die Beeren. Auch für den Menschen sind die Früchte ungiftig, schmecken jedoch recht bitter. Eine Unterart der Schwarzen Krähenbeere ist die **Zwittrige Krähenbeere** *(Empetrum nigrum* ssp. *hermaphroditum)*. Sie hat überwiegend zwittrige Blüten, ihre jungen Triebe sind grün. Der Wuchs dieser etwas kräftigeren Unterart ist mehr aufrecht.

1

2

3

4

5

1 Schlehe (Schwarzdorn) Sloe-tree Blackthorn *Prunus spinosa* *(Rosaceae)*

H 1–3 m März–April

Merkmale Dornig, sparrig, reich verzweigt, fast schwarze Rinde; blüht vor dem Laubaustrieb, Blüten weiß, 1–1,5 cm, fünf Blütenblätter; Blätter dunkelgrün, kahl, 3–4 cm lang und etwa halb so breit; reife Früchte schwarzblau, kugelig, sauer schmeckend.

Vorkommen England, Wales, Schottland; Waldränder, Gebüsche, Hecken, lichte Wälder und Trockenrasen.

Wissenswertes Die Schlehe war im keltischen Irland und Schottland heilig und wurde zur Abwehr böser Geister gepflanzt. Aus dieser Zeit stammen die uralten Schlehenbäume, die man auch heute noch vielfach vor alten Häusern oder verfallenen Ruinen findet. Schlehen können sich durch Kriechwurzeln und Wurzelsprosse rasch und großflächig ausbreiten. Für die Tierwelt sind die auch Hecken bildenden Schlehen von großer Bedeutung: Vögeln bieten sie in ihrem dichten, dornigen Gezweig sichere Nistplätze, Bienen und anderen Insekten liefern sie bereits im zeitigen Frühjahr reichlich Nahrung und die Früchte werden gerne von Vögeln gefressen. Bereits in der Jungsteinzeit vor ca. 5000 Jahren wurden die Früchte gesammelt. Sie enthalten viel Vitamin C und sind erst nach den ersten Frösten zur Herstellung von Marmeladen, Säften oder Likör zu verwenden.

2 Vogelbeere (Eberesche) Rowan *Sorbus aucuparia* *(Rosaceae)*

H 3–15 m Mai–Juni

Merkmale Baum mit schlankem Stamm und rundlicher, lockerer Krone, oft auch strauchförmigem Wuchs; zahlreiche gelblich weiße Blüten in flachen Rispen; Blätter unpaarig gefiedert, 11–15 Fiederblättchen, unterseits filzig; reife Früchte leuchtend rot.

Vorkommen Großbritannien; weit verbreitet; Wälder, Hecken, Gebüsche, Parks.

Wissenswertes Vogelbeeren sind v.a. bei Drosseln und Staren sehr beliebt; der Vorteil für die Eberesche liegt in der Verbreitung der ausgeschiedenen Samen. Roh verzehrt sind die Früchte für Menschen schwach giftig, gekocht lassen sie sich zu einer vitaminreichen Marmelade verarbeiten. In England und Wales wächst an warmen, relativ trockenen Standorten die **Elsbeere** *(Sorbus torminalis)*. Sie hat einfache, nicht gefiederte Blätter, die in sechs bis zehn Lappen geteilt sind. Die hellbraunen, eiförmigen Früchte sind 10–18 mm lang und durch helle Warzen punktiert.

3 Europäischer Stechginster Gorse *Ulex europaeus* *(Fabaceae)*

H 0,5–2 m April–Juli

Merkmale Äußerst dornig, immergrün, reich verzweigt; Blätter zu 5–10 mm langen Dornen umgewandelt, in deren Achseln befinden sich weitere, 15–25 mm lange Dornen; Blüten goldgelb, zu ein bis dreien in den Achseln der Dornen, 15–20 mm lang.

Vorkommen Ganz Großbritannien außer nördliches Schottland; in Heiden.

Wissenswertes Der Stechginster ist eine Charakterart der atlantisch beeinflussten Heidegebiete und wächst dort oft gemeinsam mit Grauheide, Besenginster und Adlerfarn. Seine starke Bedornung schützt ihn vor Verbiss. In England kommt der ähnliche **Zwerg-Stechginster** *(Ulex minor)* vor: Er wird 20–70 cm hoch, seine ebenfalls gelben Blüten sind nur etwa 6–9 mm lang.

4 Englischer Ginster Petty Whin *Genista anglica* *(Fabaceae)*

H 10–60 cm April–Juli

Merkmale Dornig, niederliegend oder aufsteigend, sparrig, dicht verzweigt; junge Zweige kantig, kahl; drei bis zehn gelbe Blüten in kurzen Trauben; Dornen 1–2,5 cm lang; Blätter wechselständig, lanzettlich, kahl.

Vorkommen England, Wales, Südschottland; v.a. Heidegebiete, aber auch lichte Wälder, Waldränder und Gebüsche.

Wissenswertes Eine Symbiose mit Knöllchenbakterien erlaubt es dem Englischen Ginster, sogar extrem nährstoffarme Böden zu besiedeln. Vergesellschaftet ist er auf Heideflächen häufig mit Glockenheide, Grauheide und **Behaartem Ginster** *(Genista piosa)*. Der Behaarte Ginster ist dornenlos, die Blattunterseiten und jungen Zweige sind dicht anliegend behaart.

1

2

3

4

1 Stechpalme Holly *Ilex aquifolium (Aquifoliaceae)*

H bis 15 m Mai–Juni

Merkmale Immergrüner, aufrechter Strauch oder bis 15 m hoher Baum, Blätter 3–8 cm lang und 2–4 cm breit, derb-ledrig, häufig mit welligem stacheligen Rand; Blüten weiß, ca. 5 mm im Durchmesser. Früchte rot, kugelig, ca. 7 mm im Durchmesser.

Vorkommen Ganz Großbritannien; Wälder, Gebüsche, Waldränder, Gärten, Parks.

Wissenswertes In lichten Wäldern bilden Stechpalmen meist einen strauchigen Unterwuchs, bei ausreichend Freiraum wachsen sie baumförmig. Dort, wo früher das Vieh zur Weide in die Wälder getrieben wurde, den so genannten Hudewäldern, sind es v.a. die stachelbewehrten Straucharten wie die Stechpalmen, die sich gegen den Verbiss durch das Vieh behaupten konnten und seither Großteile des Unterwuchses bilden. Besonders eindrucksvoll ist dieses Phänomen in weiten Teilen des New Forest in Südengland. Stechpalmen wachsen nur sehr langsam, können aber mehrere hundert Jahre alt werden.Die knallroten Früchte locken Vögel an, die nach deren Verzehr die Samen verbreiten.

2 Mistel Mistletoe *Viscum album (Loranthaceae)*

D 0,5–1 m März–Mai

Merkmale Kugelig, immergrün; Sprosse gelblich grün, gabelig verzweigt; Blätter ledrig, gelbgrün, 2–8 cm lang und 0,8–1,5 cm breit; zweihäusig, Blüten unscheinbar; Frucht erbsengroß, weiß-gelblich, reift im Winter.

Vorkommen England, Wales; auf verschiedenen Laubgehölzen, v.a. Pappeln, Weiden, Apfelbäumen und Linden.

Wissenswertes Misteln senden Senker in die Rinde ihrer Wirtsbäume, zapfen dort Leitbündel an und entziehen ihnen Wasser und die gelösten Nährsalze. Da Misteln mit eigenem Chlorophyll Photosynthese betreiben können, zählen sie zu den Halbschmarotzern. Die Mistel spielt seit ewigen Zeiten eine wichtige Rolle in der Mythologie und der Volksheilkunde. Heilkräfte besitzt sie bei Epilepsie und Schwindelanfällen, zunehmend werden Extrakte in der Krebsbekämpfung eingesetzt. In England ist Weihnachten ohne glücksbringende Mistelzweige undenkbar.

3 Gewöhnliches Pfaffenhütchen Common Spindle *Euonymus europaea (Celastraceae)*

H 1–6 m Mai–Juli

Merkmale Aufrechter, reich verzweigter Strauch, selten niedriges Bäumchen; Blüten grünlich gelb, meist vierzählig, zu zwei bis sieben in achselständigen Blütenständen; Blätter gegenständig, 3,5–5 cm lang und 1,5–2,5 cm breit; Früchte vierteilig, rosa bis rot, aufgesprungen gibt sie den Blick auf den kräftig orangenen Samenmantel frei.

Vorkommen Großbritannien; Gebüsch, Hecken, Waldränder, Laub- und Auwälder.

Wissenswertes Der Name „Pfaffenhütchen“ leitet sich ab von der Form der Früchte, die an die frühere Kopfbedeckung katholischer Priester erinnert. Vor allem die Samen, aber auch die Blätter und die Rinde des Pfaffenhütchens sind für Menschen giftig, angeblich können etwa 35 Früchte den Tod verursachen. Vögel hingegen fressen die auffallenden Früchte, scheiden die unverdaulichen Samen aus und tragen so zur Verbreitung der Art bei.

4 Sanddorn Sea-Buckthorn *Hippophae rhamnoides (Elaeagnaceae)*

H bis 8 m März–April

Merkmale Dorniger, reich verzweigter, aufrechter oder niedriger Baum; Blüten sehr unscheinbar, grünlich braun; Blätter schmallanzettlich, bis 6 cm lang und 1 cm breit, unten silbrig glänzend; Früchte orangerot, fleischig.

Vorkommen England, Wales, Südschottland; auf sonnigen Kies- und Sandböden; vielerorts angepflanzt und verwildert.

Wissenswertes Die Blüten des Sanddorns erscheinen bereits vor dem Laub, seine Pollen werden durch den Wind verbreitet. Die säuerlich schmeckenden Früchte sind ausgesprochen vitaminreich und werden zur Herstellung von Saft genutzt, der die Widerstandskräfte des Körpers erhöht. In England kocht man aus den Früchten eine schmackhafte Marmelade.

1

2

3

4

Reiseinformationen von A bis Z

A

Anreise

MIT DEM FLUGZEUG

London ist von vielen deutschen Flughäfen aus im Direktflug erreichbar. Wer nach Edinburgh und Glasgow möchte, muss von einigen Airports eine Zwischenlandung in Birmingham oder Manchester in Kauf nehmen. Linienmaschinen landen in London Heathrow, von dort verkehrt die U-Bahn (Piccadilly Line) ins Zentrum der Metropole. Schneller ist der Heathrow Express, der bis zum innerstädtischen Bahnhof Paddington nur 15 Minuten braucht. Chartermaschinen landen im südlich vom Zentrum gelegenen Gatwick. Der Gatwick Express fährt alle 15 Minuten ins Zentrum nach Victoria Station. Air UK (mit ihren günstigen Tarifen) landet in Stansted. Von dort bietet der Stansted Express alle 30 Minuten eine Verbindung nach Liverpool Street Station.

MIT ZUG ODER BUS

In den Bahnhöfen von Paris und Brüssel kann man in den Eurostar zusteigen, der durch den Kanaltunnel nach London fährt. Von verschiedenen deutschen Großstädten verkehren Eurobusse nach London. Informationen erhält man unter der folgenden Adresse: Deutsche Touring, Am Römerhof 17, 60486 Frankfurt/a. M., Tel. 069-79030.

MIT DEM AUTO

Wer in Calais nicht die Fähre nimmt, hat auch die Möglichkeit, das Auto hier auf einen Zug (Le Shuttle) zu verladen und ebenfalls durch den Kanaltunnel nach England zu kommen. Von den Städten Hamburg, Hoek van Holland, Vlissingen, Zeebrügge, Ostende, Dünkirchen, Calais, Boulogne und Le Havre bestehen Fährverbindungen zu verschiedenen englischen Häfen. Wer seine Ferien in Schottland verbringen möchte, kommt mit der Verbindung von Hamburg oder Ijmuiden/Amsterdam ins nordenglische Newcastle seinem Ziel am nächsten.

Auto

Der deutsche Führerschein ist in Großbritannien selbstverständlich gültig. Um Missverständnisse zu vermeiden, sollte man sich den scheckkartengroßen europaeinheitlichen Führerschein besorgen. Das alte Papier wird ohne Formalitäten umgeschrieben.

Das Straßen- und Autobahnnetz ist in Großbritannien nicht so gut ausgebaut wie es die Deutschen von zu Hause gewohnt sind. Im hohen Norden von Schottland gibt es noch viele Single Track Roads, einspurige Straßen, die alle 150 m so genannte Passing Places haben, an denen man den Gegenverkehr vorbeilassen kann.

Die internationalen Autovermieter haben ihre Schalter an allen britischen Flughäfen und in den größeren Städten. Die beiden Automobilklubs Automobile Association (AA) und Royal Automobile Club (RAC) bieten einen 24-stündigen Pannendienst unter den Nummer 0800-887766 und 0800-828282 an.

B

Banken

Öffnungszeiten: 9.30–16.30 Uhr, samstags haben nur wenige Institute geöffnet. Die meisten der britischen Geldautomaten akzeptieren die deutsche Euroscheckkarte, so dass man mit Bargeld immer gut versorgt ist. Weiter verbreitet als hierzulande ist die Bezahlung mit der Kreditkarte. Auch noch der kleinste Tante-Emma-Laden im hohen Norden Schottlands akzeptiert das Plastikgeld.

Behinderte Besucher

Viele Restaurants und Hotels sind auf behinderte Besucher eingestellt. Umfassende Hinweise erhält man beim Holiday Care Service, 2nd Floor, Imperial Building, Victoria Road, Horley RH6 7PZ, Tel. 0044-1293-774535, Fax 784647.

Benzin

Das Tankstellennetz ist auch in den einsamen Gegenden Schottlands dicht genug, so dass man keinen Benzinkanister benötigt, allerdings sollte man im hohen Norden nicht auf Neige fahren. Bleifreies Benzin (Unleaded) ist ausnahmslos überall zu bekommen.

Busse und Bahn

Die britische Eisenbahn hat einen außerordentlich schlechten Ruf. Verspätungen sind häufig, Totalausfälle an der Tagesordnung. Das Bahnnetz in England ist dicht, in Schottland und Wales sehr löchrig. Die Preise sind

durchweg sehr hoch. Mit dem BritRail Flexi Pass kann man das gesamte britische Eisenbahnnetz nutzen und die Fahrt unterbrechen, wo immer man möchte. Für Schottland gilt der Freedom of Scotland Travelpass, den man für die Bahn, für Busse und Fähren nutzen kann.
Auskünfte erteilt:
In Deutschland
BritRail, c/o Rail Europe, Lindenstraße 5, 60325 Frankfurt/a. M., Tel. 069-97584646, Fax 97584625
Für die Schweiz und Österreich
BritRail, c/o Rail Europe, Gutenbergstraße 1, CH-3001 Bern
Tel. in der Schweiz 1573050, für Österreich 0041-31-3801944/45
Preiswerter als die Bahn sind die Überlandbusse, die fast alle Orte anfahren. Auch hier gibt es für Touristen Sonderkonditionen, so etwa den Tourist Trail Pass für England und Wales oder den Explorer Pass für Schottland. Auskünfte und Buchungen bei Winkelmann Reisen, Schulstr. 2, 29308 Winsen/Aller, Tel. 05143-93434, Fax 2337. Oder im Internet unter www.nationalexpress.co.uk und www.citylinks.co.uk
Für die Londoner U-Bahn, die sich ihre Dienste ebenfalls sehr teuer bezahlen lässt, sollten sich Besucher unbedingt eine Visitor Travel Card kaufen. Die Karten sind gültig für einen, drei, vier, fünf und sieben Tage. Für eine mehrtägige Gültigkeitsdauer benötigt man ein Passbild. Das Tarifnetz der Tube umfasst fünf Tarifzonen, man braucht jedoch als Besucher nur eine Travel Card für zwei Zonen. In diesen Bereichen liegen 95% aller Sehenswürdigkeiten. Und wer etwa nach Wimbledon hinausfährt, kauft sich am U-Bahn-Schalter einfach eine Verlängerung (Extension) für drei, vier oder fünf Zonen. Die Travel Card gilt auch für sämtliche Londoner Busse sowie für die Dockland Light Railway (DLR), die durch das einstige Hafengebiet fährt. An Bushaltestellen, die mit dem Wort „Request“ gekennzeichnet sind, muss man den Fahrer durch Winken darauf aufmerksam machen, dass man mit dem Bus mitfahren möchte. Nachtbusse haben ein „N“ vor der Liniennummer. Ausnahmslos alle Nachtbusse fahren über Trafalgar Square.

C

Camping
In Großbritannien gibt es viele Campingplätze mit jedem Komfort; ein Verzeichnis bekommt man beim Britischen Fremdenverkehrsamt in Frankfurt. Wildes Campen ist verboten, was in der Einsamkeit des schottischen Hochlandes aber niemanden stört.

D

Diplomatische Vertretungen
IN DEUTSCHLAND
British Ambassy
Unter den Linden 32/34
10117 Berlin
Tel. 030-201840
Fax 20184158
www.britischebotschaft.de

Generalkonsulate gibt es in Hamburg, Düsseldorf, Frankfurt/a. M., München.

IN ÖSTERREICH
British Ambassy
Jauresgasse 10
1030 Wien
Tel. 01-716135151
Fax 716135900
Konsulate finden sich in Innsbruck, Graz, Lauterach/Bregenz und Salzburg.

IN DER SCHWEIZ
British Ambassy
Thunstraße 50
3005 Bern
Tel. 031-3597700
Fax 3597701
Ein Konsulat befindet sich in Genf.

IN GROSSBRITANNIEN
Botschaft der Bundesrepublik Deutschland
23 Belgrave Square
London SW1
Tel. 020-78241300
Fax 78241435

Österreichische Botschaft
18 Belgrave Mews West
London SW1
Tel. 020-72353731
Fax 73440292

Schweizer Botschaft
16–18 Montague Place
London W1
Tel. 020-76166000

E

Einkaufen
Großbritannien kennt kein Ladenschlussgesetz, und so haben auch am Sonntag Supermärkte und Geschäfte geöffnet. Bis spät in die Nacht hinein sind kleine, zumeist von Zuwanderern betriebene Läden offen, die von der Zahnbürste bis zum Bier alles Lebensnotwendige bieten.

Einreise
Besucher aus der EU und der Schweiz benötigen lediglich einen Personalausweis für die Einreise, gegen einen Reisepass erhebt sich natürlich auch kein Protest. Beide Legitimationspa-

piere müssen noch drei Monate gültig sein. Kinder unter 16 Jahren benötigen einen Kinderausweis.

Essen und Trinken

Das Vorurteil, dass die britische Küche schlecht sei, muss leider immer noch bestätigt werden. Hinzu kommt seit Jahren die Gefahr, BSE-verseuchtes Rindfleisch auf den Teller zu bekommen. Mit an Zynismus grenzender Nachlässigkeit hat die britische Regierung das Problem bisher behandelt. Doch es gibt auch in Großbritannien wirklich exzellente Restaurants, in denen Grande Cuisine geboten wird. Der Gourmet sollte sich den Good Food Guide kaufen, dessen aktuelle Ausgabe es in jedem Buchladen gibt. Seit über 20 Jahren empfiehlt dieser Führer gute Lokale und vergibt zwischen ein und fünf Punkte. Der Besucher mit schmalerem Geldbeutel ist in den Niederlassungen der Restaurantkette Café Rouge gut aufgehoben, von denen es im Land mittlerweile weit über hundert gibt. Für britische Verhältnisse werden dort Gerichte mit einem relativ ausgewogenen Preis-Leistungs-Verhältnis serviert.
Grundsätzlich gilt, dass ein abendliches Dinner erheblich teurer ist als hierzulande, und das liegt nicht nur am momentan so hohen Umtauschkurs. Die Lebenshaltungskosten im Inselreich sind durchweg höher als bei uns. Bessere Lokale erwarten von ihren Gästen korrekte Kleidung, was häufig durch den Anschlag „Formal Suit Requested“ angekündigt wird. Zu den billigsten Möglichkeiten, zu einer guten Mahlzeit zu kommen, gehören die indischen und chinesischen Lokale. Häufig kann man bei den Erstgenannten sogar eine im Supermarkt günstig gekaufte Flasche Wein mitbringen.
Opulent ist das britische Frühstück, auch Cooked Breakfast genannt. Es geht los mit Müsli oder Cornflakes, dann kommen Bacon and Egg, gebratener Schinken mit Spiegelei oder Rührei, einem Sausage (Würstchen) und Baked Beans, (gekochten Bohnen) auf den Tisch. Toast ist obligatorisch. Das hält bis zum späten Nachmittag satt. Sämtliche Pubs servieren zur Mittagszeit einen Lunch und haben die Angebote auf einer großen Tafel notiert. Üblich sind eine Tagessuppe, verschiedene Reis-Curry-Gerichte oder ein Ploughman's Lunch, ein großes Stück Käse, Brot, Butter und ein Apfel. Traditionelle englische Gerichte sind Lammfleisch mit Minzsauce und das sonntägliche Roastbeef; das schottische Nationalgericht ist Haggis, gewürzte Innereien im Darm. Eine walisische Spezialität ist Laverbread, auch Poor Man's Caviar genannt: gerösteter Seetang, der zum Frühstück gegessen wird.
Im Gegensatz zur bei uns weit verbreiteten Meinung ist das britische Bier gut. Die Verbraucher haben sich schon vor vielen Jahren vehement gegen industriell normierte Gerstensäfte gewehrt, und bis heute ist die CAMRA aktiv, die Campaign for Real Ale. Unserem Pils am nächsten kommt das Lager, besser sind die obergärigen, stark gehopften und vollmundigen Bitter-Biere, die keineswegs bitter schmecken. Wer sich im Pub nicht gleich als Greenhorn outen möchte, sollte bestimmte Regeln beachten. Man wird in britischen Kneipen nicht am Tisch bedient, sondern ordert an der Bar. Die Bestellung „A Beer“ wird als sehr unhöflich empfunden. Vielmehr ordert man gezielt Menge und Art. Also: „A Pint of Lager“ oder „Half a Pint of Bitter“ und beschließt die Bestellung mit einem kräftigen „Please“. Ein Pint entspricht ungefähr einem halben Liter, Half a Pint ist die Hälfte. Es wird direkt gezahlt, Trinkgeld ist nicht üblich. Die rigiden Ausschankzeiten (Mo–Sa bis 23, So bis 22.30 Uhr) sollen in Kürze gelockert werden. Dann dürfen Pubs bis 1 Uhr, in London auch bis 3 Uhr öffnen.

F

Fernsehen und Radio

BBC 1 und BBC 2 sind die beiden staatlichen Fernsehsender. Die Hauptnachrichtensendung ist auf BBC 1 täglich um 21 Uhr. ITV und Channel Four sind in privater Hand und finanzieren sich mit Werbeeinnahmen. Daneben gibt es eine Reihe von Sendern, die über Satelliten oder Kabel ausgestrahlt werden. Radio BBC 1 hat Rock und Pop im Programm, BBC 2 Unterhaltungsmusik und Sport, BBC 3 Kultursendungen, Hörspiele und E-Musik, BBC 4 ausführliche Nachrichten und Politik.

Feiertage

Neujahr, Karfreitag, Ostermontag, Labour Day 1. Montag im Mai, Spring Bank Holiday letzter Montag im Mai, Sommer Bank Holiday letzter Montag im August, 1. und 2. Weihnachtsfeiertag

Fotografieren

Da Filmmaterial in Großbritannien teurer als hierzulande ist, sollte man sich vor der Reise mit einem genügenden Vorrat eindecken. Selbstverständlich ist sämtliches Kamerazubehör auch im Inselreich erhältlich.

G

Geld und Geldwechsel

Im Umlauf sind Münzen zu 1, 2, 5, 10, 20, 50 Pence (p) sowie in England und Wales eine 1-Pfund-Münze. Die Bank of Scotland gibt eigene Banknoten heraus, und 1 Pfund ist hier ebenfalls ein Schein.
Großbritannien ist der Europäischen Einheitswährung, dem Euro, bisher nicht beigetreten, der Wechselkurs zur DM bzw. zum Euro ist daher nicht fest, sondern wechselt täglich. Derzeit liegt das Pfund bei DM 3,20 (Stand: Dezember 2000).
Die Bezahlung aller möglichen Waren und Leistungen mit Kreditkarte ist in Großbritannien weiter verbreitet als in Deutschland. Alle gängigen Kreditkarten wie Eurocard, Mastercard, Visa oder American Express werden auch in kleinen Läden sowie natürlich in Hotels oder Buchhandlungen akzeptiert; lediglich manche, zumeist sehr gute Restaurants verweigern das Plastikgeld. Auch Reiseschecks lassen sich in Banken und Wechselstuben problemlos eintauschen. Viele Geldautomaten akzeptieren die deutsche Euroscheck-Karte, der Euroscheck selbst verliert als Zahlungsmittel in den kommenden Jahren seine Gültigkeit. In den touristischen Zentren findet man häufig Wechselstuben, die auch jenseits der Bankzeiten geöffnet haben, aber einen höheren Preis für ihren Service verlangen. Auch in vielen Büros der Tourist Information kann man sich mit britischen Pfund versorgen.

Gesundheitsvorsorge

Impfungen sind für EU-Bürger und Schweizer nicht vorgeschrieben.

I

Informationen

Auskünfte zu allen touristischen Belangen bekommt man:

IN DEUTSCHLAND
British Tourist Authority (BTA)
Urlaubsservice Großbritannien
Westendstr. 16–22
60325 Frankfurt/a. M.
Tel. 069-971123
Fax 97112424
www.visitbritain.com.de

IN ÖSTERREICH
Britain Visitor Centre
Schenkenstr. 4
1010 Wien
24-Stunden-Bestelldienst für Broschüren unter der Fax-Nr. 01-533261685
www.britishcouncil.org/austria

IN DER SCHWEIZ
British Tourist Authority (BTA)
Limmatquai 78
8001 Zürich
Tel. 01-2614277
Fax 2514456

INLANDFLÜGE
Inlandflüge werden von British Airways, British Midlands und Air UK angeboten. Alle größeren Städte des gesamten Landes sowie die Inseln der Äußeren Hebriden, die Orkneys und die Shetlands finden sich in den Flugplänen.

L

Literaturhinweise

Baumer, Franz: König Artus und sein Zauberreich, München 1993
Chaucer, Geoffrey: Canterbury Tales, Darmstadt 1986
Doyle, Arthur Conan: Der Hund von Baskerville, Zürich 1989
DuMaurier, Daphne: Gasthaus Jamaica, München 1981
Fontane, Theodor: Jenseit des Tweed, Frankfurt/a. M. 1989
Garnett, Angelica: Freundliche Täuschungen – eine Kindheit in Bloomsbury, Berlin 1990
James, Henry: In England, um glücklich zu sein, München 1989
Lawrence, Thomas Edward: Die sieben Säulen der Weisheit, München 1978
Lee, Hermione: Virgina Woolf – Eine Biografie, Frankfurt/a. M. 1999
Mattingly, Garret: Die Armada, München 1988
Morton, Henry Volham: Schottlandreise, München 1989
Pepys, Samuel: Tagebuch, Stuttgart 1980
Sackville-West, Vita: Schloss Chevron, Frankfurt/a. M. 1985
Shakespeare, William: Die Tragödie des Macbeth, Frankfurt/a. M. 1992
Voß, Karl: England & Wales – Reiseführer für Literaturfreunde, Frankfurt/a. M. 1989
Woolf, Virginia: Orlando, Frankfurt/a. M. 1990

M

Maße und Gewichte

Offiziell gelten in Großbritannien die metrischen und dezimalen Systeme, die auch wir kennen und anwenden. Davon ausgeschlossen sind nur das Pint und die Meile. Da die Briten EU-Richtlinien im Alltag nicht sonderlich interessieren, findet man allerorten noch die alten Imperial Standards:
Inch = 2,54 cm
Foot = 30,48 cm
Yard = 91,44 cm
Mile = 1,609 km
Pint = 0,5683 l
Gallon = 4,5459 l
Ounce = 28,35 g
Pound = 453,59 g

Medizinische Versorgung
Der National Health Service, das staatliche Gesundheitssystem, behandelt auch Besucher kostenlos. Doch sind die Leistungen nicht gerade die besten. Fragen Sie bei Ihrer Krankenkasse nach, ob Sie die Leistungen der wesentlich besseren privaten Ärzte und Krankenhäuser nutzen dürfen. Eine Arztpraxis erkennt man an der Aufschrift Surgery, ein Zahnarzt ist ein Dentist. Apotheken heißen Dispensing Chemist oder Pharmacy und sind häufig in Drogerien untergebracht. Ärztlich verschriebene Rezepte nennt man Prescription. Die Notfalltelefonnummer für Krankenwagen (Ambulance), Feuerwehr (Fire Brigade) und Polizei (Police) ist 999. Adressen von örtlichen Ärzten oder Krankenhäusern kann man über die telefonische Auskunft unter der gebührenfreien Nummer 100 bekommen.

P

Post
Postämter sind von Mo–Fr von 9–17.30, Sa von 9–12.30 Uhr geöffnet. Briefmarken gibt es auch in Geschäften, die einen Aufkleber mit dem roten Briefmarkenbüchlein tragen – häufig Newsagents, also der Zeitschriftenhandel. Das Porto für Postkarten und Briefe bis 20 g per Luftpost in jedes europäische Land kostet 30 p, ein Päckchen bis 100 g 75 p.

S

Strom
Seit dem 1. Januar 1995 liegt die Stromspannung in allen EU-Ländern einheitlich bei 230 Volt, deutsche Elektrogeräte funktionieren also problemlos. Leider passen unsere Stecker nicht in die dreipoligen Steckdosen, so dass man sich möglichst schon vor der Reise einen Adapter kaufen sollte. Auf vielen Steckdosen ist ein Kippschalter angebracht, der erst umgelegt werden muss, bevor der Strom fließt. In vielen Badezimmern gibt es Steckdosen für Rasierapparate; hier passt auch der deutsche Flachstecker hinein. Andere Geräte lassen sich mit diesem Stecker allerdings nicht betreiben, wie die Aufschrift „Shavers Only“ verdeutlicht. Gewöhnungsbedürftig sind in kleineren Hotels sowie Bed-&-Breakfast-Unterkünften die Durchlauferhitzer für die Dusche. Entweder hängt von der Decke außerhalb der Duschkabine eine Kordel herunter, die man ziehen muss, oder irgendwo befindet sich ein Schalter, der ein rotes Licht zum Glühen bringt, wenn der Strom freigeschaltet ist.

T

Taxen
Die schwarzen englischen Taxen sind im Straßenbild nicht zu übersehen und werden per Handzeichen herangewunken. Taxameter sind mittlerweile obligatorisch, eine freie Droschke erkennt man an dem Schild „For Hire“. Kurze Fahrten sind relativ preiswert. Es gibt Zuschläge für jeden weiteren Passagier, für große Gepäckstücke und für Fahrten zwischen 20 und 6 Uhr.

Telefonieren
Neben British Telecom gibt es auch private Telefonanbieter, die auch öffentliche Fernsprecher betreiben. Diese schlucken 10-, 20- und 50-Pence-Stücke sowie 1-Pfund-Münzen. Daneben gibt es die Cardphones, in die man eine vorher gekaufte Phonecard schieben muss. Es gibt Karten mit 20, 40, 100 und 200 Einheiten; kaufen kann man sie in den Postämtern sowie in vielen Läden, die einen entsprechenden Aufkleber haben. Auch viele Büros der Tourist Information haben Phonecards im Angebot. Schließlich gibt es noch Apparate, die sowohl mit Bargeld, mit einer Telefonkarte oder auch mit der Kreditkarte betrieben werden können. In jeder britischen Telefonzelle kann man sich anrufen lassen, die Nummer ist gut sichtbar am Gerät angebracht. Einige Städte haben im Herbst 2000 neue Vorwahlnummern bekommen. Aus den beiden Londoner Vorwahlnummer 0171 wird 020-7xxxxxx, aus 0181 wird 020-8xxxxxx; in Portsmouth wird aus 01705 nun 023-92xxxxxx; in Southampton wird aus 01703 nun die 023-80xxxxxx; in Coventry wird aus 01203 nun 024-76xxxxxx; in Cardiff wird aus 01222 nun 029-20xxxxxx.
Mit dem Handy hat man in Großbritannien keine Probleme, das Gerät loggt sich automatisch in ein nationales Netz ein. Viele Funklöcher gibt es im gebirgigen Schottland, und auf den schottischen Inseln funktioniert das Handy gar nicht. Übrigens: Ein „Handy“ ist im Englischen die Kurzbezeichnung für ein Taschentuch (Handkerchief), Handys heißen Mobile Phone oder nur kurz Mobile.

Trinkgeld
Im Restaurant, beim Friseur, im Taxi, bei Gepäckträgern oder für eine außergewöhnliche Dienstleistung im Hotel gibt

man Trinkgeld (Tip), das rund 10% der Rechnungssumme betragen sollte.

U

Unterkunft

Die preiswertesten Unterkünfte sind Jugendherbergen (Youth Hostels), für die man einen Jugendherbergsausweis benötigt. Großbritannien hat ca. 320 dieser Youth Hostels. Neben diesen offiziellen Hostels gibt es immer mehr unabhängige Herbergen, die keinen Ausweis verlangen, den gleichen Komfort, aber größere Bewegungsfreiheit bieten. Das Verzeichnis The Independent Hostel Guide für Großbritannien und Irland kann man bestellen bei: The Backpackers Press, 2 Rockview Cottage, Matlock, Bath, Derbyshire DE4 3PG, Tel. und Fax 0044-1629-580427.
Ferienhäuser sind ideal für Familien mit Kindern und finden sich reichlich an allen landschaftlich schönen Stellen im Inselreich. Man sollte jedoch rechtzeitig vorbuchen.
Die klassische Unterkunft in Großbritannien ist das Bed & Breakfast in Privathäusern. Im Vorgarten macht ein großes Schild auf ein B & B aufmerksam, hier sind auch weitere Besonderheiten erläutert: En Suite oder Private Facilities bedeuten mit eigenem Bad, C/TV oder Sat/TV verspricht einen Farbfernseher oder einen Satellitenempfang, Tea-Making Facilities heißt, dass sich Kochkessel, Tassen, Milch, Teebeutel und Zucker auf dem Zimmer befinden. Sind noch Zimmer frei, heißt es „Vacancies", ist alles besetzt, so liest man „No Vacancies". B & B finden sich zumeist an den Ausfallstraßen der Städte. Vorbuchen ist nicht notwendig, man klingelt einfach und fragt, ob etwas frei ist. Guest Houses sind kleine Pensionen, deren Komfort dem der B & B entspricht, haben aber nicht den privat-häuslichen Charakter. Die Hotels werden von * bis ***** Sternen kategorisiert; in der Regel findet sich neben dem Eingang entsprechende Kennzeichnung.
Beim Britischen Fremdenverkehrsamt in Frankfurt kann man Bücher mit sämtlichen Adressen von Ferienhäusern, Bed & Breakfast und Hotels in England, Wales und Schottland kaufen. Während der Hauptsaison sollte man mindestens einen Tag vorher telefonisch vorbuchen.

V

Verkehrsregeln

Es gelten im Wesentlichen die gleichen Verkehrsregeln wie hierzulande. Wichtigste Ausnahme ist der Linksverkehr, an den man sich aber sehr schnell gewöhnt, vor allem wenn man mit einem Mietwagen unterwegs ist, der das Steuer rechts hat. Es gelten die folgenden Höchstgeschwindigkeiten: Ortschaften 30 mph = 48 km/h, Landstraßen = 60 mph = 96 km/h, Autobahnen 70 mph = 112 km/h.
Falschparker, vor allem wenn sie erkennbar Ausländer sind, müssen damit rechnen, mit einer Radkralle am Weiterfahren gehindert zu werden. Diese Wegfahrsperren werden erst dann entfernt, wenn man das Bußgeld bezahlt hat und dann die auf dem Strafbescheid angegebene Nummer des Clamp Removal Unit anruft; bis dieser dann auch kommt, können bis zu fünf Stunden vergehen. Eine gelbe Linie am Straßenrand zeigt an, dass man hier kurz zum Be- oder Entladen halten darf, zwei gelbe Linien bedeuten absolutes Halteverbot. Jeder Ort besitzt einen großen, zentralen Parkplatz und auf dem gilt Pay and Display. An einem Automaten zieht man einen Parkschein, der gut sichtbar an die Scheibe geklebt oder aufs Armaturenbrett gelegt wird. Weiße Zickzacklinien vor und hinter Zebrastreifen zeigen an, dass hier nicht angehalten werden darf. Anstelle von Kreuzungen gibt es in Großbritannien fast nur Verkehrskreisel, die die Unfallhäufigkeit senken und den Verkehr schneller abfließen lassen; Autos im Kreisverkehr haben Vorfahrt.
Die zentrale Notfallrufnummer bei Unfällen ist 999.

Z

Zeit

Die Greenwich Mean Time (GMT) ist eine Stunde hinter der mitteleuropäischen Zeit (MEZ) hinterher. Die Uhrzeit wird im Zwölf-Stunden-Rhythmus angegeben mit den Bezeichnugen a. m. (ante meridiem) und p. m. (post meridiem). 10 a. m. ist 10 Uhr morgens, 10 p. m. ist 22 Uhr abends. Bis exakt zwölf Uhr mittags wünscht man Guten Morgen, bis 18 Uhr Guten Tag und danach guten Abend.

Zeitungen, Zeitschriften.

Frankfurter Allgemeine und andere bedeutende deutsche überregionale Blätter erhält man an den touristisch gut besuchten Orten, ebenso SPIEGEL oder Stern. Fündig wird man beim Newsagent, dem Zeitschriftenhändler, der auch häufig Briefmarken und Telefonkarten im Angebot hat.

Register

Fett gedruckte Ziffern verweisen auf Abbildungen im Reiseteil

Bildnachweis

Angermayer/Pfletschinger 226/1
Angermayer/Reinhard 158/3
Austin 240/2
Bahr/A-Z Botanical Collection 262/4
Borsch 240/1, 260/3, 270/4
Brandl/Silvestris 170/4
Brown/A-Z Botanical Collection 262/1
Buchner 184/1a, 212/1
Castell 166/3
Danegger/Silvestris 158/4, 160/3
E. A. James F.R.P./Silvestris 192/1
Fischer/Silvestris 192/3
FLPA/Silvestris 178/2
Hecker 150/1, 150/3, 150/4, 152/3, 154/3, 156/1, 156/2, 156/3, 156/4, 160/1, 160/2, 160/4, 160/5, 162/1, 162/3, 164/3, 164/4, 166/1, 168/1, 168/2, 168/3, 168/4, 170/1, 170/2, 172/1, 172/2, 172/3, 172/4, 172/5, 174/1, 176/1a, 176/1b, 178/5, 180/2, 180/3, 180/4, 182/1, 182/2, 182/4, 184/1b, 184/2, 186/1, 186/2, 186/4, 188/1, 188/3a, 188/3b, 190/1, 190/2, 190/3, 190/4, 190/5, 192/2, 194/3, 194/4, 196/1, 196/2, 196/4, 198/1, 198/3, 200/2, 200/4, 202/1, 202/2, 202/3, 202/4, 204/3, 204/4, 206/1, 206/2, 206/4, 208/1, 208/2, 210/2, 210/4, 212/2, 212/3, 212/4, 214/4, 216/1, 216/2, 216/3, 216/4, 216/5, 218/1, 218/2, 218/3, 218/4, 220/1, 220/2, 220/3, 222/1, 222/2, 222/4a, 222/4b, 224/1, 224/2, 224/3, 224/4, 226/2a, 226/2b, 226/3, 226/4, 228/1, 228/2, 228/4, 230/1, 230/3, 232/2, 232/4, 234/1, 234/3, 236/2, 236/3, 236/4, 238/2, 238/3, 240/3, 240/4, 242/1, 244/1, 244/2, 244/3, 244/4, 246/3, 246/4, 248/2, 250/2, 250/3, 252/4, 254/1, 254/2, 254/3, 256/2, 256/3, 256/5, 258/1, 258/2, 258/4, 260/1, 260/4, 260/5, 262/2, 264/2, 264/3, 266/3, 266/4, 268/2, 268/3, 268/5, 270/1, 270/2, 272/1, 272/2, 272/3, 272/4
Huhn/Blickwinkel 194/2
Jacobi/Silvestris 242/3, 248/3
Krinitz 1, 28 u. 29, 129, 133
Lane/Silvestris 166/2, 166/4
Limbrunner 154/1, 154/2, 154/4, 156/5, 158/2a, 158/2b, 178/1, 180/1, 184/3, 184/4, 196/3, 200/1a, 204/1, 206/3, 228/3, 248/1, 250/4, 252/1
Lindenburger/Silvestris 200/3
Lochstampfer/Silvestris 232/1
Moosreiner/Silvestris 198/4
Nill/Silvestris 158/1
Pforr 150/5, 152/4, 162/4, 186/3, 242/4, 246/1, 246/2, 252/2, 252/3, 258/3, 264/1, 266/1, 270/3
Pott 152/5, 170/3, 172/6, 174/2, 176/2, 176/5, 178/3, 194/1, 234/2, 234/4, 236/1, 262/3
Reinhard 152/2a, 152/2b, 214/2, 230/2, 230/4, 236/5, 256/1, 256/4, 260/2, 264/4, 266/2, 268/1
Reszeter/ARDEA 204/2
Roberts/ARDEA 214/3
Rügner/Save 174/3
Schweinberg/Silvestris 254/4
Schwirtz/Silvestris 178/4
Semsek 8, 11, 13, 25, 34, 38, 40, 46, 48, 50, 52, 68, 70, 73, 105, 124, 143
Silvestris 238/1
Skibbe/Silvestris 222/3
Sohns/Silvestris 162/5
Thilscher/Save 214/1
Wernicke/Silvestris 164/2
Willner 150/2, 232/3, 248/4
Wilmshurst/Silvestris 176/4, 210/1, 210/3
Wisniewski 152/1, 164/1, 268/4
Wisniewski/Silvestris 188/2
WJH/A-Z Botanical Collection 242/2
Wothe 176/3, 182/3, 200/1b, 208/3, 208/4
Wrba 2 u. 3, 4 u. 5, 12, 14, 16 u. 17, 20, 24, 27, 33, 35, 42, 44, 54, 57, 59, 61, 64 u. 65, 74 u. 75, 78, 81, 82, 85, 88 u. 89, 93, 96, 97, 98 u. 99, 106, 108, 111, 114 u. 115, 119, 120, 126, 135, 139, 140, 146, 147, 148 u. 149
Zeininger 162/2, 174/4, 198/2, 238/4, 250/1

Mit zwei Farbtafeln (S. 63, 87) von Gerhard Kohnle, einer Farbtafel (S. 113) und einer Zeichnung von Marianne Golte-Bechtle.

329 Farbfotos, 54 Farbzeichnungen und 14 Karten

Umschlaggestaltung von Atelier Reichert, Stuttgart, und Friedhelm Steinen-Broo, eStudio CALAMAR, unter Verwendung von sieben Fotos. Vorderseite oben: Basstölpel (Nill); unten: Dunnotar Castle, Schottland (Wrba); kleines Bild oben: Tower Bridge, London (Wrba); kleines Bild unten: Stonehenge (Wrba); Innenklappe hinten: Doone Valley, Exmoor (Photobank/Bavaria); Rückseite oben: Blaubeere *(Vaccinium myrtillus)* (Hecker); Rückseite unten: Loch Ailort, Arisaig (Wrba).

Die Deutsche Bibliothek –
CIP-Einheitsaufnahme

Der Titelsatz für diese Publikation ist bei der Deutschen Bibliothek erhältlich.

ISBN 3-440-08477-9
Grundlayout: Atelier Reichert, Stuttgart, Friedhelm Steinen-Broo, eStudio CALAMAR
Kartographie: Jochen Fischer, Fürstenfeldbruck
Produktion, Lektorat und Satz: VerlagsService Dr. Helmut Neuberger & Karl Schaumann GmbH, Heimstetten
Textredaktion Bestimmungsteil: Barbara Kiesewetter
Druck und Buchbinder: Graspo CZ, a. s.
Printed in Czech Republic /
Imprimé en République Tchèque

Legenden zu den doppelseitigen Abbildungen:
S. 2/3 Dartmoor, Steinkreuz im Nebel
S. 4/5 Exmoor, Landschaft mit Wiesen und Hecken
S. 16/17 London, Tower Bridge
S. 28/29 Pier von Hastings
S. 64/65 Ironbridge, die älteste Eisenbahnbrücke Englands
S. 74/75 Blenheim Palace
S. 88/89 Yorkshire Fountains Abbey
S. 98/99 Wales, Snowdonia National Park
S. 114/115 Schottland, Castle Blair
S. 148/149 Haytor Rocks, Dartmoor

Postfach 106011
D-70049 Stuttgart
TELEFON +49 (0)711-2191-0
FAX +49 (0)711-2191-422
WEB www.kosmos.de
E-MAIL info@kosmos.de

Verwendete Abkürzungen:

KR	Kopf-Rumpf-Länge
G	Gewicht
L	Länge
Sp	Spannweite
H	Höhe
D	Durchmesser

Die Zeichnungen auf den Farbtafeln entsprechen nicht den exakten Größenverhältnissen, wie sie in der Natur vorzufinden sind.